# 高等职业教育数字商务高水平专业群系列教材
## 编写委员会

### 总主编
张宝忠　浙江商业职业技术学院原校长
　　　　全国电子商务职业教育教学指导委员会副主任委员

### 执行总主编
王　慧　浙江同济科技职业学院

### 副总主编
吴洪贵　江苏经贸职业技术学院　　　陈　亮　江西外语外贸职业学院
张枝军　浙江商业职业技术学院　　　金渝琳　重庆工业职业技术学院
景秀眉　浙江同济科技职业学院　　　王庆春　昆明冶金高等专科学校
曹琳静　山西职业技术学院　　　　　徐林海　南京奥派信息产业股份公司

### 编　委（按姓氏拼音排序）
陈　宏　黑龙江建筑职业技术学院　　毛卓琳　江西外语外贸职业学院
陈煜明　上海电子信息职业技术学院　孟迪云　湖南科技职业学院
顾玉牧　江苏航运职业技术学院　　　宋倩茜　潍坊工程职业学院
关善勇　广东科贸职业学院　　　　　童晓茜　昆明冶金高等专科学校
胡晓锋　浙江同济科技职业学院　　　王斐玉　新疆能源职业技术学院
皇甫静　浙江商业职业技术学院　　　王　皓　浙江同济科技职业学院
蒋　博　陕西职业技术学院　　　　　魏　頔　陕西能源职业技术学院
金玮佳　浙江同济科技职业学院　　　吴　凯　绍兴职业技术学院
李晨晖　浙江同济科技职业学院　　　余　炜　杭州全新未来科技有限公司
李洁婷　云南交通职业技术学院　　　张栩菡　浙江同济科技职业学院
李　乐　重庆工业职业技术学院　　　张宣建　重庆交通职业学院
李　喜　湖南商务职业技术学院　　　张雅欣　山西职业技术学院
李　瑶　北京信息职业技术学院　　　张子扬　浙江同济科技职业学院
李英宣　长江职业学院　　　　　　　赵　亮　武汉船舶职业技术学院
刘　丹　武汉外语外事职业学院　　　赵　琼　广东科贸职业学院
刘　红　南京城市职业学院　　　　　郑朝霞　赤峰工业职业技术学院
林　莉　南充职业技术学院　　　　　周　聪　浙江同济科技职业学院
刘婉莹　西安航空职业技术学院　　　周　蓉　武汉职业技术大学
柳学斌　上海中侨职业技术大学　　　周书林　江苏航运职业技术学院
卢彰诚　浙江商业职业技术学院　　　周月霞　杭州新雏鹰知识产权代理有限公司
陆春华　上海城建职业学院　　　　　朱林婷　浙江商业职业技术学院
罗天兰　贵州职业技术学院　　　　　朱柳栓　浙江商业职业技术学院

高等职业教育数字商务高水平专业群系列教材

总主编：张宝忠

# 数据化运营

主　编／卢彰诚（浙江商业职业技术学院）
　　　　覃江凤（杭州医学院）
副主编／周佳男（浙江商业职业技术学院）
　　　　刘慕玲（南宁职业技术学院）
　　　　郑贵莲（浙江商业职业技术学院）
　　　　陆　柏（南宁职业技术学院）
　　　　刘平胜（中山火炬职业技术学院）
　　　　翟井波（上海思博职业技术学院）

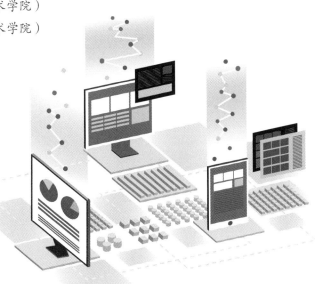

华中科技大学出版社
http://press.hust.edu.cn
中国·武汉

## 内 容 提 要

本书深入贯彻《国家职业教育改革实施方案》文件精神,结合职业院校教育特点与职业院校学生成长目标,创新性地采用案例引导模式,深度剖析新零售领域数据化运营的各环节。精心提炼并整合核心知识点与技能点,构建八大模块体系,从数据化运营启航到数据化运营报告编制和应用,中间贯穿市场洞察、商品策略、流量转化、销售绩效、客户关系、供应链管理等数据分析模块,全面覆盖数据化运营全链路。本书内容既前沿又实用,以通俗易懂的语言和清晰的逻辑,传播数据化运营的思想,强化理论与实践的无缝对接,提升学生的专业素养与实战能力。

本书积极响应党的二十大号召,紧密对接职业技能等级标准,不仅传授知识,更重视技能锤炼与职业精神培育,旨在全方位提升学生的综合素质。本书既可以作为职业院校电子商务、移动商务、商务数据分析与应用、跨境电子商务、市场营销等专业的理想教材,又可以作为相关从业者及培训机构的参考书籍,以助力各界人士在新零售数据化运营浪潮中乘风破浪、成就卓越。

### 图书在版编目(CIP)数据

数据化运营 / 卢彰诚,覃江凤主编 . -- 武汉:华中科技大学出版社,2025.1. --(高等职业教育数字商务高水平专业群系列教材). -- ISBN 978-7-5772-1427-6

Ⅰ. F713.365.1

中国国家版本馆 CIP 数据核字第 202516VP37 号

### 数据化运营

Shujuhua Yunying

卢彰诚 覃江凤 主编

策划编辑:张馨芳 宋 焱
责任编辑:陈 孜
封面设计:廖亚萍
责任校对:唐梦琦
责任监印:周治超

出版发行:华中科技大学出版社(中国·武汉)　　电话:(027)81321913
　　　　　武汉市东湖新技术开发区华工科技园　　邮编:430223
录　　排:华中科技大学出版社美编室
印　　刷:武汉科源印刷设计有限公司
开　　本:787mm×1092mm　1/16
印　　张:17.5　插页:2
字　　数:426千字
版　　次:2025年1月第1版第1次印刷
定　　价:59.90元

本书若有印装质量问题,请向出版社营销中心调换
全国免费服务热线:400-6679-118　竭诚为您服务
版权所有　侵权必究

# 网络增值服务

## 使用说明

欢迎使用华中科技大学出版社人文社科分社资源网

### 1 教师使用流程

（1）登录网址：https://bookcenter.hustp.com/index.html（注册时请选择教师身份）

注册 > 登录 > 完善个人信息 > 等待审核

（2）审核通过后，您可以在网站使用以下功能

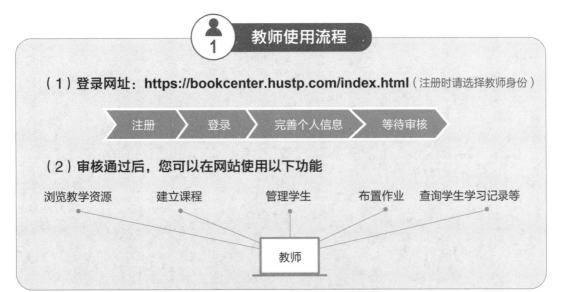

浏览教学资源　建立课程　管理学生　布置作业　查询学生学习记录等

### 2 学生使用流程

（建议学生在PC端完成注册、登录、完善个人信息的操作）

（1）PC端操作步骤

① 登录网址：https://bookcenter.hustp.com/index.html（注册时请选择学生身份）

注册 > 完善个人信息 > 登录

② 查看课程资源：（如有学习码，请在"个人中心—学习码验证"中先验证，再进行操作）

首页 > 课程（选择课程）> 课程详情页 > 查看课程资源

（2）手机端扫码操作步骤

手机扫码 → 登录/注册 → 查看课程资源

获取本书数字资源，可联系编辑：15827068411

# 总 序

以数字经济为代表的新经济已经成为推动世界经济增长的主力军。数字商务作为先进的产业运营方法，以前沿、活跃、集中的表现方式，助推数字经济快速增长。在新的发展时期，我国数字商务的高速发展能有效提升产业核心竞争力，对我国经济的高质量发展有重要的意义。在此背景下，数字商务职业教育面临愈加复杂和重要的育人育才责任。

## （一）新一代信息技术推动产业结构快速迭代，数字经济发展急需数字化人才

职业教育最重要的特质与属性就是立足产业与经济发展的需求，为区域经济转型和高质量发展提供大量高素质技术技能人才。以大数据、云计算、人工智能、区块链和5G技术等为代表的新一代信息技术全方位推动整个社会产业经济结构由传统经济向数字经济快速迈进。数字经济已经成为推动世界经济增长的主力军。

产业数字化是数字经济中占比非常大的部分。在产业数字化中，管理学和经济学领域的新技术、新方法、新业态、新模式的应用带来了较快的产业增长和效率提升。过去十年，中国数字经济发展迅速，增长速度远远高于同期GDP增长率。

持续发展的通信技术、庞大的人口基数、稳固的制造业基础以及充满活力的巨量企业是中国数字经济持续向好发展的基础与保障，它们使得中国数字经济展现出巨大的增长空间。数字经济覆盖服务业、工业和农业各领域，企业实现数字化转型成为必要之举，熟悉数字场景应用的高素质人才将成为未来最为紧缺的要素资源。因此，为企业培养和输出经营、管理与操作一线人才的职业教育急需作出改变。

## （二）现代产业高质量发展，急需明确职业教育新定位、新目标

2019年以来，人力资源和社会保障部联合国家市场监督管理总局、国家统计局，正式发布一批新职业，其中包括互联网营销师、区块链工程技术人员、信息安全测试员、在线学习服务师等市场需求迫切的38个新职业。这些新职业具有明确的培养目标和课程体系，对培养什么样的人提出了明确的要求。

专业升级源自高质量发展下的产业升级。在全球数字化转型的背景下，如何将新一代信息技术与专业、企业、行业各领域深度融合，对新专业提出了新要求。2021年3月，教育部印发了《职业教育专业目录（2021年）》。该专业目录通过对接现代产业体系，主动融入新发展格局，深度对接新经济、新业态、新技术、新职业。同时，新专业被赋予新内涵、新的一体化知识体系、新的数字化动手能力，以有效指导院校结合区域高质量发展需求开设相关专业。

具备基本的数字经济知识将成为职业院校培养高素质技术技能人才的基本要求。职业院校要运用新一代信息技术，通过知识体系重构向学生传授数字化转型所需要的新知识；要学习大数据、云计算、人工智能、区块链、5G等新技术，让学生适应、服务、支持新技术驱动的产业发展；要与时俱进地传授数字技能，如数据采集与清洗、数据挖掘与分析、机器人维修与操作、数字化运营、供应链管理等，因为学生只有具备数字技能，才能在未来实现高质量就业。

为什么要在这个时间节点提出"数字商务专业群建设"这一概念，而不是沿用传统的"电子商务专业群建设"概念？可以说，这是时代的需要，也是发展的选择。电子商务是通过互联网等信息网络销售商品或者提供服务的经营活动，它强调的是基于网络；而数字商务是由更新颖的数字技术，特别是将大数据广泛应用于商务各环节、各方面形成的经营活动，它强调的是基于数据。

### 1. 数字商务包括电子商务，其内涵更丰富，概念更宽广

商务部办公厅于2021年1月发布的《关于加快数字商务建设 服务构建新发展格局的通知》，将电子商务理解为数字商务最前沿、最活跃、最重要的组成部分。数字商务除了电子商务外，还包括电子政务、运行监测、政府储备、安全监督、行政执法、电子口岸等与商务相关的更广泛的内容。

### 2. 数字商务比电子商务模式更新颖

无论是实践发展还是理论的流行，数字商务都要比电子商务晚一些。数字商务是电子商务发展到一定阶段的产物，是对电子商务的进一步拓展。这种拓展不是量变，而是带有质变意义的新的转型与突破，可以带来更新颖的商务模式。

### 3. 数字商务更强调新技术，特别是大数据赋能

上述新颖的商务模式是由5G、物联网、大数据、人工智能、区块链等较为新颖的技术及其应用，特别是大数据的应用催生的。数据驱动着更前沿的数字技术广泛应用于实体经济中商务活动的各环节、各方面，可以进一步突破先前电子商务的边界，包括打破数字世界与实体世界的边界，使数字技术更深入地融入实体经济发展。

#### 4. 数字商务更强调数字技术跨领域集成、跨产业融合的商务应用

相比电子商务，数字商务不仅包括基于互联网开展的商务活动，而且将数字化、网络化的技术应用延展到商务活动所连接的生产与消费两端；不仅包括电子商务活动的直接关联主体，而且凭借物联网等技术延展到相关的客体以及与开展商务活动相关的所有主体和客体，其主线是产商之间的集成融合。这种跨界打通产供销、连接消费和生产、关联服务与管理的应用，是数字商务提升商务绩效的基础。

#### 5. 数字商务结合具体的应用场景，更深度地融入实体经济

与电子商务相比，数字商务是更基于应用场景的商务活动，在不同的产业应用场景之下，以多种数字技术实现的集成应用具有不同的内容与形式。实际上，这正是数字商务更深度地融入实体经济的体现。换个角度来理解，如果没有具体应用场景的差别，在各行各业各种条件之下数字技术的商务应用都是千篇一律的，那么，商务的智能化也就无从谈起。从特定角度来看，数字商务的智能化程度越高，就越能灵敏地反映、精准地满足千差万别的应用场景下不同经济主体的需要。

大力发展数字商务，不断将前沿的数字技术更广泛、更深入地应用于各种商务活动，必将进一步激发电子商务应用的活力和功效，不断推动电子商务与数字商务的整体升级。更重要的是，范围更广、模式更新的数字商务应用，必将为自电子商务应用以来出现的商务流程再造带来新的可能性，从而为商务变革注入新的发展动能。

本系列教材的理念与特点是如何体现的呢？专业、课程与教材建设密切相关，我国近代教育家陆费逵曾明确提出，"国立根本，在乎教育，教育根本，实在教科书"。由此可见，优秀的教材是提升专业质量和培养专业人才的重要抓手和保障。

第一，现代学徒制编写理念。教材编写内容覆盖企业实际经营过程中的整个场景，实现教材编写与产业需求的对接、教材编写与职业标准和生产过程的对接。

第二，强化课程思政教育。教材是落实立德树人根本任务的重要载体。本系列教材以《高等学校课程思政建设指导纲要》为指导，推动习近平新时代中国特色社会主义思想进教材，将课程思政元素以生动的、学生易接受的方式充分融入教材，使教材的课程思政内容更具温度，具有更高的质量。

第三，充分体现产教融合。本系列教材主编团队由全国电子商务职业教育教学指导委员会委员，以及全国数字商务（电子商务）学院院长、副院长、学科带头人、骨干教师等组成，全国各地优秀教师参与了教材的编写工作。教材编写团队吸纳了具有丰富教材编写经验的知名数字商务产业集群行业领军人物，以充分反映电子商务行业、数字商务产业集群企业发展最新进展，对接科技发展趋势和市场需求，及时将比较成熟的新技术、新规范等纳入教材。

第四，推动"岗课赛证"融通。本系列教材为"岗课赛证"综合育人教材，将我国电子商务师职业资格的考核标准与人才培养有机融合，鼓励学生在取得相关证书的同

时，积极获取包括直播销售员、全媒体运营师、网店运营推广职业技能等级（中级）、商务数据分析师等多个证书。

第五，教材资源数字化，教材形式多元化。本系列教材构建了丰富实用的数字化资源库，包括专家精讲微课、数字商务实操视频、拓展阅读资料、电子教案等资源，形成图文声像并茂的格局。部分教材根据教学需要以活页、工作手册、融媒体等形式呈现。

第六，数字商业化和商业数字化加速融合。以消费者体验为中心的数字商业时代，商贸流通升级，制造业服务化加速转型，企业追求快速、精准响应消费者需求，最大化品牌产出和运营效率，呈现"前台—中台—后台"的扁平化数字商业产业链，即前台无限接近终端客户，中台整合管理全商业资源，后台提供"云、物、智、链"等技术以及数据资源的基础支撑。数字商业化和商业数字化的融合催生了数字商业新岗位，也急需改革商科人才供给侧结构。本系列教材以零售商业的核心三要素"人、货、场"为依据，以数字经济与实体经济深度整合为出发点，全面构建面向数字商务专业群的基础课、核心课，以全方位服务高水平数字商务专业群建设，促进数字商业高质量发展。

根据总体部署，我们计划在"十四五"期间，结合两大板块对本系列教材进行规划和构架。第一板块为数字商务专业群基础课程，包括数字技术与数据可视化、消费者行为分析、商品基础实务、基础会计实务、新媒体营销实务、知识产权与标准化实务、网络零售实务、流通经济学实务等。第二板块为数字商务专业群核心课程，包括视觉营销设计、互联网产品开发、直播电商运营、短视频制作与运营、电商数据化运营、品牌建设与运营等。当然，在实际执行中，可能会根据情况适当进行调整。

本系列教材是一项系统性工程，不少工作是尝试性的。无论是编写系列教材的总体构架和框架设计，还是具体课程的挑选以及内容和体例的安排，都有待广大读者来评判和检验。我们真心期待大家提出宝贵的意见和建议。本系列教材的编写得到了诸多同行和企业人士的支持。这样一群热爱职业教育的人为教材的开发提供了大量的人力与智力支撑，也成就了职业教育的快速发展。相信在我们的共同努力下，我国数字商务职业教育一定能培养出更多的高素质技术技能人才，助力数字经济与实体经济发展深度整合，助推数字产业高质量发展，为我国从职业教育大国迈向职业教育强国贡献力量。

丛书编委会
2024 年 1 月

# 前 言

在党的二十大报告高瞻远瞩的战略部署下，教育被赋予了前所未有的历史使命，特别是关于"深化教育领域综合改革，加强教材建设和管理"的号召，不仅凸显了教材建设作为国家事权的重要性，更明确了其在推动教育现代化、服务国家发展战略中的重要作用。随着中国数字经济的蓬勃兴起，数据化运营技术技能人才的需求激增，成为新时代职业教育面临的重大课题。在此背景下，以数据化运营为内容的新形态教材的诞生，正是响应时代召唤，精准对接行业需求的创新之举。

本书作为国家"双高计划"电子商务专业群建设配套教材、全国职业院校教师教学创新团队建设配套教材、浙江省职业教育在线精品课程配套教材，以及浙江省普通高校"十三五"新形态教材《网店数据化运营与管理》的升级版，融入《国家职业教育改革实施方案》的核心理念，紧扣教育部2022年修订的《职业教育专业简介》中有关数据化运营课程的教学要求，深度融合职业院校的教育特色与学生发展需求，致力于打造一本集前沿性、实用性、创新性于一体的教学宝典。

## 一、内容创新，体系完备

本书围绕新零售领域的数据化运营，精心构建了八大模块内容，从数据化运营启航到数据化运营报告编制和应用，中间贯穿市场洞察、商品策略、流量转化、销售绩效、客户关系、供应链管理等数据分析模块，全面覆盖数据化运营全链路。通过案例引导，让学生身临其境地感受运营实战，掌握解决问题的核心技能，为网店乃至企业的持续发展提供有力的数据支撑。

## 二、思政引领，产教融合

本书坚持思政教育与专业知识的深度融合，设置"职业视窗"等栏目，将党的二十大精神、职业道德、法治意识等思政元素巧妙融入教学内容，同时强化产教融合，依托校企"双元"合作模式，确保教材内容紧贴行业前沿，融入新技术、新业态、新模式、新思维，反映线上线下融合、数据驱动的最新趋势。

### 三、岗课赛证，融通发展

为促进学生全面发展，本书积极融入企业岗位实战化项目资源，结合技能竞赛典型任务，对接网店运营推广和商务数据分析师等多项职业技能等级证书，实现岗位、课程、竞赛与证书的四位一体融通发展，为学生职业生涯的顺利起航奠定坚实基础。

### 四、资源丰富，模式创新

本书配备了丰富的数字化教学资源，包括微课、动画、课件、题库、案例、操作视频等，旨在通过多元化教学手段，激发学生的学习兴趣，提升学习效率。同时，依托在线开放课程平台，推动混合式教学模式的创新实践，让学生在"教学做合一"的活动中不断成长。

本书由卢彰诚、覃江凤担任主编，周佳男、刘慕玲、郑贵莲担任副主编。卢彰诚主要负责全书统稿以及模块一、模块三、模块四、模块六、模块七的编写，覃江凤主要负责模块二、模块五的编写以及素材收集、图片处理等工作，周佳男主要负责微课录制和课件制作等工作，刘慕玲主要负责模块八的编写，郑贵莲主要负责数据分析和习题开发等工作。在教材建设和教材配套教学资源开发的过程中，得到了浙江商业职业技术学院的大力支持，也得到北京博导前程信息技术股份有限公司、中教畅享（北京）网络科技有限公司、点晶网络（浙江）股份有限公司、杭州熙霖科技有限公司等相关合作企业的鼎力相助，以及张枝军、朱林婷、申潇潇、朱留栓、邵贵平、孔勇奇、彭波、胡旭峰、徐玉岩、徐睿涵等老师的关心支持，在此一并表示诚挚的谢意。

本书既可作为职业院校电子商务、移动商务、商务数据分析与应用、跨境电子商务、市场营销等专业数据化运营相关课程的教材，又可作为数据化运营领域从业人员及培训机构的参考书籍。书中内容经过了多次审阅和修改，力求准确、全面、实用，满足学习者的多元化需求。鉴于数字商务领域的飞速发展，以及作者水平有限，书中难免存在错漏和不尽如人意之处，我们承诺将持续关注行业动态和趋势，不断更新和完善教材内容。我们怀着无比诚挚的心情，敬请读者批评指正，提出真知灼见与宝贵建议。我们坚信，通过您的参与和支持，我们能够携手共进，为"数据化运营"课程的学习与实践贡献更加卓越的力量。在此，衷心祝愿每一位读者都能学有所成，在未来的职业生涯中展翅高飞！

编者<br>
2024年8月

# 目 录

**模块一 数据化运营启航**     1
  学习目标     1
  学习导图     2
  单元一 数据化运营认知     2
  单元二 数据采集与处理基础     7
  温故知新     16
  学以致用     17

**模块二 市场洞察数据分析**     19
  学习目标     19
  学习导图     20
  单元一 市场调研     20
  单元二 行业数据分析     27
  单元三 竞争数据分析     36
  单元四 消费人群分析     47
  温故知新     53
  学以致用     55

**模块三 商品策略数据分析**     58
  学习目标     58
  学习导图     59
  单元一 数据化选品分析     59

单元二　商品热度数据分析　　65
　　单元三　商品能力数据分析　　72
　　温故知新　　82
　　学以致用　　84

## 模块四　流量转化数据分析　　86
　　学习目标　　86
　　学习导图　　87
　　单元一　搜索营销流量分析　　87
　　单元二　活动营销流量分析　　105
　　单元三　直播营销流量分析　　118
　　单元四　全域流量结构评估　　131
　　温故知新　　139
　　学以致用　　140

## 模块五　销售绩效数据分析　　143
　　学习目标　　143
　　学习导图　　144
　　单元一　客单价分析　　144
　　单元二　动销率分析　　152
　　单元三　利润分析　　157
　　温故知新　　164
　　学以致用　　165

## 模块六　客户关系数据分析　　167
　　学习目标　　167
　　学习导图　　168
　　单元一　客户服务质量分析　　168
　　单元二　客户特征分析　　177
　　单元三　客户价值分析　　193
　　温故知新　　205
　　学以致用　　206

## 模块七　供应链管理数据分析 　　　　　　　　　　208

　　学习目标　　　　　　　　　　　　　　　　208

　　学习导图　　　　　　　　　　　　　　　　209

　　单元一　采购数据分析　　　　　　　　　　209

　　单元二　库存数据分析　　　　　　　　　　219

　　单元三　物流数据分析　　　　　　　　　　226

　　温故知新　　　　　　　　　　　　　　　　235

　　学以致用　　　　　　　　　　　　　　　　236

## 模块八　数据化运营报告编制和应用　　　　238

　　学习目标　　　　　　　　　　　　　　　　238

　　学习导图　　　　　　　　　　　　　　　　239

　　单元一　数据化运营报告编制　　　　　　　239

　　单元二　数据化运营报告应用　　　　　　　248

　　温故知新　　　　　　　　　　　　　　　　260

　　学以致用　　　　　　　　　　　　　　　　261

**参考文献**　　　　　　　　　　　　　　　　　263

# 数字资源目录

| 模块一　数据化运营启航 | 1 |
| --- | --- |
| 　网店数据化运营认知 | 5 |

| 模块二　市场洞察数据分析 | 19 |
| --- | --- |
| 　市场调研方法 | 26 |
| 　行业数据分析 | 34 |
| 　竞争数据分析 | 45 |
| 　消费人群分析 | 52 |

| 模块三　商品策略数据分析 | 58 |
| --- | --- |
| 　网店商品选择 | 63 |

| 模块四　流量转化数据分析 | 86 |
| --- | --- |
| 　关键词推广效果分析 | 104 |
| 　活动推广流量分析 | 116 |
| 　流量结构分析 | 137 |

| 模块五　销售绩效数据分析 | 143 |
| --- | --- |
| 　提升客单价的方法 | 149 |

| 模块六　客户关系数据分析 | 167 |
| --- | --- |
| 　客户服务综合素质提升 | 175 |

## 模块七　供应链管理数据分析　　　　　　　　　　　　　208
　　采购数据分析　　　　　　　　　　　　　　　　　　　217
　　仓储数据分析　　　　　　　　　　　　　　　　　　　224
　　物流数据分析　　　　　　　　　　　　　　　　　　　233

# 模块一　数据化运营启航

## 学习目标

### ◇ 知识目标

1.掌握数据化运营的概念,理解其与传统运营模式的不同之处,明确数据化运营的重要性。

2.熟悉数据化运营的工作流程,认识其在洞悉用户、宏观预测和数据化管控等方面的价值。

3.能够识别并理解数据采集工具的基本特性与选择依据,熟悉常用数据采集工具的功能与适用范围,掌握数据清洗、数据建模、数据分析和数据可视化的基本步骤与方法。

### ◇ 能力目标

1.能够运用数据思维分析和解决问题,掌握数据化运营的工作流程。

2.能够根据运营需求精准匹配数据采集工具,并熟练操作至少一种工具完成数据采集任务。

3.能够选择合适的数据处理与分析软件,进行数据的清洗、建模、分析与可视化等操作。

### ◇ 素养目标

1.具备创新精神,关注数据化运营领域的最新动态和技术趋势,保持好奇心和学习动力,勇于尝试新方法、新技术,不断创新运营模式。

2.树立团队协作的意识,通过有效的沟通与协调,发挥个人优势,共同推动项目有效落实。

3.遵守商业伦理规范,尊重用户隐私,合法合规地收集、使用和保护数据,增强法律意识和社会责任感。

**学习导图**

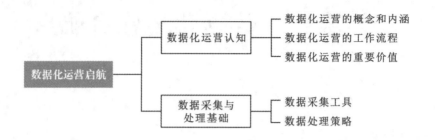

# 单元一 数据化运营认知

**案例导入**

运营精髓在于精细化数据分析,数据即运营脉搏。网店数据化运营涵盖数据收集、整合与深度剖析,如表1-1所示,精准呈现某淘宝网店新品发布后15日内的详尽销售数据,涵盖访客数、支付买家数、交易金额、支付转化率、客单价,为精准调控运营节奏提供坚实依据。

表1-1 某网店新品发布后15日内销售数据

| 序号 | 日期 | 访客数（人） | 支付买家数（个） | 交易金额（元） | 支付转化率 | 客单价（元） |
| --- | --- | --- | --- | --- | --- | --- |
| 1 | 8月17日 | 126 | 12 | 5430.00 | 9.52% | 452.50 |
| 2 | 8月18日 | 352 | 35 | 7297.00 | 9.94% | 208.49 |
| 3 | 8月19日 | 423 | 37 | 10533.00 | 8.75% | 284.68 |
| 4 | 8月20日 | 399 | 29 | 4253.00 | 7.27% | 146.66 |
| 5 | 8月21日 | 610 | 78 | 17850.00 | 12.79% | 228.85 |
| 6 | 8月22日 | 578 | 44 | 8755.00 | 7.61% | 198.98 |
| 7 | 8月23日 | 799 | 105 | 25000.00 | 13.14% | 238.10 |
| 8 | 8月24日 | 384 | 5 | 476.00 | 1.30% | 95.20 |
| 9 | 8月25日 | 529 | 26 | 7988.00 | 4.91% | 307.23 |
| 10 | 8月26日 | 630 | 45 | 13250.00 | 7.14% | 294.44 |

续表

| 序号 | 日期 | 访客数（人） | 支付买家数（个） | 交易金额（元） | 支付转化率 | 客单价（元） |
|---|---|---|---|---|---|---|
| 11 | 8月27日 | 709 | 80 | 26700.00 | 11.28% | 333.75 |
| 12 | 8月28日 | 444 | 23 | 1063.00 | 5.18% | 46.22 |
| 13 | 8月29日 | 450 | 19 | 2546.00 | 4.22% | 134.00 |
| 14 | 8月30日 | 653 | 58 | 9760.00 | 8.88% | 168.25 |
| 15 | 8月31日 | 497 | 46 | 8523.00 | 9.26% | 185.28 |

[案例思考]

结合案例，思考并回答以下问题。

1. 什么是数据化运营？数据化运营能够给网店带来哪些变化？
2. 通过表中的数据，可以得出数据化运营的工作流程包括哪些主要步骤？

# 一、数据化运营的概念和内涵

## （一）数据化运营的概念

数据化运营的概念具有双重维度。广义上，它代表了一种以数据为核心驱动力的思维方式与技能集，通过运用先进的数据工具、技术及方法论，系统性地对运营流程的每一个环节进行深入剖析、指导与实施，旨在精准优化运营流程，提升效率与效果，同时实现成本削减与效益增长。而狭义上，数据化运营主要是集中在新零售领域网店运营的实践应用过程中，这一过程涵盖数据的全面采集、高效清理、深度分析以及基于数据洞察的优化策略制定，旨在快速识别网店的运营瓶颈，精准解决问题，并为网店量身定制高效、前瞻的发展战略，促进网店持续健康发展。本书聚焦于狭义范畴，即深入探讨网店数据化运营的实践策略与技巧。

## （二）数据化运营的内涵

谈及"运营"，这一词语在业界已耳熟能详，其本质在于对项目全生命周期的精心策划、高效组织、细致实施与严格监控。数据化运营，则是这一理念在新零售领域网店运营的具体实践应用，它要求运营者不仅需要精通市场洞察与趋势预测，精准定位网店发展方向，还需要在商品规划、流量策略、销售转化、客户服务、供应链管理等多个方面展现卓越能力。同时，运用数据分析工具，不断优化运营策略、提升绩效，最终实现既定的营收目标与长远发展愿景。简而言之，数据化运营的核心在于巧妙构建并维护商品与用户之间的桥梁，借助数据并通过一系列创新与细致的运营手段，最大化商品价值与用户满意度，从而实现可持续的营收增长。

## 二、数据化运营的工作流程

数据化运营的工作流程主要包括六个步骤，分别是确定运营目标、搭建指标体系、数据采集、数据处理、运营优化和持续跟踪。

### （一）确定运营目标

在进行数据化运营之前需要先确定运营目标，运营目标的不同决定了数据采集和分析方向的不同。

### （二）搭建指标体系

根据不同的运营目标可以搭建不同的数据指标体系，以此来确定需要采集的数据类型、数据详细指标名称，以及需要采集的工具和平台等。

### （三）数据采集

指标体系搭建好后需要进行数据的采集，一般详细的数据指标采集需要借助一些数据采集工具才能够完成，如生意参谋、京东商智、店侦探等平台，目前很多数据采集工具都有付费采集功能，如果要想获得相关的数据，需要缴纳一定的费用。

### （四）数据处理

完成数据采集后，就可以按照运营目标着手进行数据处理。数据处理覆盖了从数据清洗到数据可视化的各个环节。通过科学、系统化的数据处理策略，企业能够精准获取运营数据中的宝贵信息，及时发现网店在运营过程中存在的问题，迅速定位并分析原因。

### （五）运营优化

找到问题之后需要根据问题分析的具体情况进行针对性的优化，这样才能达到数据分析的目的。

### （六）持续跟踪

在运营优化方案实施之后，需要对实施效果进行持续性跟踪监控，通过用户数据反馈来验证方案的正确性。如果所实施的方案不能解决运营发现的问题，则需要及时更换第二套方案；如果问题得到了解决，还要持续跟踪数据表现，以避免出现新变化，从而导致新问题的产生。

## 三、数据化运营的重要价值

数据化运营的重要价值主要体现在三个方面，分别是洞悉用户、宏观预测和数据化管控。

### (一)洞悉用户:深度透视,精准触达心灵之声

在处于数据洪流的当下,数据化运营犹如一把钥匙,为我们打开了通往用户内心世界的大门。它不再是对冰冷数据的简单堆砌,而是通过这些数据的深度挖掘与分析,构建起一幅幅生动、立体的用户画像。从用户的浏览习惯、购买偏好到情感倾向,每一个细微的动作都被精准捕捉并转化为有价值的信息。这使得我们能够跨越屏幕的界限,深刻理解用户的真实需求与潜在期望,从而制定出更加贴心、个性化的服务策略。洞悉用户,不仅让运营决策有据可依,更让每一次触达都能直击用户心灵,建立起难以割舍的品牌忠诚度。

### (二)宏观预测:预见未来,引领变革之航

数据化运营以其独特的预见性,为网店运营铺设了一条通往成功的快车道。它通过对海量数据的深度剖析,能够精准把握市场趋势,提前洞察用户需求的微妙变化。这一能力在优化工作流程、提升用户体验方面尤为显著,它如同一位智慧的舵手,引领着网店在复杂多变的市场环境中稳健前行。同时,数据化预测还能及时揭露运营中的潜在风险与挑战,为网店提供预警信号,确保问题在萌芽状态即被妥善处理。更为重要的是,它能够科学指导资源分配,确保每一分投入都能产生最大的效益,助力网店在激烈的市场竞争中脱颖而出,实现可持续发展。

### (三)数据化管控:智慧赋能,织就高效运营之网

数据化运营的核心在于将数据化思维深植于网店运营的每一个环节,构建起一个高效、透明的管控体系。这一体系如同一张精密的网,紧密连接着运营的每一个关键节点,从KPI监控到人力资源管理,再到财务数据分析,无所不包。它让运营者能够随时随地掌握店铺的实时动态,及时发现问题并快速响应。在数据化管控的驱动下,决策过程变得更加科学、高效,执行策略也更加精准、有力。此外,数据化管控还赋予了网店强大的舆情监测能力,能够在第一时间捕捉到社交媒体平台上关于品牌或产品的讨论与反馈,为产品改进和市场策略调整提供宝贵的第一手资料。这种基于数据的全面管控,不仅提升了网店的整体运营效率,更增强了其应对市场变化的能力,为网店的长期稳定发展奠定了坚实的基础。

扫一扫二维码,在线观看教材配套的微课"网店数据化运营认知"。

## 拓展学习

### 网店的定义

在如今的数字商务时代，在线购物已悄然成为大众生活不可或缺的一部分。网店之名，老幼皆知，然其概念却众说纷纭，难以一言以蔽之。随着网络技术的日新月异与新应用的层出不穷，网店的形式与内涵正经历着前所未有的蜕变与丰富。我们尝试为网店这一概念勾勒出一个更为清晰、包容的轮廓：网店是依托互联网及其他信息网络（如电信网、移动互联网、物联网乃至未来可期的元宇宙技术等）进行商品销售或服务提供的线上经营空间。此定义不仅遵循了技术中立的原则，确保了其在当前广泛应用的网络技术背景下的适用性，更前瞻性地为未来网络技术的革新预留了空间。网店之广，囊括了淘宝、天猫、京东、拼多多等国内主流电商平台上的店铺，以及全球速卖通、亚马逊等跨境电商平台上的店铺，亦不乏抖音、小红书等新兴App平台上的创新店铺。此外，自建型网店，拥有独立域名与自主开发能力的商家，借助直播热潮、移动社交圈等新兴的网络服务场所，以及实现商品销售或交易撮合、信息发布等功能的店铺，同样构成了网店生态的多元化图景。

## 职业视窗

我国坚定不移地沿着中国特色社会主义法治道路前行，致力于全面深化科学立法、严格执法、公正司法、全民守法的体系建设，力求国家各项事业均在法治的轨道上稳健推进。在这一宏伟蓝图的照耀下，电子商务领域亦须紧密贴合，以法治精神为引领，塑造健康有序的行业发展生态。

作为电商领域的从业者，每一位企业运营者都应将法治化思维深深植根于心，不断充实自我，系统掌握包括《中华人民共和国电子商务法》《中华人民共和国消费者权益保护法》《中华人民共和国产品质量法》《中华人民共和国反不正当竞争法》《中华人民共和国商标法》《中华人民共和国广告法》在内的核心法律法规，构建全面的法律知识体系。这不仅是对行业规范的遵循，更是对企业长远发展负责的表现。

在数据化运营的每一个环节，都需要秉持尊重法律、敬畏规则的原则，确保所有商业行为均合法合规。我们不仅要积极维护消费者的合法权益，通过建立透明的交易机制、保障商品质量、提供优质服务来赢得市场信任；还要在激烈的市场竞争中，坚持诚信为本，采用正当合法的竞争策略，拒绝任何形式的非法或不正当竞争手段。同时，面对可能出现的法律挑战或侵权纠纷，企业运营者应勇于并善于运用法律武器，坚决捍卫自身的合法权益，营造公平、正义的市场环境。这样的坚守与行动,不仅是企业自我保护的需要,更是对整个行业法治化进程的贡献。

# 单元二 数据采集与处理基础

 **案例导入**

某知名电商网店为了提高运营效率和销售业绩,决定实施全面的数据化运营策略。在这一过程中,数据采集与处理成为关键环节。通过引入先进的数据采集工具和优化数据处理流程,该网店成功实现了运营数据的自动化获取与高效分析,为决策制定和市场调整提供了有力支持。

在数据采集阶段,网店选择"取数宝"作为主要的数据采集工具。该工具能自动化地从电商平台、社交媒体平台、用户行为追踪系统等多个数据源采集关键运营数据。团队还明确了需要采集的数据类型,包括但不限于用户浏览行为、购买记录、商品评价、竞争对手价格、市场趋势等。通过配置全域数据抓取与智能分析工具——取数宝,网店实现了对选定数据点的自动化、实时采集。采集到的数据被实时存储到云端数据库中,以便后续处理分析。

在数据处理阶段,首先,对采集到的原始数据进行清洗,剔除重复、无效或异常的数据记录,确保数据的准确性和可靠性。其次,将来自不同数据源的数据进行整合,形成统一的数据视图,有助于网店全面了解运营状况,发现潜在问题。再次,利用数据分析工具(如Excel、Python等)对清洗和整合后的数据进行深入分析,通过构建各种分析模型,如销售预测模型、用户行为分析模型等,网店能够洞察市场趋势、评估营销策略的效果,并据此制定优化方案。最后,将分析结果以图表、报告等形式呈现出来,使团队成员能够直观地理解数据背后的意义,有助于提升团队对数据化运营的理解和认同度。

[案例思考]

结合案例,思考并回答以下问题。

1.在选择数据采集工具时,应考虑哪些因素?如工具的功能性、易用性、成本效益、数据安全性等。

2.在数据清洗过程中,如何快速准确地识别并剔除无效或异常的数据记录?数据整合时,如何确保不同数据源之间数据的一致性和连贯性?

3.在数据采集、处理和分析过程中,如何确保用户数据的安全性和隐私性?

# 一、数据采集工具

数据采集工具在数据化运营中发挥着不可替代的重要作用。它们为企业数据化运营提供了精准的数据基础、提升了决策效率与准确性、支持了个性化营销与服务、促进了业务创新与优化，并加强了风险管理与应对能力。因此，在数据化运营的背景下，企业应高度重视数据采集工具的应用和发展，不断提升自身的数据采集能力和数据处理水平。面对市场上琳琅满目的数据采集工具，如何作出明智的选择成为摆在数据化运营人员面前的一大课题。

## （一）采集工具的特性考量

### 1.适用领域

根据运营需求，精准匹配数据采集工具。例如，生意参谋基础版专为淘宝、天猫量身打造，覆盖流量、销售、产品等多维度数据，若需要洞察行业市场动态，则市场行情版更为合适；而京东平台的数据采集，则需要借助京东商智等工具；对于电商商品信息的广泛采集，除使用专业电商工具如店侦探外，掌握一定网页技术的分析人员还能驾驭八爪鱼采集器、火车采集器等强大网页数据采集工具。

### 2.数据类型

识别工具提供的数据类型，区分原始数据与加工数据。注意，如百度指数展示的是经过算法处理的指数数据，而非直接搜索量，需要结合实际需求选择。

### 3.功能全面性

优先选择集数据采集、处理、分析及可视化于一体的工具，如逐鹿工具箱，不仅简化了数据采集流程，还直接提供了数据洞察与可视化展示，提升了工作效率。

## （二）常用采集工具介绍

在进行具体的数据采集工具选择时，并非追求大而全，关键在于工具能否被熟练操作且满足特定数据需求。以下是常用数据采集工具的简要介绍，重点聚焦于其数据采集功能。

### 1.生意参谋

生意参谋是专为淘宝及天猫卖家设计的，提供全面的数据分析和监控功能。其数据采集功能涵盖店铺运营、竞争对手分析、市场趋势等，帮助卖家精准掌握市场动向，优化营销策略。通过实时和历史数据分析，卖家可以了解访客行为、商品表现等关键指标。

### 2. 京东商智

京东商智是京东平台的官方数据分析工具，支持日报、月报及商品SKU等数据的自动抓取。利用应用程序编程接口或网页爬虫技术，可高效收集并分析店铺运营数据，包括销售数据、用户行为、商品表现等，为卖家提供决策支持。

### 3. 店侦探

店侦探是专为淘宝及天猫卖家设计的数据采集与分析工具。通过采集各店铺、宝贝的运营数据，快速掌握竞争对手的销售情况、引流途径等关键信息。其数据采集功能支持爆款关注、标题改动跟踪、自然搜索排名跟踪等，助力卖家制定有效的营销策略。

### 4. 八爪鱼采集器

八爪鱼采集器是一款强大的网络爬虫工具，支持可视化操作，无须编写代码即可抓取网页数据。它能从网页上提取文本、图片、链接等多种数据格式，并转化为结构化数据。定时任务功能可实现数据的自动抓取与更新，适合用于数据挖掘、市场研究等场景。

### 5. 火车采集器

火车采集器是一款功能强大的网络数据挖掘软件，支持从网页上抓取各种资源，包括文字、图片、文件等。通过灵活的配置，可实现远程下载、网站登录后信息采集等功能。其人工智能内容分页采集技术，可模拟手工发布，提高数据采集效率与精度。

### 6. 取数宝

取数宝是一款专为电商企业设计的全域数据抓取与智能分析工具。它具备广泛的数据源接入能力，支持无缝对接多个主流电商平台，实现数据的合规、定时、自动抓取。内置强大的数据处理与分析引擎，可对海量数据进行清洗、整合与深度挖掘，提供多维度、多层次的经营报表与可视化图表，助力企业精准决策。

## 二、数据处理策略

数据处理的核心流程全面覆盖了从数据清洗到数据可视化的各个环节，每一环节均不可缺且至关重要。采取科学、系统化的数据处理策略，企业能够精准获取运营数据中的宝贵信息，为决策过程提供坚实支撑，并有效推动业务流程的优化与革新。

### （一）数据清洗

数据清洗是指对采集到的原始数据进行处理和整理，以消除数据中的错误、缺失、重复和不一致等问题，使数据变得更加准确、可靠和可用于分析。数据清洗是数据处理的重要步骤，能够提高数据质量和分析结果的可信度。一些异常数据，比如某一笔交易金额特别大或特别小，或者一个用户的购买次数超出正常范围等。这些异常数据需要在数据处理之前进行清洗。数据清洗的过程包括以下几个关键步骤。

### 1. 数据审查

首先，需要对原始数据进行审查，检查数据的完整性、准确性和一致性。这可以通过查看数据的格式、结构、内容和统计摘要等方式进行。审查过程中可以发现数据中的错误、缺失、异常值和重复等问题。

### 2. 数据筛选

在数据审查的基础上，可以根据分析的需求和目标，筛选出需要进行清理和分析的数据。例如，可以根据时间范围、产品类别、销售渠道或地域等条件筛选数据，以便于后续的分析和处理。

### 3. 缺失值处理

在原始数据中，可能存在一些缺失值，即某些字段或变量没有记录值。处理缺失值的方法包括删除缺失值所在的记录、使用平均值或中位数填充缺失值、使用回归模型或插值方法预测缺失值等。方法的选择取决于数据的特点和分析的目的。

### 4. 异常值处理

在原始数据中，可能存在一些异常值，即与其他观测值明显不符的极端值。处理异常值的方法包括删除异常值所在的记录、替换为合理的值、使用统计方法或机器学习算法识别和处理异常值等。

### 5. 重复值处理

在原始数据中，可能存在一些重复值，即多次记录了相同的信息。处理重复值的方法包括删除重复值所在的记录、合并重复值所对应的数据等。

### 6. 数据转换

在数据清洗的过程中，可能需要对数据进行转换，以满足分析的需要。例如，可以将日期字段转换为特定的时间格式，将文本字段转换为分类变量，将连续变量转换为离散变量等。

### 7. 数据整合

在数据清洗的过程中，可能需要将多个数据源的数据进行整合，以便于后续的分析。数据整合可以通过数据合并、连接或拼接等方式进行，以确保数据的一致性和完整性。

8.数据验证

在数据清洗的最后阶段,需要对清洗后的数据进行验证,以确保数据的准确性和可用性。可以使用统计方法、可视化工具或逻辑检查等方式进行数据验证。

## (二) 数据建模

数据建模是指将清洗后的数据转化为可用于分析和决策的数学模型或统计模型,建立数据库,进行数据仓库与数据挖掘等分析处理,往往采用的技术包括聚类分析、逻辑回归等。数据建模是数据分析的重要环节,通过建立合适的模型,可以揭示数据背后的规律和趋势,帮助企业作出更准确和有效的决策。数据建模的过程包括以下几个关键步骤。

1.变量选择

在进行数据建模之前,需要选择适合分析的变量。变量可以包括销售额、销售数量、销售渠道、产品类别、时间等。选择合适的变量取决于分析的目标和问题。

2.数据转换

在进行数据建模之前,可能还需要对数据进行转换,以满足模型的假设和要求。例如,可以将连续变量离散化、对数化或标准化,将分类变量进行独特编码或哑变量编码等。

3.模型选择

根据分析的目标和问题,可以选择合适的模型进行建模。常用的模型包括线性回归模型、逻辑回归模型、时间序列模型、决策树模型、聚类模型、关联规则模型等。选择合适的模型需要考虑数据的特点、模型的假设和要求、分析的目标和问题等。

4.模型训练

在选择模型之后,需要使用历史数据对模型进行训练。训练模型的目标是根据已知数据,寻找模型的参数或权重,使模型能够最好地拟合数据。训练模型可以使用最小二乘法、最大似然估计、梯度下降等方法。

5.模型评估

在模型训练完成后,需要对模型进行评估,以评估模型的拟合程度和预测能力。常用的评估指标包括均方误差、决定系数、准确率、召回率、F1值等。评估模型的目的是判断模型是否符合预期,是否能够提供准确和可靠的预测。

### 6. 模型应用

在模型评估通过后，可以使用训练好的模型进行预测和决策。根据模型的预测结果，可以制定销售策略、优化供应链、定价优化、市场推广等。模型应用的目标是利用模型的预测能力，提供对未来销售情况的洞察和指导。

### 7. 模型更新

随着时间的推移，运营数据可能会发生变化，模型的预测能力也可能会衰减。因此，需要定期更新模型，使用最新的运营数据进行重新训练和评估。模型更新的目的是保持模型的准确性和可靠性，以适应不断变化的运营环境。

## （三）数据分析

数据分析是指通过对企业数据进行统计和分析，揭示数据背后的规律和趋势，从而进行决策和制定经营策略，为店铺的决策提供支持和指导。数据分析可以帮助企业了解销售情况、优化销售策略、预测销售趋势等，帮助企业作出更合理的营销活动和商品价格策略，对店铺的运营和发展具有重要意义。数据分析的过程包括以下几个关键步骤。

### 1. 描述性统计分析

通过描述性统计分析，可以对数据的基本特征进行概括和描述。常用的描述性统计指标包括平均值、中位数、标准差、最大值、最小值等。通过这些指标，可以了解数据的分布情况、集中趋势和离散程度。

### 2. 基于时间的分析

企业数据通常具有时间维度，因此可以进行基于时间的分析。比如，可以分析销售数据的月度、季度、年度变化趋势，找出销售高峰期和低谷期，制定相应的营销策略和促销活动。

### 3. 产品分析

通过对产品数据的分析，可以了解不同产品的销售情况和趋势。可以比较不同产品的销售额、销售数量、销售渠道等指标，找出畅销产品和滞销产品，调整产品组合和库存策略。

### 4. 客户分析

通过对客户数据的分析，可以了解不同客户的购买行为和偏好。可以分析客户的购买频率、购买金额、购买渠道等指标，找出忠诚客户和潜在客户，制定个性化的营销策略和客户服务策略。

### 5. 市场分析

通过对市场数据的分析，可以了解不同市场的销售情况和竞争态势。可以比较不同市场的销售额、市场份额、竞争对手等指标，找出有利的市场机会和潜在的竞争威胁，制定市场拓展和竞争策略。

### 6. 预测分析

通过对数据的趋势和模式进行分析，可以进行销售预测和需求预测。可以使用时间序列分析、回归分析、机器学习等方法，预测未来的销售趋势和需求量，为库存管理、生产计划等提供参考。

## （四）数据可视化

数据可视化是通过将复杂的数据转化为直观易懂的图表形式，显著增强数据的可读性和洞察能力，使企业能够迅速把握运营态势与趋势。这一过程可借助诸如 Excel、Tableau、Power BI 等强大工具轻松实现。数据可视化不仅是洞察运营的窗口，还能助力企业深入挖掘数据背后的潜在规律与问题，为优化运营策略和精准决策奠定坚实基础。它涵盖多样化的图表类型，如柱状图用于展示不同类别间的数据对比，折线图清晰描绘数据随时间的变化趋势，饼图直观反映各部分占总体的比例，散点图则擅长揭示变量间的相关性。每种图表类型都针对特定的数据类型和分析目标精心设计，确保数据分析的精准与高效。

### 1. 柱状图

柱状图是一种常用的数据可视化图表，可以用来展示不同类别间的数据对比。比如，柱状图的横轴表示不同的产品类别，纵轴表示销售额或销售数量，每个类别对应一个柱子，柱子的高度表示销售额或销售数量的大小，通过柱状图可以直观地比较不同类别的销售情况，找出销售额或销售数量最高的类别。

### 2. 折线图

折线图是一种用来展示数据变化趋势的图表。比如，折线图的横轴表示时间或其他连续变量，纵轴表示销售额或销售数量，通过将数据点连接起来可以观察销售数据的波动情况、趋势变化和季节性变化。

### 3. 饼图

饼图是一种用来展示各部分占总体的比例的图表。比如，饼图的圆形表示总销售额或销售数量，每个扇形表示一个产品类别，扇形的面积表示该类别的销售额或销售数量占总销售额或总销售数量的比例，通过饼图可以直观地了解不同指标的占比情况。

4.散点图

散点图是一种用来展示两个变量之间关系的图表。散点图的横轴表示一个变量，纵轴表示另一个变量，每个数据点表示一个观测值。通过散点图，可以观察两个变量之间的相关性和趋势。例如，可以用散点图来展示销售额与广告投入之间的关系，从而评估广告对销售的影响。

此外，根据特定需求，还可灵活选用箱线图剖析数据分布与异常值，热力图展示多维数据热力分布，以及地图直观呈现地区性运营差异。

在数据可视化的实践中，应遵循一系列原则与技巧：精准选图以达意，简洁设计以去冗，明确标注以助读，色彩搭配以区分，增强交互以提升探索体验。通过这些努力，数据可视化将不仅仅是数据的展示，更是智慧的启迪，引领企业在数据海洋中破浪前行。

## 拓展学习

### 电子商务数据分析的常用方法

一、直接观察法

直接观察法是指借助各种电子商务平台和工具，通过观察和追踪数据变化情况直接获取数据信息的一种分析方法。例如，对于一些消费者画像数据以及行业发展趋势的图表、图像，就可以采取直接观察法获取所需要的数据信息。

二、对比分析法

对比分析法是指将两个或两个以上的数据进行比较，并查找不同数据的差异，以了解各方面数据指标的分析方法。在网店数据化运营的过程中，经常会用到对比分析法，如进行竞争对手分析时，就会将自己店铺的数据与竞争对手店铺的数据进行比较，从而了解双方的优劣势，制定出更加合理的数据化运营方法。对比分析法的主要适用情况有：针对同一数据的不同时期状况进行对比，了解数据的前后变化情况；针对运营策略调整前后的数据情况进行对比，了解运营优化的效果；针对营销活动前后的数据指标情况进行对比，分析和判断活动开展是否有效，以便为下一次活动开展提供相关数据支持。

三、转化漏斗法

转化漏斗法是一套流程式数据分析方法，它能够科学反映用户行为状态及从起点到终点各阶段用户的转化率情况。转化漏斗法是比较常见和有效的数据分析方法之一，它的优势在于，可以从前到后还原用户转化的路径，并分析每一个转化节点的转化效率情况。使用转化漏斗法时，一般需要关注以下几点：一是从开始到结尾，整体的转化效率是多少；二是每一个步骤的转化率是多少；三是在转化过程中哪一步流失用户数最多，原因是什么，流失的用户有哪些共同特征等。

## 职业视窗

数据治理是确保数据质量和数据安全性、可用性和合规性的综合管理体系。它涵盖了数据管理的各个方面，包括数据政策制定、数据质量控制、数据安全防护、数据权限管理等。有效的数据治理能够提升企业整体的数据管理能力，为数据驱动的决策和业务创新提供坚实保障。

### 一、数据政策制定

数据政策制定是数据治理的基石，涉及制定和执行一系列的政策、标准和流程，以确保数据在企业内外的使用、存储、传输和处理都符合法律法规、行业规范以及企业自身的价值观和目标。政策制定应覆盖数据的全生命周期，从数据创建、收集、整合、分析到最终的销毁或归档。

### 二、数据质量控制

数据质量直接影响到数据的有效性和可信度，进而影响基于这些数据的决策质量。数据质量控制旨在确保数据的准确性、完整性、一致性、时效性和可追溯性。这通常涉及定义数据质量标准、实施数据清洗和验证过程，以及建立数据质量监控和评估机制。

### 三、数据安全防护

随着数据泄露和非法访问事件的频发，数据安全已成为企业不可忽视的问题。数据安全防护包括采取适当的技术和管理措施来保护数据免受未经授权的访问、使用、泄露、中断、修改或销毁。这涉及加密技术、访问控制、网络安全、物理安全以及数据备份和恢复策略等多个方面。

### 四、数据权限管理

合理的权限管理对于确保数据的安全性和合规性至关重要。通过精细的权限设置，可以控制不同用户或用户组对数据资源的访问级别和操作权限，防止敏感数据被未经授权的人员访问或滥用。这有助于维护数据的机密性、完整性和可用性。

有效的数据治理不仅能够提升企业的数据管理能力，还能带来多方面的益处。例如，它可以增强决策的准确性和及时性，推动业务创新和产品优化；它有助于降低合规风险和数据泄露风险，保护企业的声誉和利益；同时，它还能提升员工对数据的信任度和使用效率，促进跨部门和跨业务线的协同合作。企业应将数据治理视为一项战略任务，通过构建完善的数据治理体系来提升企业的核心竞争力和市场地位。

## 温故知新

### 一、单项选择题

1. 以下有关数据化运营的内涵表述不正确的是（　　）。
A.数据化运营的本质在于对项目全生命周期的精心策划、高效组织、细致实施与严格监控
B.数据化运营的核心在于巧妙构建并维护商品与用户之间的桥梁
C.数据化运营和普通的网店运营没有区别
D.数据化运营是通过一系列创新与细致的运营手段，最大化商品价值与用户满意度

2. 数据清洗是指对采集到的原始数据进行处理和整理，以消除数据中的错误、缺失、重复和不一致等问题，使数据变得更加准确、可靠和可用于分析。以下不属于数据清洗过程关键步骤的是（　　）。
A.数据审查　　　　　　　　　B.模型选择
C.缺失值处理　　　　　　　　D.重复值处理

3. 为了满足数据分析的特定需求，下列哪项不属于常见的数据转换操作？（　　）
A.直接从数据集中删除不完整或错误的记录
B.将文本字段转换为分类变量
C.将连续变量转换为离散变量
D.将日期字段转换为"YYYY-MM-DD"的统一时间格式

### 二、多项选择题

1. 以下属于数据化运营工作流程主要步骤的是（　　）。
A.确定运营目标　　　　　　　B.搭建指标体系
C.数据采集　　　　　　　　　D.运营优化

2. 网店数据化运营的价值主要包括（　　）。
A.洞悉用户　　　　　　　　　B.宏观预测
C.数据化管理　　　　　　　　D.活动运营

3. 常用的数据采集工具包括（　　）。
A.生意参谋　　　　　　　　　B.八爪鱼采集器
C.直通车　　　　　　　　　　D.店侦探

4.数据可视化是通过将复杂数据转化为直观易懂的图表形式，常见的图表类型包括（    ）。
A.柱状图                    B.折线图
C.饼图                      D.散点图

### 三、判断题

1.数据化运营的核心在于巧妙构建并维护商品与用户之间的桥梁，通过一系列创新与细致的运营手段，最大化商品价值与用户满意度。（    ）

2.网店数据化运营的工作流程是"搭建指标体系→确定运营目标→数据采集→数据分析→持续跟踪→运营优化"。（    ）

3.运营是围绕电商企业网店运行所做的一系列工作，包括网店流量的监控分析、目标用户客群研究、网店运营数据统计、网店日常更新与维护等。（    ）

4.在进行具体的数据采集工具选择时，并非追求大而全，关键在于工具能否被熟练操作且满足特定数据需求。（    ）

5.折线图是一种用来展示数据变化趋势的图表。（    ）

### 学以致用

某大型生活连锁超市是一家拥有超过500家门店的零售企业，近年来面对电商和新兴零售模式的冲击，客流量和销售额双双下滑。为了扭转颓势，企业高层决定启动"智慧零售"战略转型，利用大数据和人工智能技术提升运营效率，优化客户体验，实现精准营销。通过第三方研究报告和行业分析，该企业发现数据化运营已成为零售行业的核心竞争力之一，能够帮助企业更好地理解消费者需求，优化库存管理，提升运营效率。企业高层组织跨部门会议，深入分析当前运营中的痛点，如库存积压、客户流失率高、促销效果不佳等，一致认为这些问题均可通过数据化手段予以解决。该企业成立了由数据科学家、数据分析师、数据工程师和业务分析师组成的数据化运营中心，直接由CEO领导，确保数据驱动的决策能够快速落地。对团队成员进行数据科学、机器学习、数据分析工具使用等专业培训，同时鼓励跨部门交流，增强团队对业务的理解能力。经过市场调研和试用，该企业选择了支持实时数据采集的ETL工具，以及集成多种数据源（如POS系统、CRM系统等）的数据仓库解决方案。在不影响现有业务运行的前提下，逐步将各系统数据整合至统一的数据仓库中，为后续的数据分析打下基础。数据工程师负责识别并处理数据中的错误、重复项、缺失值等问题，确保数据质量。通过SQL查询、数据建模等技术手段，将不同来源的数据整合成统一格式，便于后续分析。数据分析师运用统计学、机器学习等方法，对客户行为、销售趋势、库存状况等进行深入分析，挖掘潜在商机，并利用Tableau、Power BI等可视化工具，将分析结果以图表、仪表盘等形式直观展现，以便于管理层和业务团队快速洞察问题，制定决策。

请你结合上述材料，选择一家熟悉的零售企业开展数据化运营需求分析、数据采集与处理准备等方面的技能训练。

### 任务一：数据化运营需求分析

1.随着技术的不断进步，大数据、人工智能等新兴技术在零售业的应用将更加广泛，消费者的需求日益多元化和个性化。零售企业应如何把握这一趋势，实现技术创新和数据化运营转型升级？

2.数据化运营涉及多方面的改变，包括数字技术升级、组织架构调整、业务流程再造等。零售企业转型数字化营销需要注意哪些关键点？案例中的企业数据化运营之路可以为其他零售企业提供哪些启示？

3.随着数据量的不断增长，企业需要建立怎样的数据治理体系，确保数据洞察能够被有效转化为具体的业务策略和执行计划？

### 任务二：数据采集与处理准备

1.不同类型企业或店铺（如服装、电子产品、生鲜等），在数据采集上有哪些特殊需求？

2.在数据采集过程中，应如何确保覆盖到所有关键运营环节？如何预防和纠正数据错误或遗漏？

3.在处理敏感客户信息和交易数据时，采取哪些措施来确保数据安全和客户隐私得到妥善保护，防止数据被泄露或滥用？如数据加密、访问控制、合规审计等。

# 模块二　市场洞察数据分析

## 学习目标

### ◇ 知识目标

1. 了解市场调研的重要性，掌握市场调研的全流程步骤，并能清晰辨析各类市场调研方法的适用场景及其优劣势。

2. 掌握行业数据分析的核心内容，深入理解赫芬达尔指数的概念、意义及其在计算行业集中度中的应用方法，了解市场趋势分析与市场容量分析的技术与策略。

3. 掌握竞争对手识别的方法，熟练掌握竞店分析与竞品分析的核心概念、内容框架及实施步骤。

4. 熟悉并掌握多种消费人群分析工具与方法，以精准刻画目标消费群体。

### ◇ 能力目标

1. 能够根据需求灵活选择并优化调研方法，确保调研结果的准确性和高效性。

2. 能够熟练运用数据平台，自主完成行业集中度的深度分析，并结合多维度数据，精准计算市场容量，为市场决策提供有力支持。

3. 能够精准定位竞争对手，通过竞店与竞品分析，挖掘竞争对手优势与不足，精准定位自身店铺的优化方向。

4. 能够熟练运用数据分析工具，独立开展消费人群分析，深入洞察消费者行为特征与偏好，为市场营销策略提供精准指导。

### ◇ 素养目标

1. 具备法律意识，在进行市场调研活动时，始终遵循法律法规，尊重并保护被调研者的个人隐私，维护其合法权益。

2.具备科学思维，深刻认识到数据真实性的重要性，了解并采用科学方法，确保数据信息的客观性与准确性。

3.坚持科学方法，在数据分析过程中，确保分析结果的科学合理与有效应用，为企业决策提供坚实的数据支撑。

## 学习导图

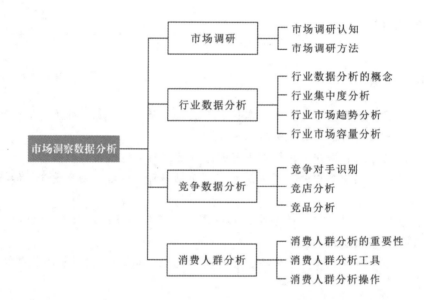

# 单元一　市场调研

## 案例导入

随着新零售概念的兴起，位于某市中心商业区的"未来磨坊"智能咖啡馆成为业界关注的焦点。该店铺不仅融合了线上和线下无缝衔接的消费体验模式，还引入了智能化技术，重新定义了"都市人的咖啡生活方式"。

（一）市场调研背景

面对日益增长的咖啡消费市场规模及消费者对个性化、便捷性服务的高需求，"未来磨坊"决定通过市场调研深入了解目标客户群体的偏好、购买习惯及对智能服务的接受程度，以进一步优化产品与服务，提升市场竞争力。

（二）调研方法

1. 问卷调查

通过社交媒体平台、店铺现场及合作伙伴平台发放电子问卷，收集消费者对咖啡口味、店内环境、智能点单系统、配送服务等方面的满意度与建议。

2. 深度访谈

选取不同年龄层、职业背景的客户进行一对一访谈，深入了解其消费动机、决策过程及对新零售模式的看法。

3. 竞争对手观察和分析

调研同区域内其他咖啡品牌，尤其是新零售模式下的竞争对手，观察和分析其客户流量、促销活动、产品特色等。

4. 文献和数据分析

利用大数据分析技术，分析文献和相关客户的消费数据，识别消费热点与趋势，为精准营销提供依据。

（三）调研结论

第一，超过80%的受访者表示喜欢智能点单系统，认为其高效便捷。同时，个性化推荐功能也获得了较高评价。

第二，消费者倾向选择低糖、无添加的咖啡产品，同时重视咖啡豆品质与新鲜度。

第三，店内舒适的休闲区与定期举办的咖啡品鉴会吸引了大量客户，体现出咖啡馆作为社交场所的重要性。

第四，忙碌的都市人群对快速、准确的配送服务有着强烈需求，尤其是办公区域与住宅区周边的客户。

[案例思考]

结合案例，思考并回答以下问题。

1. 该案例中的店铺采取了哪些市场调研方法？
2. 市场调研包括哪些流程？
3. 案例中的调研结论是如何得出的？

# 一、市场调研认知

市场调研是对市场调查和市场研究的统称，具体来说就是指调研者运用科学的方法，有目的地、系统地收集、记录、整理有关市场营销信息和资料，分析市场情况的现状及其发展趋势，从而为市场预测和营销决策提供客观的、正确的资料的过程。

## （一）市场调研的作用

电商企业进行市场调研的作用主要有以下四点。

### 1. 有利于发现市场机会

市场机会与市场环境的变化密切相关,通过市场调研,可以使企业随时掌握市场环境的变化,并从中寻找到合适的市场机会,为企业带来新的发展机遇。

### 2. 有利于制定正确的市场营销策略

企业市场营销是建立在特定的市场环境基础之上的,并与现实的市场环境相匹配、相协调。因此,要想制定出正确的市场营销策略,就必须全面掌握市场环境与用户需求变化的信息,而这些信息必须通过市场调研才能获得。

### 3. 有利于提高企业的市场竞争力

当今市场的竞争实质上是信息的竞争,谁先获得了重要的信息,谁就会在市场竞争中取得优势。对于信息这一重要资源,其流动性远不如其他生产要素强,一般只能通过企业自行调研,才能随时掌握竞争者的各种信息,使企业制定出具有竞争性的策略。

### 4. 有利于企业对其策略进行有效控制

企业面对的市场环境是变化的,并且是企业自身所不能控制的,企业在制定市场策略时,即使已经进行了深入的市场调研,也很难完全把握市场环境的变化。因此,在企业的策略实施过程中,必须通过市场调研,充分预料市场环境的变化,研究环境条件的变化对企业策略的影响,并根据这些影响对企业策略进行调整,以有效地控制企业的活动。

## (二)市场调研的流程

市场调研的流程主要包含六个方面,分别是明确调研问题、设计市场调研、组织和实施市场调研、处理市场调研数据、分析市场调研数据和撰写市场调研报告。

### 1. 明确调研问题

明确调研问题包括界定需要解决的营销决策问题、明确市场调研问题、确定市场调研内容等步骤。

### 2. 设计市场调研

设计市场调研包括选择调查设计的类型、明确调查目标、确定调查对象、选择市场调查的方法、确定调查的时间、预估调查的费用、设计调研问卷、撰写调研方案等主要步骤。

### 3. 组织和实施市场调研

组织和实施市场调研包括挑选调研人员、培训调研人员、运作实施、复核验收等步骤。

4. 处理市场调研数据

处理市场调研数据包括数据的审核、数据的编码、数据的录入、数据的清理等步骤。

5. 分析市场调研数据

分析市场调研数据包括设计数据分析的方法、确定数据分析的步骤等。

6. 撰写市场调研报告

撰写市场调研报告包括撰写报告的摘要、目录、正文及附录,以及制作汇报PPT等工作。

## 二、市场调研方法

要想保证调研结果真实、有效,具有针对性和可操作性的调研方法非常重要。常见的市场调研方法主要有以下几种。

### (一)访谈法

访谈法是指调研者根据需要,通过面对面口头交流的形式,向受访者提出相关问题,并根据回答收集材料,以此用于后续情况分析的一种调研方法。

1. 访谈法的优点

访谈法的优点主要表现在三个方面,分别是信息获取准确、控制性强、适用范围广。

(1)信息获取准确。

访谈法是调研者通过直接的沟通获取的调查内容和信息。相较于其他调研方法,访谈法的私密性较强,沟通更为深入,信息获取也相对比较准确。

(2)控制性强。

由于访谈大多数时候是面对面的沟通和交流,因此调研者可以适当地控制访谈环境,努力掌握访谈的主动权。例如,调研者可以将访谈环境标准化,既确保访谈在私下进行,以排除其他因素的干扰,又可以根据访谈对象的具体情况,灵活地安排访谈的时间和内容;当访谈对象对问题不理解或存在误解的时候,调研者可及时进行引导和解释;当访谈对象的回答不准确时,调研者可当面追问或当场纠正。总而言之,在整个调研过程中,调研者都能通过控制确保调研顺利地按照预定计划执行。

(3)适用范围广。

市面上的很多调研方法受限于被调研者的文化水平、信息接收程度等方面的限制,适用范围较窄。而访谈者只需保证受访者有基本的语言表达能力,就能够成为信息的提供者,在这一方面,访谈法大大优于问卷法。

### 2.访谈法的缺点

访谈法的缺点主要体现在两个方面，分别是对访谈人员要求较高以及调研成本高。

（1）对访谈人员要求较高。

访谈法要求访谈人员具备基本的沟通能力、控场能力、客观记录能力等多种能力，这些能力在实际调研过程中对调研人员的选择有很高的限制性。

（2）调研成本高。

访谈法是点对点的调研方法，相比较于其他调研方法而言，它的时间成本、人力成本都会更加高昂。

## （二）问卷法

问卷法，即问卷调查法。问卷法是指调研者通过设计与调研主题相关的问题表格，邀请被调研者按照问题表格填写答案，从而获取调研信息的一种调研方法。

### 1.问卷法的优点

问卷法的优点主要表现在两个方面，分别是调查范围广、成本低。

（1）调查范围广。

问卷法是一种普适性的调研方法，它能够突破时间和空间的限制，在最大范围内完成对调研对象的调查和了解，因此其调查范围比较广泛。

（2）成本低。

问卷调研只需在前期设置好相应的问题，就可以进行问卷的分发和回收。如果调研对象远隔千里，问卷还可以通过电子版的方式进行发放，大大节省了人力和物力成本，是一种简单直接、成本较低的调研方式。

### 2.问卷法的缺点

问卷法的缺点主要体现在两个方面，分别是有效性较差、对被调研者有要求。

（1）有效性较差。

问卷法和访谈法不同，它是一种缺乏互动性和可控性的调研方式。问卷发出后，调研者对整个调研过程就失去了可控性，调研者既不能保证问卷填写者能够真实客观地填写答案，又无法在问卷填写者对问卷存疑时进一步地阐释说明问题。这样一来，问卷回收后可供参考的样本的质量大大降低，从而影响到调研结果的有效性。

（2）对被调研者有要求。

问卷法对被调研者有一定的能力要求。首先，被调研者至少应该具备基本的文化水平，保证能够顺利填写问卷；其次，被调研者还需要具备一定的文字理解能力和问题分析能力，能够在没有第三方解释的情况下准确理解问卷内容，选择与自身情况相匹配的选项内容。

## （三）文献法

文献法，也称历史文献法，是指通过阅读、分析、整理有关文献材料，全面、正确地研究某一问题的方法。

### 1.文献法的优点

文献法的优点主要表现在超越时空限制、非介入性调查保证调研过程的客观性、成本较低三个方面。

（1）超越时空限制。

文献法最大的优势就是超越了时空限制，只要调研者想要获取，只要有相应合适的渠道，调研者都可以从古今中外浩如烟海的文献材料中搜寻到自己想要的资料，真正实现与古人对话、与名人交流。

（2）非介入性调查保证调研过程的客观性。

文献法是一种间接的非介入性调查，它只调查和研究各种文献，并不与被调研者联系，也不干预被调研者的任何回应。这就避免了调研者和被调研者在互动过程中可能出现的各种反应性错误，至少保证整个调研过程的相对客观性。

（3）成本较低。

文献法是一种方便、免费、安全、自由的调研方法，是在前人和他人工作成果的基础上开展的一种调研方法，是获取信息的一种途径。它不需要大量的研究人员和专业设备，与其他的调研方法相比，它可以运用更少的人力成本、更短的时间、更有限的资金获取更丰富的信息数据。

### 2.文献法的缺点

文献法的缺点也很明显，主要表现在以下两个方面。

（1）资料信息可能存在过期情况。

很多能够直接获取的资料信息往往都是呈现过去一段时间的数据情况，现阶段的具体情况可能缺乏这方面的资料信息，因此在查阅和选择时需要调查人员仔细甄别，保证信息的时效性。

（2）信息难以直接获取。

无论是访谈法还是问卷法，调研者都可以直接与被调研者进行对话和互动，通过调研者设计的问题，引导被调研者往调研者所想要获取的信息内容方面无限趋近。而文献法是一种客观的调研方法，被调研者只能基于已有的资料信息带着问题去寻找答案，有些时候客观的资料信息可能并不能够直接给出调研者所想要获取的信息，需要调研者主动搜寻，从现有资料中推导和梳理出有效信息。

## （四）观察法

观察法是指调研者基于一定的调研目的，梳理出对应的调研提纲，利用自己的眼睛、耳朵等感官，或者借助各种现代化的仪器和手段，直接观察被研究对象，从而获取信息的一种调研方法。在电商领域的调研中发现，观察法也是经常会被用到的一种调研方法。

1. 观察法的优点

观察法的优点主要表现在以下两个方面。

（1）直接性。

观察法是调研者和被调研对象通过直接接触来收集、获取信息的一种方法，这种调研方法比一般的调研方法更加直观，所获取的信息也更加真实、可靠。

（2）即时性。

观察法所获取的信息内容是调研者在当下时间里正在发生的情况和信息，具有较强的时效性。

2. 观察法的缺点

观察法的缺点主要表现在以下两个方面。

（1）观察内容存在局限性。

由于观察法是一种他者对于事物的外在观察，因此观察法较适用于对外部现象及事物外部联系的研究，不适用于内部核心问题及对事物内部联系的研究。

（2）观察适用范围较小。

受观察范围的限制，同一时期内观察的对象是有限的。观察法适用于样本量较小的调研工作，并不适用于大范围的调研工作。

扫一扫二维码，在线观看教材配套的微课"市场调研方法"。

 **职业视窗**

在进行市场调研的精细实践中，调研人员时常遇到需要涉及受访者隐私及敏感话题的情境。为此，专业的调研机构在人员正式履职前，均会实施严格的职业道德培训，旨在深刻植入尊重并捍卫受访者隐私权的职业操守。此举不仅强化了调研人员的责任意识，更确保了调研过程的人文关怀与专业边界。

在问卷设计环节，我们同样秉持谨慎原则，力求在收集必要数据的同时，最小化对受访者个人敏感信息的触及。通过巧妙设计，避免直接询问姓名、联系方式、居住地址等可识别性强的个人信息，转而采用匿名或编码方式处理，使数据收集聚焦于调研核心议题，有效规避了无关人员通过问卷逆向追踪受访者的风险。

同样，调研信息的后续管理亦不容忽视。从收集到传输、存储乃至分析利用的每一个环节，我们都需要构建严密的信息保护机制，确保数据流转过程中的绝对安全，以防任何形式的信息泄露，全力维护受访者的合法权益不受侵害。

最终，作为调研活动的参与者与推动者，我们应时刻铭记职业规范与道德底线，将保护公众隐私视为己任，通过专业的调研实践促进知识与信息的正向流动，不让调研实践成为侵犯个人隐私的"温床"。这样的职业操守，不仅是对受访者的尊重，也是调研行业健康、可持续发展的基石。

# 单元二　行业数据分析

## 案例导入

成都市作为中国女鞋之都，其鞋业产业集群的发展是行业集中度、市场趋势和市场容量变化的典型案例。自改革开放以来，成都市凭借悠久的制鞋传统和不断升级的产业结构，逐渐形成了规模庞大的女鞋生产基地。

从行业集中度来看，成都市鞋业产业集群以武侯区为核心，聚集了周边市、县的制鞋资源，形成了产销一体化的完整产业链。武侯区作为鞋业产业集群的核心，女鞋生产企业数量占全市的80%以上，产量更是高达90%以上。这种高度集中的生产方式不仅提高了生产效率，也降低了成本，增强了市场竞争力。

市场趋势的变化也推动了成都市鞋业产业集群的快速发展。在产业转移的大背景下，一系列包括鞋材、设计、生产、销售等在内的产业链环节逐渐迁入中西部省市，为成都市鞋业的发展提供了强大的动力。同时，随着消费者对品质和设计要求的不断提高，成都市鞋业企业不断加大研发投入，提升产品附加值，逐渐从低端市场向中高端市场转型。

通过高度集中的生产方式、顺应市场趋势的转型升级以及不断扩大的市场容量，成都市鞋业产业集群已经在国内乃至国际市场上占据了重要地位。这一典型案例不仅为其他地区的产业发展提供了有益借鉴，也为中国制造业的发展注入了活力。

**[案例思考]**

结合案例，思考并回答以下问题。

1. 如何评估成都市鞋业的行业集中度？面对行业集中度的进一步提升，中小企业应如何调整策略以维持竞争力？
2. 分析消费升级背景下，成都市鞋业产业如何把握市场趋势，实现转型升级？
3. 如何拓展成都市鞋业产业集群的国内外市场，以进一步提升市场容量？

## 一、行业数据分析的概念

行业指的是由众多提供同类或者相似商品的企业构成的群体，根据从事方向的不同可以将行业分成不同的类别，比如保险业、房地产业、教育业等。行业数据分析是指针对行业相关情况和数据所进行的全方位分析。

行业数据作为市场数据的一大类别，是企业在选择和考察行业发展情况时所必须了解的一项数据内容。通过对这些宏观及微观数据进行分析，能够帮助电商企业判断所选择的行业发展状况、天花板高度以及行业类目下是否有比较具有发展潜力的子行业，对行业形成一个整体判断。

行业数据分析的主要内容包括行业集中度分析、行业市场趋势分析和行业市场容量分析。

## 二、行业集中度分析

行业集中度是指某行业的相关市场内前N家大型企业所占市场份额的总额。它是对整个市场结构集中程度的衡量指标，通过计算行业集中度，可以方便电商企业判断目前所处的市场环境是否饱和，是否存在被垄断现象，以及加入后是否有足够的市场发展空间，从而作出行业选择。

### （一）赫芬达尔指数计算方法

行业集中度一般通过赫芬达尔指数（HHI）来反映，赫芬达尔指数的全称是赫芬达尔-赫希曼指数。赫芬达尔指数获取步骤如下。

步骤1：获取竞争对手市场份额，可忽略市场份额较小的竞争对手。

步骤2：计算市场份额平方值。

步骤3：将竞争对手的市场份额平方值相加得到赫芬达尔指数。

赫芬达尔指数一般在$1/n$到1之间浮动，指数数值越小，说明行业集中度越低，越趋近于自由竞争。

### （二）行业集中度的测算操作

电商企业在进行行业集中度分析时，可以通过网店的数据采集数据，经过计算和分析，完成行业集中度的测算。以2022年京东商智平台的香水彩妆数据为例，具体操作步骤如下。

步骤1：登录京东商家后台，进入京东商智平台，在上方导航栏中点击"行业"，在左侧导航栏中选择"品牌分析"下的"品牌榜单"，就能够看到香水彩妆类目交易榜单的品牌排行情况，如图2-1所示。

图2-1 查看品牌交易榜单

步骤2：找到品牌交易榜单后，点击页面右上角的"下载数据"，整理汇总表格，保留成交金额指数，统计整理表格截图如图2-2所示。

| 排行 | 渠道 | 行业名称 | 品牌名称 | 成交金额指数 |
|---|---|---|---|---|
| 1 | 香水彩妆 | 整体 | 迪奥（Dior） | 54193222 |
| 2 | 香水彩妆 | 整体 | 香奈儿（Chanel） | 44023692 |
| 3 | 香水彩妆 | 整体 | 古驰（GUCCI） | 22892540 |
| 4 | 香水彩妆 | 整体 | 卡姿兰（Carslan） | 18992498 |
| 5 | 香水彩妆 | 整体 | NARS | 11082496 |
| 6 | 香水彩妆 | 整体 | 花西子 | 10421119 |
| 7 | 香水彩妆 | 整体 | JEAN MISS | 8527794 |
| 8 | 香水彩妆 | 整体 | CPB | 8148772 |
| 9 | 香水彩妆 | 整体 | 爱马仕（HERMES） | 7888103 |
| 10 | 香水彩妆 | 整体 | 冰希黎（Boitown） | 7526773 |
| 11 | 香水彩妆 | 整体 | 柏瑞美（PRAMY） | 7055990 |
| 12 | 香水彩妆 | 整体 | Joocyee | 6643273 |
| 13 | 香水彩妆 | 整体 | 完美日记（PERFECT DIARY） | 6040308 |
| 14 | 香水彩妆 | 整体 | 兰蔻（LANCOME） | 5714874 |
| 15 | 香水彩妆 | 整体 | 蒂普提克（Diptyque） | 5222964 |
| 16 | 香水彩妆 | 整体 | 宝格丽（BVLGARI） | 5112900 |
| 17 | 香水彩妆 | 整体 | 橘朵（Judydoll） | 5102389 |
| 18 | 香水彩妆 | 整体 | 亞菲兒（Lauyfee） | 5090023 |
| 19 | 香水彩妆 | 整体 | ZEESEA | 4644112 |

图2-2 香水彩妆行业品牌成交金额指数

步骤3：首先，通过成交金额指数加总计算出市场总成交金额；其次，通过各品牌成交金额指数除以市场总成交金额计算出各品牌市场份额，如图2-3所示；再次，根据各品牌市场份额计算出各自的市场份额平方值；最后，通过将各品牌的市场份额平方值相加得到赫芬达尔指数，即行业集中度数据。

| 排行 | 渠道 | 行业名称 | 品牌名称 | 成交金额指数 | 市场份额 | 市场份额平方值 | 行业集中度 |
|---|---|---|---|---|---|---|---|
| 1 | 香水彩妆 | 整体 | 迪奥（Dior） | 54193222 | 0.12322137 | 0.015183505 | 0.033909107 |
| 2 | 香水彩妆 | 整体 | 香奈儿（Chanel） | 44023692 | 0.10009849 | 0.010019707 | |
| 3 | 香水彩妆 | 整体 | 古驰（GUCCI） | 22892540 | 0.05205171 | 0.002709381 | |
| 4 | 香水彩妆 | 整体 | 卡姿兰（Carslan） | 18992498 | 0.04318403 | 0.00186486 | |
| 5 | 香水彩妆 | 整体 | NARS | 11082496 | 0.02519873 | 0.000634976 | |
| 6 | 香水彩妆 | 整体 | 花西子 | 10421119 | 0.02369493 | 0.00056145 | |
| 7 | 香水彩妆 | 整体 | JEAN MISS | 8527794 | 0.01939 | 0.000375972 | |
| 8 | 香水彩妆 | 整体 | CPB | 8148772 | 0.0185282 | 0.000343294 | |
| 9 | 香水彩妆 | 整体 | 爱马仕（HERMES） | 7888103 | 0.01793551 | 0.000321682 | |
| 10 | 香水彩妆 | 整体 | 冰希黎（Boitown） | 7526773 | 0.01711393 | 0.000292887 | |
| 11 | 香水彩妆 | 整体 | 柏瑞美（PRAMY） | 7055990 | 0.0160435 | 0.000257394 | |
| 12 | 香水彩妆 | 整体 | Joocyee | 6643273 | 0.01510508 | 0.000228164 | |
| 13 | 香水彩妆 | 整体 | 完美日记（PERFECT DIARY） | 6040308 | 0.0137341 | 0.000188625 | |
| 14 | 香水彩妆 | 整体 | 兰蔻（LANCOME） | 5714874 | 0.01299415 | 0.000168848 | |
| 15 | 香水彩妆 | 整体 | 蒂普提克（Diptyque） | 5222964 | 0.01187567 | 0.000141032 | |
| 16 | 香水彩妆 | 整体 | 宝格丽（BVLGARI） | 5112900 | 0.01162541 | 0.00013515 | |
| 17 | 香水彩妆 | 整体 | 橘朵（Judydoll） | 5102389 | 0.01160151 | 0.000134595 | |
| 18 | 香水彩妆 | 整体 | 亚菲儿（Lauyfee） | 5090023 | 0.0115734 | 0.000133943 | |
| 19 | 香水彩妆 | 整体 | ZEESEA | 4644176 | 0.01055951 | 0.000111503 | |
| 20 | 香水彩妆 | 整体 | 范思哲（VERSACE） | 4444815 | 0.01010636 | 0.000102139 | |

图 2-3　行业集中度计算

根据上图，最终计算出来的香水彩妆行业集中度为0.033909107，说明该行业未被完全垄断，可以进入。

## 三、行业市场趋势分析

行业市场趋势分析，作为一种前瞻性的战略工具，其核心在于深入挖掘并解读市场的历史脉络，精准判断行业所处的生命周期阶段——尚处于萌芽期的探索阶段、蓬勃发展期的快速增长阶段、爆发期的全面繁荣阶段、步入衰退期的调整转型阶段。对于电商企业而言，这一分析过程尤为重要，它不仅是企业把握市场动态、洞察行业风向标的关键途径，更是企业调整经营策略、优化资源配置、确保长期竞争力的基石。

为了高效开展行业市场趋势分析，企业往往依赖于全面而深入的行业研究报告。这些报告通过长期且细致的跟踪监测，汇聚了海量数据资源，涵盖行业生命周期的各阶段特征、附加值增长潜力评估、产业发展政策的最新动向、行业运行的整体态势、过往几年市场走势的详细剖析，以及行业内主要竞争对手的市场表现和竞争格局等多维度信息。通过对这些数据的深度挖掘与分析，企业能够更加清晰地描绘出行业未来的发展趋势蓝图，为战略决策提供坚实的数据支撑。

值得注意的是，高质量的行业研究报告往往凝聚了专业研究团队的心血与智慧，因此，多数情况下需要付费才能获取。然而，这一投资对于电商企业而言极具价值，因为它能够助力企业避免盲目决策，精准捕捉市场机遇，有效规避潜在风险。在获取行业研究报告的渠道上，电商企业可选择多种权威平台，如前瞻产业研究院、艾瑞网等，这些平台不仅拥有丰富的行业数据库和专业的分析师团队，还能提供定制化的研究报告服务，以满足企业个性化的研究需求。此外，企业还可通过订阅相关行业的新闻资讯、参与行业论坛与研讨会等方式，多渠道收集信息，以更全面的视角洞察市场趋势，为企业的长远发展奠定坚实基础。

## 四、行业市场容量分析

行业市场容量指的是行业市场规模，是指在不考虑产品价格或者供应商的前提下，市场在一定时期内能够吸纳某种产品或劳务的单位数目。市场容量是由使用价值需求总量和可支配货币总量两大因素构成的。

行业市场容量分析的目的是研究目标行业的整体规模，分析的对象是目标行业在指定时间内的销售额。电商企业进行市场容量分析能够了解选定行业的前景状况，并有利于制定销售计划与目标。市场容量的大小决定了行业的天花板，如果销售目标定得过高，会导致库存积压、资金占用；如果销售目标定得过低，可能导致错过市场机会，不利于企业成长。

需要明确的是，市场的发展是动态的，所以要实时监控并分析市场容量的变化。行业市场容量分析可通过以下步骤展开。

### （一）明确分析需求

明确分析需求是指要明确通过市场容量分析想要达成的目标，是了解行业市场容量历年来的变化趋势，还是预测未来几年的市场容量，据此制定销售计划及目标。这里以预测未来两年的市场容量为例。

### （二）整合数据资源

通过整合不同渠道的数据，完成数据计算和分析。一般为了保证分析结果的客观性和科学性，数据采集人员会通过不同途径和渠道多方面获取数据。常见的数据采集渠道有如下几类。

其一，通过IT桔子、艾瑞网、艾媒网、中国产业信息网等发布的年度报告采集目标行业的市场容量数据。

其二，通过目标销售平台采集相应的交易数据，如淘宝网、京东网、当当网等。

其三，作为上述两种数据采集途径的补充，可收集整理一些个性化商品的数据，如百度指数等。

### （三）分析处理市场容量数据

根据采集整合的数据进行市场容量分析。图2-4是某细分行业市场容量数据。通过数据可知，2020—2024年这五年，该行业市场规模稳步上升，从2020年的637亿元上升到2024年的856亿元，说明市场容量数据非常可观，由于最初定的目标是预测未来两年的市场容量，因此可以采用图表趋势预测法中的线性趋势线预测2025年、2026年的市场规模。

| | A | B |
|---|---|---|
| 1 | 年份 | 市场容量（亿元） |
| 2 | 2020年 | 637 |
| 3 | 2021年 | 689 |
| 4 | 2022年 | 746 |
| 5 | 2023年 | 793 |
| 6 | 2024年 | 856 |
| 7 | 2025年 | |
| 8 | 2026年 | |

图2-4 女装连衣裙行业市场规模数据

## （四）绘制市场规模折线图

选中单元格区间 A1-B8 单元格区域，选择菜单栏中的"插入"，再点"图表"，如图 2-5 所示。在弹出的"图表"对话框中选择"折线图"，如图 2-6 所示。然后，选中"折线图"，如图 2-7 所示，依次点击右侧小图标中的相关选项，2025年、2026年的趋势图呈现如图 2-8 所示。

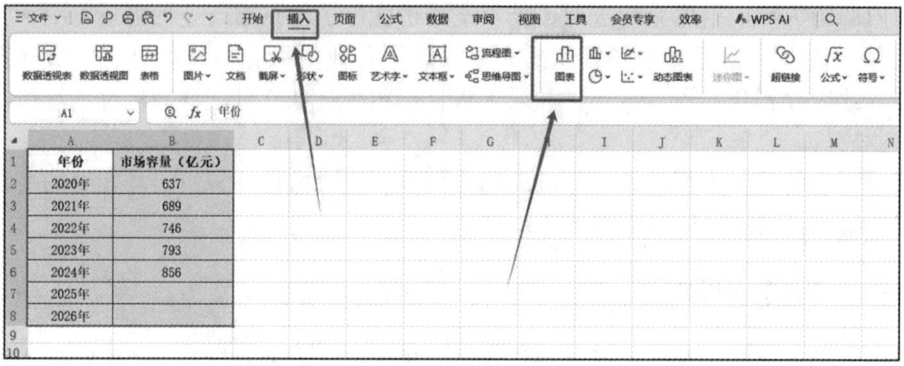

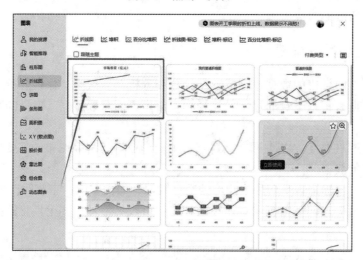

图 2-5　点击"图表"

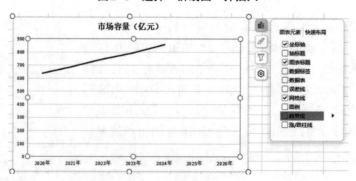

图 2-6　选择"折线图"并插入

图 2-7　插入趋势线

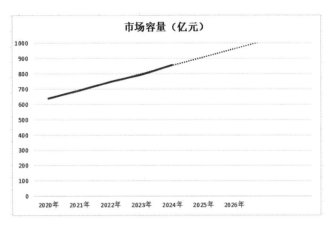

图2-8　绘制完成的市场规模折线图

## （五）预测市场容量

双击图表中的趋势线，页面右侧即可弹出"趋势线选项"的属性对话框，调整趋势线各项数据：趋势预测输入向前推2个周期，并勾选"显示公式""显示 $R$ 平方值$(R)$"，最后点击关闭，如图2-9所示。

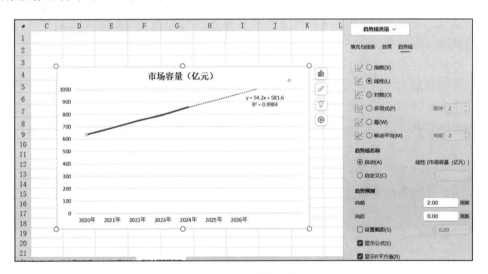

图2-9　添加趋势线公式

通过图表可看到预测公式为 $y=54.2x+581.6$，$R$ 平方值为0.9984，接近于1，说明使用预测公式来预测结果的可靠性高。

公式中 $x$ 为每个年份对应的数据点，$y$ 为市场容量值。由于2025年和2026年分别对应的是第6个数据点和第7个数据点，将 $x=6$、$x=7$ 分别代入，得到：

2025年市场容量=54.2×6+581.6=906.8（亿元）

2026年市场容量=54.2×7+581.6=961.0（亿元）

除了使用线性趋势线预测市场容量外，还可以通过收集平台数据推导出未来市场容量状况。这里需要注意的是,由于市场发展是动态的,因此要实时监控并分析市场容量变化。

扫一扫二维码,在线观看教材配套的微课"行业数据分析"。

拓展学习

### 赫芬达尔指数

赫芬达尔指数,全称为赫芬达尔-赫希曼指数(Herfindahl-Hirschman Index,简称HHI),是一种衡量行业集中度的综合指数。以下是对赫芬达尔指数的详细介绍。

一、定义与用途

赫芬达尔指数是指一个行业中各市场竞争主体所占行业总收入或总资产百分比的平方和,用来计量市场份额的变化,即市场中厂商规模的离散度。它是经济学界和政府管制部门广泛使用的一个重要指标,在进行反垄断调查和确定并购交易前后的市场竞争力时尤为重要。

二、计算公式

赫芬达尔指数的计算公式:

$$HHI = \text{sum}[(X_i/X)^2]$$

其中:

$X_i$ 表示某一家企业的主要业务收入(或总资产,根据具体应用场景而定)。

$X$ 表示该企业所在行业的总营收(或总资产)。

$(X_i/X)$ 即为该企业所占的行业市场份额。

sum表示对行业内所有企业(通常是前50家,如果总数少于50家则包括所有企业)的市场份额平方进行求和。

三、应用与特点

赫芬达尔指数在多个领域都有应用,如评估行业集中度、分析市场竞争结构、预测市场发展趋势等。在反垄断领域,监管机构常利用赫芬达尔指数来评估并购交易是否可能导致市场过度集中,从而对市场竞争造成不利影响。赫芬达尔指数具有以下特点。

1. 综合反映市场结构

赫芬达尔指数能够综合地反映企业的数目和相对规模,从而较为全面地揭示市场的竞争状况。

2. 对大企业敏感

由于采用平方和的方式计算,赫芬达尔指数对大企业的市场份额变化特别敏感,能够真实地反映市场中企业之间规模的差距大小。

3. 反映垄断程度

HHI 值越大,表示市场集中程度越高,垄断程度也越高。当市场处于完全垄断时,HHI 值为1;而当市场上有许多企业且规模都相同时,HHI 值则趋近于0。

4. 数据要求高

赫芬达尔指数对数据的要求较高,需要获取行业内各企业的市场份额数据。

## 职业视窗

我国在反垄断领域的法律法规体系较为完善,以《中华人民共和国反垄断法》为核心,不断修订和完善,从而适应市场经济发展需求。该法自2008年施行以来,对维护市场公平竞争、保护消费者利益、促进经济高质量发展发挥了重要作用。近年来,随着数字经济等新兴业态的兴起,反垄断执法面临新挑战,法律也进行了相应修订。

2022年,《中华人民共和国反垄断法》进行了重要修正,强化了竞争政策的基础地位。同时,完善了公平竞争审查制度,明确了行政机关和法律法规授权的具有管理公共事务职能的组织在制定涉及市场主体经济活动的规定时,应当进行公平竞争审查。

为配合《中华人民共和国反垄断法》的实施,最高人民法院发布了《最高人民法院关于审理垄断民事纠纷案件适用法律若干问题的解释》,于2024年7月1日起施行。该司法解释在吸收以往经验的基础上,对垄断民事纠纷案件的审理提供了更为详尽和具体的指导,涵盖了程序规定、相关市场界定、垄断协议、滥用市场支配地位等多个方面,有助于提升反垄断司法的精细化、规范化水平。

此外,国务院反垄断反不正当竞争委员会还发布了修订后的《经营者反垄断合规指南》,为经营者开展反垄断合规工作提供了明确指引,包括合规激励规则、具体合规风险点、合规管理原则等内容,进一步推动了反垄断合规文化的形成和发展。

总体而言,我国在反垄断领域的法律法规体系不断完善,为营造公平竞争的市场环境、推动经济高质量发展提供了有力保障。

# 单元三　竞争数据分析

> **案例导入**

　　甲公司是一家环保家居用品公司,近期注意到市场份额被新兴品牌乙公司快速取代。为应对挑战,甲公司决定对乙公司进行深入的竞争对手识别、竞店分析与竞品分析。

　　通过市场调研,甲公司识别出乙公司为主要竞争对手,乙公司主打环保理念,产品线丰富,尤其在智能环保家居领域有显著增长。

　　竞店分析发现,乙公司的网店和位于一线城市的体验店设计新颖,注重用户体验与互动,通过VR技术让消费者直观感受产品效果。同时,位于一线城市的体验店选址多在高端购物中心,目标消费群体明确。

　　竞品分析显示,乙公司的产品不仅在材质上追求环保,还融入了智能化元素,如自动调节光线和温度的窗帘、智能垃圾桶等。价格策略上,乙公司的产品价格虽略高于市场平均水平,但凭借品质和服务赢得了消费者认可。

　　[案例思考]
　　结合案例,思考并回答以下问题。
　　1.在竞争对手识别的过程中,甲公司除了关注市场份额和产品线,还应考虑哪些因素来更全面地评估乙公司?
　　2.乙公司的智能化产品策略对甲公司有何启示?如何在保持环保理念的同时,加强产品的创新性和科技感?
　　3.在价格策略上,甲公司应如何平衡品质与价格,以应对乙公司的价格优势?是否考虑推出高端系列或性价比更高的产品线?

　　竞争数据分析至关重要,它是对市场环境中竞争对手数据的深入剖析,旨在洞察行业格局,为店铺战略规划与运营优化奠定坚实基础。通过精准识别竞争对手、详尽分析竞店策略及竞品性能,企业能把握市场动态,及时调整经营策略,确保在激烈的市场竞争中保持优势,推动企业持续健康发展。

　　竞争数据分析主要包含三个方面的内容,分别是竞争对手识别、竞店分析和竞品分析。

## 一、竞争对手识别

只有准确识别出与自家店铺相匹配的竞争对手,分析出的竞争数据才具备参考价值。但是同行业之间店铺众多,如何确定哪些店铺是自己的竞争对手呢?此时需要对竞争对手进行界定和寻找。

### (一)竞争对手界定

竞争对手界定涉及多个维度,关键在于识别共同利益点及资源争夺点。

#### 1.人力资源争夺

人力资源争夺聚焦于同类型人才的获取,如运营、美工、客服等专业人才,是企业实力比拼的重要一环。

#### 2.客户资源的争抢

客户资源的争抢在相似市场定位下尤为激烈,如同类型女性汉服网店,竞相吸引年轻女性消费者。

#### 3.同业竞争

同业竞争直接体现在同品类商品或服务的销售上,如华为与小米在手机市场的较量、比亚迪与哈弗在汽车市场的竞争等。

#### 4.替代竞争

替代类商品虽非同类,但因具备替代效应,同样构成不可忽视的竞争关系。

#### 5.互补品竞争

互补商品虽在理论上相互依存,但在资源争夺与市场策略上也可能引发竞争,如牙膏与牙刷在供应链端的较量。

#### 6.营销资源竞夺

营销资源的竞争也日益激烈,企业在同一时段、媒介上的广告投放,均需要精准布局以脱颖而出。

#### 7.生产资源争夺

生产资源争夺聚焦在关键原材料或设备的分配上。

### 8.物流资源争夺

物流资源争夺在电商领域尤为显著,物流效率与成本控制成为企业间新的竞争焦点。那些争夺同一物流资源的企业,无形中成为相互间的竞争对手。

## (二)竞争对手识别方法

竞争对手的识别需要采取一定的方法,对于网店而言,可以采取以下五种方式识别竞争对手。

### 1.通过关键词识别

根据自身所在的电商平台,通过搜索同品类店铺,找到经营方式与自身最具相似性的卖家,便可以将其确定为竞争对手。为了使识别出的竞争对手更准确,还可以考虑店铺商品的属性。

比如在淘宝网中搜索"女装羽绒服",可以搜索到大量的竞争对手。随后选定服装款式细节为"带毛领",衣长为"中长款",进一步识别竞争对手,如图2-10所示。

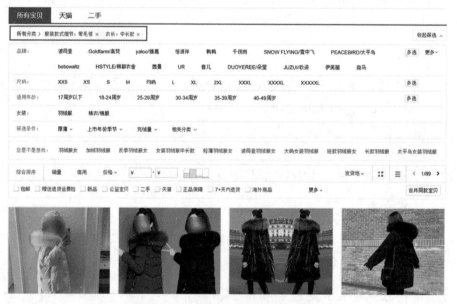

图2-10 通过关键词识别竞争对手

### 2.通过目标人群识别

采用通过目标人群识别的方法要考虑到目标人群的属性特征。以女装羽绒服为例,18~24周岁女性和40~49周岁女性所适合的风格和样式会有一定的差别,她们是两个不同的竞争体系,这里设置筛选适用年龄条件为"18~24周岁",如图2-11所示,实现通过目标人群识别竞争对手。

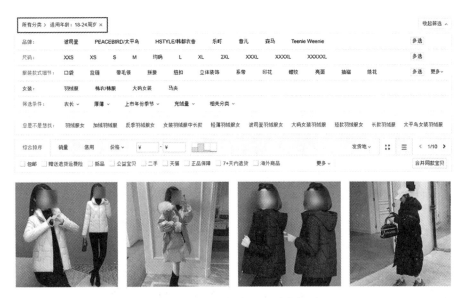

图 2-11 通过目标人群识别竞争对手

### 3.通过销量及商品单价识别

以销量和单价为维度在电商平台搜索页面找出相关卖家，然后找到店铺商品所在的排位，圈定销量或商品单价最接近的店铺作为竞争对手。图 2-12 即是店铺商品排位按照"销量从高到低"，价格区间在 300~600 元的女装羽绒服商品搜索结果页。

图 2-12 通过销量及商品单价识别竞争对手

### 4.通过推广活动圈定竞争对手

还可以根据自身店铺所参与的平台活动情况，找到参与同类型推广活动并且销售品类相近、价格定位相似的卖家作为竞争对手。

以淘宝网为例，借助生意参谋平台查看购买流失数据，即分析那些进入并浏览了自身店铺的商品，但是没有购买，离开后购买了其他店铺同类商品的客户数据。通过这些数据，可以找到竞争店铺有哪些，分别是什么样的信誉等级，分布在哪些省份等信息。

5.通过生意参谋等工具识别

在淘宝网生意参谋平台中的"竞争"板块下，单击左侧导航栏中的"监控店铺"选项，然后点击页面右上角"竞争配置"超链接，即可进入竞店配置页面。平台会根据本店铺基本情况、销售类目、人群定位等信息自动匹配竞争对手，商家可直接通过该工具完成对竞争对手的添加和监控。竞品识别可按照同样的方法完成。

## 二、竞店分析

竞店分析指的是对竞争店铺进行分析。电商企业在市场中进行竞争时，除了取决于自身发展状况外，也受竞争店铺发展的影响。如果竞争店铺的品类更齐全、款式更新颖、价格更低廉，那么会直接影响到自身的市场占有率及转化率。

接下来以某淘宝女装网店为例，介绍竞店分析的方法和操作步骤。

（1）明确竞店分析目标。

明确竞店分析的目标有利于选择合适的分析方法及所需的数据渠道。此次竞店分析的目标确定为，通过了解竞争店铺的基本情况，制定和优化本网店的运营策略。

（2）确定信息采集渠道。

常见的信息采集渠道可以通过直接观察网店情况、借助网店平台自带的数据分析工具，以及借助第三方数据分析工具三种方式进行。此次竞店分析选择借助生意参谋平台进行。

（3）进行竞店分析。

登录千牛商家工作台，在左侧导航栏中找到"数据"选项并点击，即可进入生意参谋平台。在生意参谋平台横向导航栏中选择"竞争"板块，点击进入，随后在生意参谋平台竞争页面中找到左侧导航栏中的"竞店分析"，即可选择竞争店铺查看数据并进行对比分析。如图2-13所示。

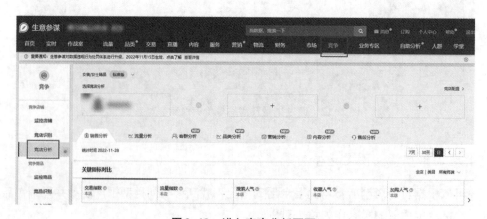

图2-13　进入竞店分析页面

在生意参谋平台的竞店分析页面的最上方,有一排竞店分析添加栏,商家可选择之前添加监控的竞店数据进行对比分析,如图2-14所示。

图2-14 添加竞店

生意参谋平台的竞店分析栏目主要提供销售分析、流量分析、客群分析、品类分析、营销分析、内容分析和售后分析。如果想要获取全部数据信息,需要开通旗舰版套餐,商家可根据自身需要选择是否开通。这里主要以销售分析数据展开比较。

如图2-15所示,选择某年近30天的数据指标,可以看到竞店的交易指数在10月31日和11月11日时达到波峰,说明该竞店参与了"双11"电商活动并产生了较高的交易指数。从中可以思考,本店铺是否应该多参与平台营销活动以提高销量。

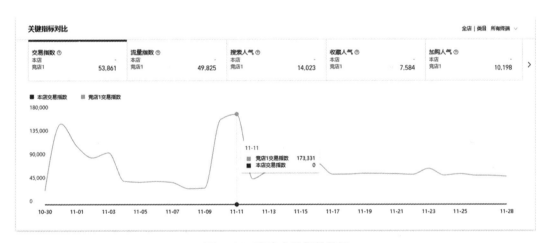

图2-15 竞店交易指数数据

查看"TOP商品榜",可以看到目前竞店销售量较高的竞店商品。通过图2-16所示的排行榜分析了解到,在竞店排行前10的商品中,有7款商品名称中都带有"连衣裙"等字样,说明虽然天气日渐寒冷,但该店目标客群对裙装的喜爱程度仍然不低。从本店角度来讲,在考虑季节因素的同时兼顾年轻女孩对美丽的需求也是非常重要的。

查看竞店的商品类目可以发现,竞店的商品类目主要由"连衣裙""时尚套装""毛针织衫"三大类目构成,说明竞店主打这三个类目的商品,如图2-17所示。因此本店在进行竞争时需要避开竞店优势类目;相比较而言,竞店的"毛呢外套""半身裙""毛衣"等销量占比较低,本店可在这几种品类进行发力,开展错位竞争。

| | | | 7天 30天 日 < > |
|---|---|---|---|
| | | 新中式复古挂脖连… | 27,208 -9.50% |
| | | 新中式褶皱连衣裙… | 10,662 -2.55% |
| | | k] 拼色小香风套装… | 9,463 -7.08% |
| | | 新中式复古千鸟格… | 8,783 -6.58% |
| | | ] 新中式复古吊带… | 7,816 -12.24% |
| | | 新中式国风气质显… | 6,532 +59.68% |
| | | 法式温柔风针织连… | 6,134 -5.43% |
| | | 复古拼接毛毛长袖上… | 6,089 +10.93% |
| | | 复古法式中长款连衣… | 5,613 +79.63% |
| | | 新中式复古水粗绒中… | 5,593 -21.30% |

图2-16　竞店"TOP商品榜"

| 排名 | 竞店1 类目 | 支付金额占比 |
|---|---|---|
| 1 | 女装/女士精品 > 连衣裙 | 69.25% |
| 2 | 女装/女士精品 > 时尚套装 | 11.87% |
| 3 | 女装/女士精品 > 毛针织衫 | 8.15% |
| 4 | 女装/女士精品 > 毛呢外套 | 3.77% |
| 5 | 女装/女士精品 > 半身裙 | 2.21% |
| 6 | 女装/女士精品 > 毛衣 | 1.55% |
| 7 | 女装/女士精品 > 短外套 | 1.12% |
| 8 | 女装/女士精品 > 牛仔裤 | 0.84% |
| 9 | 女装/女士精品 > 棉衣/棉服 | 0.38% |
| 10 | 女装/女士精品 > T恤 | 0.29% |
| 11 | 其它 | 0.55% |

图2-17　竞店商品类目数据

如图2-18所示，查看竞店价格带发现，竞争店铺的商品价格区间集中在70～350元这个范围内，其中200～350元这个区间的商品占比接近60%。结合女装类目具有的季节性因素能够发现，该竞店的价格定位在中端范围，如果想要和其形成竞争态势并突出自我优势，需要考虑降低价位，抑或是错开目标客群。

| 竞店1 价格带 | 支付金额占比 |
|---|---|
| 0～20元 | 0.14% |
| 20～40元 | 0.05% |
| 40～70元 | 0.74% |
| 70～200元 | 38.72% |
| 200～350元 | 59.57% |
| 350元以上 | 0.78% |

图2-18　竞店商品价格带

## 三、竞品分析

竞品分析是在被监控的竞店中选取和自身店铺中某一商品能够构成竞品关系的商品进行分析。在生意参谋平台中"竞争商品"下的"监控商品"可以直接添加需要被监控的商品，然后按照竞品分析的方法依次进行分析。具体分析内容可以围绕以下几点。

### （一）价格分析

价格是消费者购买商品时重点考虑的因素之一，因此对于竞争商品，需要重点关注其商品价格，并与本店商品进行对比。

### （二）销量分析

一款商品是否受欢迎，销量是非常重要的反馈指标。商家可以通过观察限定时间内的销量变化情况和交易指数来判断竞店商品的人气如何。对于销量高的竞品可以进入主页分析其销量高的原因，并进行学习，对于销量不高的竞品也可以通过结合其他数据分析其销量不高的原因，并加以警醒。

### （三）基本信息分析

商品的基本信息主要围绕商品的款式、功能、材质、颜色、卖点等展开，通过分析竞品的基本信息，可以迅速抓取到竞品的特征。图2-19所示的是选取的某女装竞店牛仔外套竞品的基本信息数据。通过提取基本信息可以看到该款牛仔外套有两款颜色，分别是深蓝色和湖蓝色，可供不同需求的消费者选择，适用年龄是25～29周岁，适合该年龄段追求甜美款的消费者选择。

| 品牌： | 适用年龄：25～29周岁 | 尺码：XS S M L XL |
|---|---|---|
| 图案：纯色 | 风格：甜美 | 衣门襟：单排扣 |
| 颜色分类：深蓝色 湖蓝色 湖蓝色预售… | 袖型：常规 | 组合形式：单件 |
| 货号： | 年份季节：2022年秋季 | 袖长：长袖 |
| 厚薄：常规 | 衣长：常规 | 服装版型：直筒型 |
| 流行元素/工艺：纽扣 | 销售渠道类型：纯电商（只在线上销售） | 材质成分：其他100% |

**图2-19 竞品基本信息（1）**

除了通过宝贝详情页获取竞品基本信息以外，还可以浏览竞品详情页，了解商品的主打卖点，如图2-20、图2-21所示，该款牛仔外套的主打卖点是"轻氧牛仔""休闲好穿"。

通过基本信息的分析，提升自身商品的差异化，方便消费者能够将自身商品和竞争商品有效区分开来。

图 2-20　竞品基本信息（2）

图 2-21　竞品基本信息（3）

## （四）竞品评价分析

竞品评价分析主要是对竞店竞品的评价内容进行分析，其目的是综合比较本店铺商品和竞品的消费者评价，找出竞品消费者认可的部分及本店铺商品不足的部分并进行分析，引导自身店铺商品的服务改良或创新。

如图 2-22 所示，通过提取买家评论信息，发现消费者对该款宝贝的评价多集中在质地、搭配和版型上，说明竞品在这方面做得确实比较好，这也是竞品的卖点所在。因此电商企业自身在做产品时也需要打造独特卖点并凸显其优势。

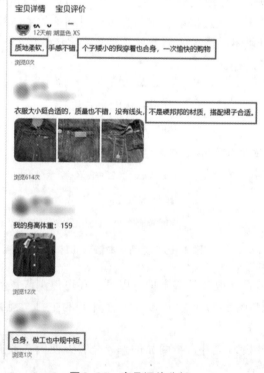

图 2-22　竞品评价分析

扫一扫二维码,在线观看教材配套的微课"竞争数据分析"。

拓展学习

## SWOT分析法

SWOT分析法,作为一种全面而系统的战略分析工具,被广泛应用于企业管理的各个领域,旨在通过对企业内外部环境的深入剖析,为企业战略规划提供坚实的基础。这一方法不仅帮助企业清晰地识别自身的优势与劣势,还敏锐地捕捉到外部环境中的机遇与潜在威胁,为企业的战略决策指明了方向。

### 一、优势(strengths)

优势指的是企业在市场竞争中相对于竞争对手而言,所具备的有利条件和独特能力。这些优势可能来源于企业的领先技术、品牌影响力、高效的管理团队、丰富的市场资源或是独特的产品特性等。例如,一家跨国公司凭借其卓越的创新能力、精湛的工艺设计以及强大的品牌影响力,在全球智能手机市场中占据了领先地位,这就是其显著的优势之一。

### 二、劣势(weaknesses)

劣势是指企业在运营过程中存在的不足或限制因素,这些因素可能阻碍企业充分发挥其潜力或影响企业的竞争力。常见的劣势可能包括生产效率低下、产品种类单一、成本控制能力不足、营销手段滞后等。比如,某传统零售企业可能面临线上销售渠道不足、库存管理效率低下等劣势,这在一定程度上限制了其市场扩展和适应市场变化的能力。

### 三、机会(opportunities)

机会是指在变化的外部环境中,有利于企业发展和扩张的积极因素。这些机会可能来源于新技术的发展、消费者需求的变化、政策法规的支持、市场空白或竞争对手的失误等。识别并抓住这些机会,能够推动企业快速发展,提升市场份额。比如,随着消费者对健康和环保意识的增强,绿色能源和可持续产品市场迎来了前所未有的发展机遇。一家专注于绿色科技的企业若能及时把握这一机会,推出符合市场需求的产品,将有望获得显著的市场增长。

### 四、威胁（threats）

威胁是指外部环境中可能对企业造成不利影响的因素，包括经济衰退、市场竞争加剧、政策法规限制、技术替代风险等。企业需要时刻保持警惕，评估这些威胁对企业的影响，并制定相应的应对措施。比如，国际贸易摩擦可能导致关税提高，对出口导向型企业构成直接威胁，影响其产品在国际市场的竞争力。面对此类威胁，企业需要调整市场策略，加强成本控制，或寻求新的市场机会以减轻影响。

综上所述，SWOT分析法通过系统地评估企业的优势、劣势、机会与威胁，为企业提供了一个全面的竞争态势分析框架。通过深入剖析这些要素，企业能够更加精准地制定发展战略，优化资源配置，提升市场竞争力，并在复杂多变的市场环境中稳健前行。

## 职业视窗

在国家政策不断明晰、行业监管持续加强的背景下，数据合规的时代已全面到来。对于很多企业来说，数据就是本企业的核心资产，企业数据合规与安全，成了企业无法回避的话题。如何排除企业数据合规风险，切实做到数据合规，是许多企业急需解决的问题。数据合规风险主要有以下几种。

### 一、侵犯个人信息

许多App在使用之前，会向用户请求各种授权，如位置信息、通信录、摄像头、录音权限等。在这种索要授权的过程中可能产生侵犯个人信息的数据合规风险，过度收集用户个人信息时，哪怕用户同意，仍然可能不合规。除非法获取与泄露个人信息之外，非法提供与拒不提供也是企业数据风险的类型。

### 二、泄露商业秘密

商业秘密是企业的重要数据，侵犯企业的数据，可能会泄露企业的商业秘密。比如客户名单也受商业秘密保护，通过非法手段获取企业的客户名单时，可能会泄露企业的商业秘密。

### 三、不正当竞争

侵犯他人数据的行为还可能构成不正当竞争，给企业带来涉诉风险。例如"大数据引发不正当竞争第一案"，互联网企业A诉互联网企业B非法获取其用户信息案。互联网企业B未经用户允许和互联网企业A平台授权，非法抓取、使用互联网企业A的用户信息，非法获取并利用互联网企业B的注册用户手机通信录联系人与互联网企业A的用户的对应关系，对互联网企业A构成不正当竞争。

### 四、虚假宣传、虚假广告

虚假宣传、虚假广告最常见的表现形式是通过刷单为店铺增加交易量、提高信誉，即人们常说的"刷单炒信"行为。"刷单炒信"意味着"虚构交易"，并利用虚构的交易进行"虚假宣传"，此等行为违反《中华人民共和国反不正当竞争法》《中华人民共和国电子商务法》，可能会使企业受到行政处罚。

为了规范数据处理活动，保障数据安全，促进数据开发利用，保护个人、组织的合法权益，维护国家主权、安全和发展利益，2021年6月10日，第十三届全国人民代表大会常务委员会第二十九次会议通过了《中华人民共和国数据安全法》，并于2021年9月1日施行。按照总体国家安全观的要求，《中华人民共和国数据安全法》明确数据安全主管机构的监管职责，建立健全数据安全协同治理体系，提高数据安全保障能力，促进数据出境安全和自由流动，促进数据开发利用，保护个人、组织的合法权益，维护国家主权、安全和发展利益，让数据安全有法可依、有章可循，为我国的数字化转型，构建数字经济、数字政府、数字社会提供法治保障。

# 单元四　消费人群分析

## 案例导入

某生活馆是一家专注于高品质生活方式的在线网店，自创立以来，凭借其精准的市场定位与个性化商品推荐，迅速在竞争激烈的电商市场中脱颖而出。通过对客户行为数据的深度分析，该生活馆成功构建了一套细致入微的消费人群画像，实现了销售与用户体验的双重飞跃。

该生活馆的核心消费人群画像如下。

1. 都市白领女性

都市白领女性占比高达60%，年龄集中在25～35岁，她们追求生活品质，注重个人形象与情感满足。偏好购买高端护肤品、时尚配饰及富有设计感的家居用品，追求简约而不失格调的生活方式。这部分客户常常通过社交媒体平台分享购物体验，形成口碑效应。

2. 年轻科技爱好者

年轻科技爱好者约占总客户的20%，多为男性，年龄层在18～30岁。他们热衷于探索最新科技产品，如智能穿戴设备、智能家居用品等。该群体对价格敏感度相对较低，更看重产品的创新性和功能性，是该生活馆电子产品类别的主要消费群体。

3. 精致宝妈群体

精致宝妈群体约占总客户的15%，主要为30～40岁的女性，她们在成为母亲后，对母婴用品、家庭健康及环保材质的日用品需求激增。此群体注重产品安全性与实用性，同时也乐意为自己选购提升生活品质的小物，如产后恢复用品、精致茶具等。

### 4. 小众文化追随者

小众文化追随者约占总客户的5%,他们跨越各个年龄段,但对特定文化有深厚的热情,如复古风、动漫二次元、手工艺品等。这类客户愿意为独特的文化体验付费,是该生活馆定制化、限量版商品的主要购买力量。

**[案例思考]**

结合案例,思考并回答以下问题。

1. 如何进一步细化消费人群画像,以更好地满足个性化需求?
2. 在当前数据隐私保护日益严格的环境下,如何平衡数据收集与客户隐私保护,确保画像构建的合法性与道德性?
3. 面对快速变化的市场趋势,如何保持消费人群画像的时效性与准确性,以便及时调整商品结构与销售策略?

## 一、消费人群分析的重要性

消费人群分析是市场策略制定中不可或缺的一环,其重要性不言而喻。这一过程不仅仅局限于对消费者基本属性与情况的简单梳理,而是一场深入探索与理解目标市场消费者内心世界及其行为模式的智慧之旅。通过对消费人群进行全面而细致的分析,企业能够揭开消费者需求的神秘面纱,洞察其深层次的偏好、价值观以及未被充分满足的需求,为产品开发与市场定位提供无可替代的洞见。

首先,消费人群分析为企业构建了一幅精准的市场画像,使得企业能够清晰地识别出目标消费群体的独特特征,包括年龄、性别、地域、收入水平、教育背景、生活方式乃至心理偏好等多维度信息。这些洞察帮助企业精准地定位市场,避免"一刀切"的营销策略,而是根据目标消费者的实际需求定制产品或服务,实现高度个性化的市场覆盖。

其次,深入分析消费人群还能有效促进企业创新能力的提升。通过理解消费者的真实需求与期望,企业能够预见市场未来的发展趋势,从而提前布局,优化产品组合,推出具有前瞻性和竞争力的新产品或服务。这种基于消费者洞察的创新,不仅能够满足市场的即时需求,更能引领行业潮流,为企业赢得先发优势。

再次,差异化的营销策略是消费人群分析带来的又一重要成果。企业根据分析结果,可以制定出更具针对性的营销策略,如精准定位的广告投放、个性化的促销活动和客户关系管理策略等,以最低的营销成本实现最大的市场效果。这种差异化策略不仅增强了企业与消费者之间的情感连接,也显著提升了品牌的市场认知度和忠诚度。

最后,消费人群分析还是企业评估市场潜力、制定发展战略的重要依据。通过对目标市场的深入分析,企业能够评估市场规模、增长潜力以及竞争态势,从而作出合理的资源配置和投资决策。这有助于企业避免盲目扩张或过度投资,确保资源都能用在刀刃上,实现资源利用的最大化。

## 二、消费人群分析工具

消费人群分析的工具多样且各具特色，为企业精准把握市场需求提供了有力支持。除了传统的市场调研手段外，现代数据分析工具更是层出不穷，主要包括以下几大类。

### （一）第三方调研机构白皮书

第三方调研机构白皮书，这类资源由独立、专业的第三方机构精心编制，不仅涵盖了广泛的目标用户消费行为数据，还融入了行业专家的深度分析与见解。白皮书以其权威性、系统性和前瞻性著称，是理解市场趋势、洞察消费者偏好的重要参考。然而，其局限性在于并非所有细分市场或产品类别都能找到现成的白皮书，可能需要专门编制以满足特定需求。

### （二）搜索引擎数据平台

以百度指数为代表的搜索引擎数据平台，依托各自庞大的用户基础，能够实时捕捉并反映公众对特定关键词或话题的搜索热度及趋势。巨量算数作为巨量引擎旗下的内容消费趋势洞察工具，则进一步聚焦于短视频平台上的用户行为，提供了更为丰富和细致的数据维度。这些平台的数据获取便捷，支持自定义时间段查询，便于企业灵活分析目标用户群体的年龄结构、地域分布等特征。不过，它们主要聚焦于搜索和浏览行为，对于转化行为的分析能力相对有限，因此建议与其他分析工具结合使用。

### （三）电商平台数据后台

如京东商智、淘宝生意参谋等平台，是电商企业直接获取用户购买行为数据的宝贵渠道。这些平台通过大数据分析技术，精准统计了购买特定产品或服务的用户画像，包括购买频次、消费能力、偏好变化等关键信息，为企业优化产品策略、提升营销效率提供了坚实的数据支撑。然而，值得注意的是，部分高级数据功能可能需要付费解锁，企业在使用时应根据自身需求和预算作出合理选择。

总之，消费人群分析工具各有千秋，企业在选择时应综合考虑数据全面性、分析深度、获取成本及自身业务需求，灵活组合运用，以实现对目标市场的精准洞察和高效决策。

## 三、消费人群分析操作

这里以巨量算数为例，通过搜索"羽绒服女"分析消费人群属性。
（1）输入关键词。
进入"巨量算数"官方平台，选择"算数指数"，在算数指数搜索页面输入关键词"羽绒服女"。
（2）搜索指数趋势分析。

在关键词指数下的搜索指数中,可以看到2022年10月28日至2022年11月28日期间在某短视频平台上用户关于关键词搜索趋势变化情况,如图2-23所示。通过趋势线可以发现,随着季节的变化,对于"羽绒服女"这一关键词的搜索量呈现波动上升态势,而在红点波峰内容搜索中,用户搜索度较高的内容有"新款羽绒服""北面羽绒服""过膝羽绒服"等。

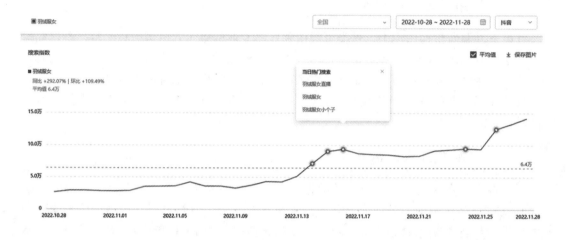

图2-23 搜索指数趋势分析

(3)关键词关联分析。

通过查看关键词关联信息,可以了解消费人群对于指定类目商品重点关注的信息,从而方便商家针对性进行商品预备。通过查看"羽绒服女"这一关键词的搜索关联词可以发现消费人群对于"小个子""娃娃领"等特点的羽绒服关注度较高,如图2-24所示。

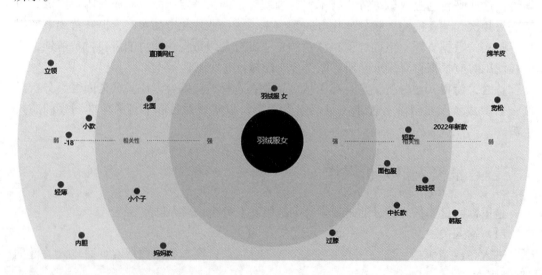

图2-24 关键词关联分析

（4）消费人群地域分析。

如图2-25所示，为巨量算数中关于“羽绒服女”这一关键词搜索人气高的地域，有了这样的信息，电商企业就可以思考：这些地区的用户搜索量这么大，是否应该根据这些地区的天气特点及用户特点来进行选款和营销推广。

省份　城市级别　城市

具体排名　点击左侧地图可查看各省份下城市排名

| 排名 | 省份 | 分布占比 | TGI |
|---|---|---|---|
| 1 | 河南 | 10.10% | 143.00 |
| 2 | 江苏 | 8.87% | 124.00 |
| 3 | 山东 | 7.99% | 126.00 |
| 4 | 安徽 | 6.17% | 151.00 |
| 5 | 陕西 | 6.14% | 171.00 |

图2-25　消费人群地域分析

（5）消费人群年龄分析。

消费人群年龄也是目标客户分析中的一大属性，通过确定消费人群年龄可以方便电商企业思考自身产品核心针对哪一阶段的人群进行设计能够更容易占据市场。如图2-26所示，定位柱状图，可以看到“羽绒服女”的搜索人群年龄层次在各个阶段均有分布，其中以31～40岁年龄层人数最多，达到了37.29%，紧接着的是24～30岁年龄层，也接近达到25%。商家可选定其中某个年龄段，结合选定年龄段客户所表现出的个性化需求，并综合市场需求中提炼出的消费人群属性偏好，安排商品的设计生产或通过第三方市场进行采购。

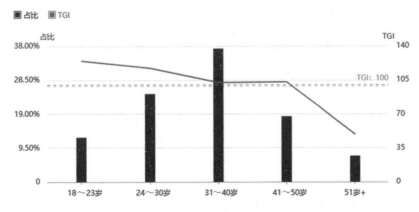

图2-26　消费人群年龄分析

扫一扫二维码，在线观看教材配套的动画"消费人群分析"。

拓展学习

消费人群特征分析的维度

一、年龄分析

18~24岁的消费者基本上还是学生，或者是刚刚踏入社会的年轻人。对于品质他们不会有太多要求，更多的是考虑款式的新潮和价位。25~35岁的消费者大多已经进入职场且有一定的经济能力和消费能力，在选款的时候会挑选一些品质稍微好点、价格稍微高点的商品。中老年的消费者有自己的经济基础，但是在消费的时候会更多地考虑商品的性价比，要多做前期的市场调查和分析，选择有优势的货源。

二、职业分析

以服装为例，对于学生而言，更多的是考虑服装的款式新潮、价格不能太高，更关注第一感觉。对于上班族而言，会选择品质好、有一定档次、成熟稳重一些、价格稍微高的服装。对于宝妈而言，在价格方面也不会考虑得太多，但是一定要安全，细节做到位，最大限度地保护宝宝。

三、地域分析

网店在进行目标消费人群地域定位时，可以结合不同地区的用户搜索量情况及用户特点，进行运营定位、选款和营销推广。

四、价格分析

价格是商品价值的货币表现，应该根据商品价值和供求关系的变化做好目标消费人群的价格定位。市场供求是形成商品价格的重要参数，当市场需求扩大时，商品价格处于上涨趋势，高于价值；当供求平衡时，价格相对稳定，符合价值；当需求萎缩时，商品价格趋跌，低于价值。

五、品牌偏好分析

品牌偏好是品牌力的重要组成部分，是指某一市场中客户对某些品牌的喜爱程度，是对客户品牌选择意愿的了解。品牌偏好是多个因素综合影响客户态度的结果。在进行客户品牌偏好分析时，可通过生意参谋、京东商智等平台工具采集指定行业热销品牌榜数据。

六、属性偏好分析

商品属性偏好同样影响客户的选择，以女装毛衣为例，通过阿里指数综合分析1688阿里巴巴采购批发网女装毛衣的热门属性，可以间接了解到客户对女装毛衣在风格、领型、面料等方面表现出的属性偏好。但是，还需要结合网店所在平台，进一步明确客户属性偏好，比如可以通过生意参谋平台中女装毛衣的属性洞察，分别了解客户在功能、厚薄、图案、尺码等方面的偏好。

## 职业视窗

随着互联网与电子信息技术的飞速演进，数据已成为企业不可或缺的核心资产，贯穿于企业战略的精准规划、营销活动的创新策划以及目标受众的精准定位等各个环节。在这一过程中，数据的获取与分析扮演了核心角色。然而，要确保这些数据发挥最大价值，数据采集的全面性与客观性至关重要，它们直接关联到数据分析结果的科学性与实用性。

为了构筑高价值的消费人群数据分析体系，我们在数据收集与获取阶段应秉持以下关键原则。

一、多渠道融合，确保数据全面性

在探索消费者行为的复杂图谱时，单一数据来源的局限性显而易见。因此，我们应积极拓宽数据获取渠道，实现线上平台、社交媒体平台、市场调研、用户反馈等多维度、多渠道的融合，确保数据覆盖的广泛性与深度，从而为后续分析奠定坚实的基础。

二、精细筛选，剔除无效信息干扰

在海量数据中，无效信息的混入如同沙砾之于黄金，易使分析结论偏离真相。为此，必须建立严格的数据清洗机制，通过智能识别与人工复核相结合的方式，精准剔除那些无关紧要、误导性强的信息，确保数据集的纯净与高质量，从而保障分析结果的准确性与可靠性。

此外，数据分析工作本身亦是一场严谨的科学探索，要求数据分析人员不仅具备扎实的专业技能，更需要怀揣对数据的敬畏之心，如同珍视每一位用户的独特价值那样，尊重并妥善处理每一条数据信息。这种态度是推动数据分析工作向专业化、精细化迈进的不竭动力。

## 温故知新

### 一、单项选择题

1.借助各种电子商务平台和工具，通过观察和追踪数据变化情况直接获取数据信息的数据分析方法是（　　）。

A.SWOT分析法 B.对比分析法
C.漏斗转化法 D.直接观察法

2.调研者通过设计与调研主题相关的问题表格，邀请被调研者按照表格所问填写答案，从而获取调研信息的调研方法是（　　）。

A.访谈法 B.问卷法
C.文献法 D.观察法

3.采用（　　）可以进行市场容量预测。

A.指数趋势线 B.线性趋势线
C.双周期移动平均 D.百分比误差线

4.下列不属于竞争对手的是（　　）。

A.销售儿童保温杯的不同网店

B.造成自身网店客户流失的其他网店

C.销售女士棉衣的网店和销售女士羽绒服的网店

D.销售电视的网店和销售智能音响的网店

5.SWOT竞争态势分析法中的"W"指的是（　　）。

A.优势 B.挑战
C.劣势 D.机会

## 二、多项选择题

1.电商企业进行市场调研的作用主要有（　　）。

A.有利于发现市场机会

B.有利于制定正确的市场营销策略

C.有利于提高企业的市场竞争力

D.有利于企业对其策略进行有效控制

2.访谈法的优点主要有（　　）。

A.调查范围广 B.信息获取准确
C.控制性强 D.适用范围广

3.企业可以根据历史数据，对所处行业的市场发展趋势进行分析，并明确所处的行业发展阶段。行业的发展阶段包括（　　）。

A.萌芽期 B.发展期
C.爆发期 D.衰退期

4.消费人群分析工具有（　　）。

A.百度指数 B.360趋势
C.第三方调研机构发布消费行为的皮书 D.京东商智

5.竞争对手的识别需要采取一定的方法，对于网店而言，可以采取哪些方式识别竞争对手？（　　）

A.通过关键词识别 B.通过目标人群识别
C.通过销量及商品单价识别 D.通过生意参谋等工具识别

## 三、判断题

1. 非介入性调查保证调研过程的客观性，属于调研方法中问卷法的优势。（  ）
2. 调研问卷的背景一般放置在调研问卷的尾端，具体内容主要包括被调研者的基本信息收集、再次向被调研者致谢以及调研项目基本情况等。（  ）
3. 赫芬达尔指数一般在1/$n$到1之间浮动，指数数值越大，说明行业集中度越高，越趋近于自由竞争。（  ）
4. 与本企业争夺同一类型的人力资源（如运营人员、美工人员、客服人员等）的企业通常是竞争对手。（  ）
5. 在激烈的市场竞争中，精准把握消费人群的需求变化，是企业赢得市场先机、实现可持续发展的关键。（  ）

## 学以致用

某企业想要加盟眼镜行业，但对于我国眼镜行业的市场情况不是特别了解，该企业分析人员通过艾瑞网找到《2022年中国眼镜行业白皮书》，从中获取相关数据如下。

如图2-27所示，2021年眼镜行业零售市场总规模为850亿元，增长率为6.0%，预计2025年眼镜行业市场规模将达到1059亿元。

图2-27　2018—2025年中国眼镜产品零售市场规模

从销售端角度看，国内眼镜镜片的行业集中度仍然较高，头部企业的销售额占据行业总销售额的比重保持在85%左右，如图2-28所示。由此可以分析出，在当前国内镜片市场上，国际知名厂商仍然占据优势，本土厂商近年来正处于高速成长阶段，但在销售额上与国际头部企业相比仍存在一定差距。

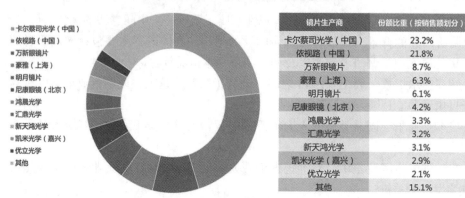

图2-28　2021年中国眼镜镜片市场份额情况

综合上述信息，该企业认为眼镜行业有一定发展空间，决心加盟。请你结合所学知识和技能，帮助该企业开展行业数据分析、竞争数据分析和消费人群数据分析。

## 任务一：行业数据分析

1. 获取竞争对手市场份额，可忽略市场份额较小的竞争对手

通过对企业或店铺的市场份额进行分析，能够具体地了解企业或店铺交易指数在市场同类店铺中的占比。通常占比越高，竞争就越激烈。

2. 计算市场份额平方值

通过对企业或店铺交易指数除以市场总成交金额计算出各企业或店铺市场份额，根据各企业或店铺市场份额计算出各自的市场份额平方值。

3. 将竞争对手的市场份额平方值相加得到赫芬达尔指数

通过企业或店铺所占市场份额平方值总和得到行业集中度的测量指标，用来衡量企业的数目和相对规模的差异，是市场规模的重要量化指标。

## 任务二：竞争数据分析

1. 明确竞店分析目标

通过对竞争企业或店铺进行分析，能够具体地了解竞争企业或店铺的产品、活动、价位等基础信息，当了解了竞争企业或店铺之后就可以优化自己企业的运营策略。

2. 确定信息采集渠道

通过企业或店铺后台自带的数据分析工具以及第三方数据工具，对竞争店铺的数据进行采集。

3.进行竞店分析

通过对竞争企业或店铺采集到人气指数、支付指数、收藏加购等数据进行分析,可以帮助企业或店铺制定出针对性的营销策略。

### 任务三:消费人群分析

1.确认关键词

通过借助数据采集工具确定消费人群常使用的关键词,确认关键词之后就可以根据关键词进行搜索。

2.搜索指数趋势分析

通过关键词指数下的搜索指数,可以看出该平台上用户关于关键词在某一时间段搜索变化情况,随着季节变化,搜索趋势也有所波动。

3.关键词关联分析

通过对企业或店铺的关键词关联进行分析,能够了解消费人群指定类目商品的尺码、颜色、款式等,从而帮助企业或店铺针对性进行商品预备。

4.消费人群地域分析

通过对企业或店铺的关键词搜索人气地域进行分析,能够了解搜索人气地域的分布占比、天气特点、用户特点等,从而帮助企业或店铺进行选款和营销推广。

5.消费人群年龄分析

通过对企业或店铺的消费者年龄进行分析,能够了解消费人群的年龄占比,从而帮助企业或店铺进行产品个性化设计和选择符合消费人群偏好的产品。

# 模块三　商品策略数据分析

## 学习目标

◇ **知识目标**

1. 理解商品选择的核心原则，全面掌握商品选择的多元化方法，能够灵活运用于实际选品过程。
2. 深刻认识商品搜索指数和交易指数分析的多维度视角，洞悉消费者搜索行为背后的市场动向，掌握综合分析方法。
3. 精通商品获客与盈利能力分析技巧，为商品优化与营销策略提供数据支持。

◇ **能力目标**

1. 能够实施商品选择流程，基于原则与方法，精准筛选符合市场需求的商品。
2. 能够完成商品搜索与交易指数的深入分析，提炼有价值的市场洞察。
3. 能够完成商品获客与盈利能力的量化评估，为商品优化与营销决策提供科学依据。

◇ **素养目标**

1. 恪守电商平台商品管理规范，确保商品选择与规划活动合法合规。
2. 具有创新思维，能够在商品策略数据分析过程中发挥主观能动性，提升商品吸引力与竞争力。
3. 秉持职业道德与数据伦理，在商品数据分析过程中保持诚信、公正，尊重用户隐私，确保数据分析结果的客观性与准确性。

## 学习导图

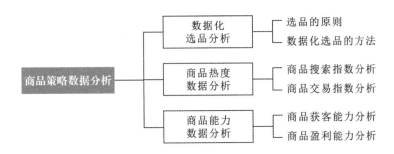

# 单元一　数据化选品分析

## 案例导入

一家专注于为客户甄选优质商品的直播平台（以下简称A平台），在2022年盛夏六月，犹如一股清流，迅速席卷全网，不仅在短短数月内汇聚了数千万忠实粉丝，更实现了近60亿的惊人带货佳绩，引领市场风潮。其母公司的股价更是实现了从低谷到巅峰的华丽蜕变，涨幅高达27倍。值得一提的是，A平台从默默无闻到百万粉丝积累耗时半年，而从突破两百万大关到千万级粉丝规模，仅耗时短短一周，其爆发力令人叹为观止。A平台的自营品遵循以下选品原则。

1. 更高品质

A平台的自营品会选用更高品质的原料，例如A平台的蓝莓原浆使用的是大兴安岭野生蓝莓，而非一般种植的蓝莓，花青素含量更高。A平台的每日坚果在基础的果干配比上增加了营养丰富的碧根果仁、开心果仁、樱桃干和野生蓝莓干，营养更加全面。

2. 更高性价比

从A平台的自营品单价来看，均明显低于竞品。例如，A平台的烤肠与B品牌的烤肠为同一个供应商，A平台的烤肠每100g价格为9.3元（VS B品牌的烤肠每100g价格为10.8元）；A平台的意面酱包用料更足，但每盒售价为18.5元（VS C品牌的意面每盒售价为19.8元），具有较高的性价比。A平台借助直播渠道直达消费者，销售费用率更低，让利消费者的同时依然具有较好的盈利能力。

3. 更健康配料

A平台的自营品会进行一定创新，配料表坚持"0添加"，例如A平台的每日坚果不添加食用香精，不添加色素，不添加甜味剂，不添加防腐剂，还原坚果和果干的原味；A平台的藕粉和黑豆粉还会采用赤藓糖醇代替白砂糖，赤藓糖醇0糖、0卡路里、0脂肪，契合消费者健康需求。

[案例思考]

结合案例，思考并回答以下问题。

1.A平台的自营品的选品原则有哪些？除了案例中提到的选品原则，你还能想到哪些选品原则？

2.网店可以采取哪些方法去选择符合选品原则的商品？

# 一、选品的原则

## （一）市场潜力驱动原则

首要考量商品的市场容量，即其潜在需求量与未来发展趋势。确保所选商品具备广阔的市场发展前景，能够持续吸引消费者，为网店带来稳定且可观的销量增长。

## （二）用户搜索友好原则

紧密贴合用户搜索习惯，选择那些易于搜索、高频出现且能激发购买欲望的商品。避免选择生僻难懂的商品名称，确保商品名称直观、易记，符合目标用户的搜索偏好。

## （三）品质至上原则

"品质为王，信誉为本"应成为网店选品的核心理念。精选高质量、高标准的商品，以卓越的品质赢得用户的信赖与好评，为网店的长远发展奠定坚实的口碑基础。

## （四）利润优化原则

在保障商品质量的前提下，注重分析商品的利润空间。优先选择利润空间合理、投资回报率高的商品，以实现网店的持续盈利与健康成长。

## （五）地域特色优先原则

挖掘并推广地方特产，不仅能彰显地域文化魅力，吸引特定偏好的消费者群体，还能通过直接对接当地供应商，降低采购成本，提升竞争力。

## （六）经济实际考量原则

基于网店的实际经济状况进行选品，合理评估并控制选品过程中的人力、物力等成本投入，确保选品策略的经济可行性与效益最大化。

### (七) 兴趣与专业融合原则

将个人兴趣与专业知识融入选品过程，选择自己熟悉且热爱的商品品类。这样不仅能提供更加专业、细致的商品服务，还能提升用户的购物体验与满意度，增强用户黏性。

### (八) 竞争优势构建原则

在激烈的市场竞争中，注重选品的差异化与独特性。选择那些在价格、功能、包装等方面具有竞争优势的商品，以差异化的商品策略吸引并留住消费者，使网店脱颖而出。

## 二、数据化选品的方法

如今数据已晋升为新零售时代的"黑金"——石油，其蕴含着无尽的消费者洞察，即需求、痛点、偏好与行为习惯。这一变革促使网店运营全面迈向数据驱动的新纪元，摒弃了昔日的经验式决策，转而拥抱以数据为依据的精准策略。其中，选品作为战略要地，其成败直接关系到市场竞争力，因此，数据化选品能力一跃成为商品经理不可或缺的核心能力。数据化选品不仅是一门技术，更是一门艺术，它要求商品经理既要精通数据分析之道，又要深谙市场变化之妙，以数据为舵，精准导航，引领商品在激烈的市场竞争中脱颖而出。

数据化选品，简而言之，即通过深入剖析消费者的购物轨迹，采集并精练海量数据，从中挖掘出消费趋势与偏好，进而指导商品的迭代升级或精准捕捉新兴市场需求。采用恰当的数据分析方法，犹如手持显微镜，能够清晰揭示商品现存问题与市场需求缺口。在这一领域，对比分析法、趋势分析法、多指标分析法三种数据分析方法尤为关键。

### (一) 对比分析法

对比分析法作为数据剖析的常用利器，它通过对比不同品类或商品的关键指标，如图3-1所示，对全球速卖通后台的打印机访客指数与扫描设备访客指数数据进行对比，直观展现了市场偏好的显著差异，前者几乎是后者的两倍之多，为选品和优化商品组合提供了直接依据。

### (二) 趋势分析法

趋势分析法聚焦于时间维度，通过对商品搜索量、关注度等指标的动态变化进行分析，捕捉市场趋势，如图3-2所示，谷歌指数揭示的"mybatis"与"JPA"在全球各地的热度演变，为商品规划、选品提供了时间轴上的数据支撑。

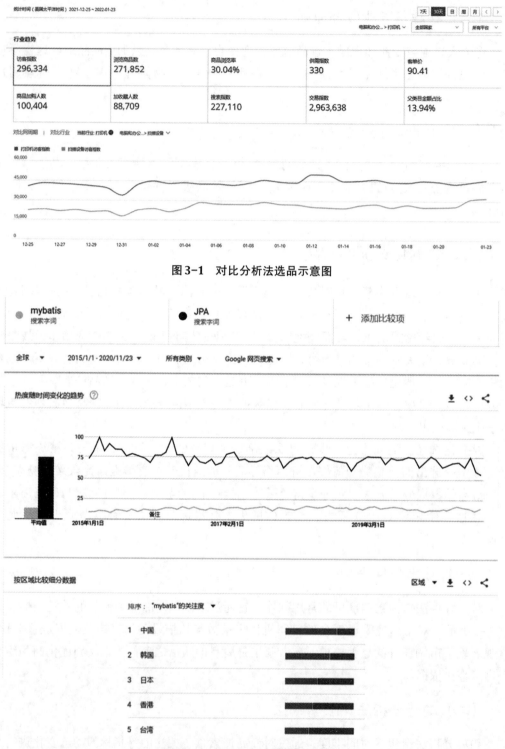

图3-1 对比分析法选品示意图

图3-2 趋势分析法选品示意图

## （三）多指标分析法

鉴于不同指标间的微妙关联与差异，此法倡导构建一个综合性的分析框架，将搜索指数、点击率、成交转化率及供给需求率等多维度信息融入数理模型，如表3-1所示。在此基础上，优选综合指数高、搜索指数靠前且供给需求率低的关键词所代表的商品，辅以高成交转化率进行考量，无疑是选品决策的明智之选。

**表3-1 多指标分析法选品的数据表**

| 关键词 | 搜索指数 | 点击率 | 成交转化率 | 供给需求率 | 综合指数 |
|---|---|---|---|---|---|
| HIocKoI（Endoscope 内窥镜） | 179346 | 0.4885 | 0.0281 | 0.0281 | 242.6358022 |
| webcam（摄像头） | 130016 | 0.2914 | 0.0061 | 1.1991 | 192.7350852 |
| эндоскоп для андроида（Endoscope android） | 63254 | 0.5499 | 0.0307 | 8.453 | 126.3278836 |
| эндоскоп автомобильный（Endoscope cars） | 102338 | 0.469 | 0.0201 | 8.2008 | 117.6385343 |
| KIIH KaMepa（Action camera 动作相机） | 157494 | 0.3033 | 0.0011 | 0.6885 | 0.6885 |
| led | 40641 | 0.1861 | 0.0024 | 0.254 | 71.46415843 |
| KIeH KaMepa（Action camera 动作相机） | 104202 | 0.3034 | 0.0011 | 0.4973 | 69.93037498 |
| sd card | 37055 | 0.4739 | 0.0113 | 2.8746 | 69.02947153 |
| endoscope 内窥镜 | 59882 | 0.4628 | 0.0568 | 24.9673 | 63.04728702 |
| usb c | 3288 | 0.2945 | 0.0297 | 0.4615 | 62.31632763 |

扫一扫二维码，在线观看教材配套的微课"网店商品选择"。

## 拓展学习

### 商品结构规划的技巧

商品结构的合理性，对于网店长远发展而言，具有举足轻重的意义。依据不同分类标志，商品结构可细化为多种类型，比如可以按照商品定位划分为形象商品、利润商品、常规商品、人气商品和体验商品，也可以按照经营商品的构成划分为主营商品、辅助商品及关联商品。在确定商品结构时，应以客户需求为核心，兼顾经济效益与运营效率，同时灵活适应外部环境变化，通过持续不断地优化调整，确保店铺在激烈的市场竞争中保持领先地位。

一、精准契合客户需求偏好

店铺经营者需要深谙地域特色与目标客户群体的消费偏好，精准布局商品种类与比例。通过细致分析市场趋势与客户反馈，构建一个既满足个性化需求又引领潮流的商品结构，以强化客户满意度与忠诚度。

二、平衡销售规模与经济效益

在构建商品结构时，店铺经营者应巧妙平衡两大关键要素：一是优化商品组合以提升利润率，确保高价值商品与热销商品的合理配比；二是加速商品周转，通过精准选品与高效库存管理，缩短商品从入库到售出的时间周期，从而最大化经济效益。

三、灵活适应地域特色与经营环境

鉴于不同地区的市场差异与经营条件的多样性，店铺需要灵活调整商品档次与经营比例。深入了解当地消费水平、文化习俗及消费者偏好，精准定位商品档次，确保商品结构既能彰显地域特色，又能有效吸引并服务目标客户群体。

四、动态调整，紧跟市场脉搏

市场瞬息万变，店铺经营者需要具备敏锐的市场洞察力与快速的应变能力。持续监控市场动态，包括但不限于季节更替带来的消费需求变迁、宏观经济环境的微妙调整以及竞争对手的策略变动。基于此，灵活调整商品结构，确保店铺始终走在市场前沿，抓住每一个商机，实现可持续发展。

## 职业视窗

近年来，随着直播电商的蓬勃发展，众多明星纷纷涉足直播电商，利用其广泛的影响力进行商品带货。然而，直播间"选品失误"的现象频发，即便是星光熠熠的明星效应，也难以掩盖商品质量问题带来的信任危机，消费者对此类行为愈发审慎，不愿轻易买单。这一现象深刻警示我们，明星团队在选品环节务必秉持严谨的态度，坚决抵制假冒伪劣商品，坚守正品原则，以构建并维护良好的带货声誉，毕竟任何选品上的瑕疵都可能对明星形象及其职业生涯造成不可估量的损害。

为了正本清源，规范直播电商选品生态，中国广告协会适时发布了《网络直播营销选品规范》，这一举措为网络直播营销全链条，包括选品、销售及售后服务，提供了权威指南。其重要意义在于：首先，它敏锐捕捉到了直播电商行业高速发展与低准入门槛并存的现状，通过提升主播及机构的选品能力，有效促进了直播营销业态的健康有序发展；其次，直面行业痛点，针对消费者普遍关切的商品质量问题，通过加强选品规范，有力保障了消费者权益，优化了消费环境；最后，它体现了行业自律的精神内核，推动了主播与机构的诚信体系建设，不仅服务于消费者权益保护和行业健康发展，还积极融入社会共治体系，彰显了行业组织的责任与担当。

对于网店商家而言，更应以此为契机，严格自律，全面规范选品流程。在遵循《中华人民共和国广告法》等法律法规的基础上，商家需要摒弃急功近利的心态，杜绝夸大宣传、隐瞒缺陷等不正当营销手段，切实保护消费者权益。具体而言，商家应完善从供应商筛选、资质审核到商品测试、卖点提炼的全方位审核机制，强化选品与品控管理，确保每一件商品都能经得起市场的检验。只有这样，才能从源头上降低直播带货的风险，提升带货效率与效果，共同营造一个更加规范、透明、公平的网络消费环境，推动整个直播电商行业向更高层次迈进。

# 单元二　商品热度数据分析

## 案例导入

小萌负责企业的农副商品网店的运营。该网店准备参加平台年货节活动，现在需要对店铺商品近一个月的数据进行分析和SKU优化，根据分析结果筛选出需要做活动的商品和备货计划。该网店2022年10月的运营数据，如表3-2所示。

表3-2　农副商品网店运营数据

| 商品 | 访客数(人) | 支付金额(元) | 支付件数(件) | 支付买家数(人) | 加购件数(件) | 加购人数(人) | 收藏人数(人) |
| --- | --- | --- | --- | --- | --- | --- | --- |
| 香菇酱 | 9872 | 122067 | 8397 | 4698 | 3618 | 3432 | 3932 |
| 黑香肠 | 9362 | 180875 | 4523 | 2925 | 2616 | 2273 | 3196 |
| 山茶油 | 8452 | 216807 | 4337 | 3490 | 3120 | 2988 | 3345 |

续表

| 商品 | 访客数(人) | 支付金额(元) | 支付件数(件) | 支付买家数(人) | 加购件数(件) | 加购人数(人) | 收藏人数(人) |
|---|---|---|---|---|---|---|---|
| 黑木耳 | 9863 | 152889 | 5098 | 3027 | 2824 | 2621 | 3224 |
| 土蜂蜜 | 9652 | 306508 | 5117 | 3076 | 2973 | 2860 | 3875 |

[案例思考]

通过查看案例中农副商品网店的运营数据，请你帮助小萌进行分析，并完成以下问题。

1. 网店数据分析的指标有哪些？
2. 哪款商品是该网店的爆款商品？

# 一、商品搜索指数分析

## （一）商品搜索指数分析的维度

商品搜索指数是根据某件商品的搜索次数等因素，通过公式综合计算得出的数值，不等同于客户实际的搜索次数，它是商品关键词热度的数据化体现。商品搜索指数从侧面反映了客户对该商品的关注度和兴趣度，数值越大反映搜索热度越高。商品搜索指数分析的维度主要包括搜索词、长尾词、品牌词、核心词和修饰词五大类。

### 1. 搜索词

搜索词即客户搜索商品时，在搜索框中输入的词语，但搜索词不同于关键词。通过搜索词的分析，可以了解客户的行为动机、确定商品的推广关键词，设定有创意的着陆页内容等，从而满足客户的搜索意图，提高网店和商品的浏览量。例如，网店销售的商品香菇酱，而客户经常通过搜索"拌饭酱拌面酱"来查找该款"香菇酱"，那么这款商品的关键词为"香菇酱"，搜索词为"拌饭酱拌面酱"。

### 2. 长尾词

长尾词是指与商品核心关键词关联性较强的延伸性词语。长尾词一般较长，可分出2~3个词语或短句。长尾词虽然搜索量比关键词少，而且搜索量也不稳定，但长尾词的目的性强，带来的客户转化率比关键词的高很多。例如，网店商品标题"夏季新款连衣裙"可以拆分为"夏季""新款""连衣裙"，其中"夏季""新款"都是"连衣裙"的延伸，该标题就属于长尾词。

### 3. 品牌词

品牌词是指商品标题中明确带有企业品牌名称的词语。品牌词点击率高、转化率高、转化成本低，适用于品牌知名度较高且能拓展出其他有价值的品牌相关词。例如，网店商品"神仙大农山茶油"，品牌词为"神仙大农"。

### 4. 核心词

核心词是整个标题的中心，用于突出商品属性、品类等。核心词虽然流量高、曝光力度强、搜索量大，但对商品搜索的精准度不够，转化率也相对较低。例如，在网店商品名称"正宗牛肉香菇酱香辣拌饭下饭酱"中，核心词为"香菇酱"。

### 5. 修饰词

修饰词是指用来修饰陈述性的词语，一般在标题的开头和结尾。修饰词以名词居多，是用于修饰核心词的词组。例如，商品名称"蜂蜜纯正天然土蜂蜜农家自产无添加洋槐花蜜"中，修饰词为"纯正天然、农家自产、无添加、洋槐花蜜"。

## （二）商品搜索指数分析

在网店运营过程中，商家一般用商品搜索指数进行竞品分析、用户画像分析、热点追踪、趋势研究等，并根据各项分析结果，及时调整商品类目、优化商品标题、调整网店运营策略以及对商品广告的精准推广投放等。

在进行商品搜索指数分析前，商家可以通过阿里平台的生意参谋、360趋势、百度指数等工具获取商品的相关搜索指数。由于同一关键词在不同平台或网站得到的结果不同，所以需要结合商品的目标定位、广告投放位置等情况，进行多维度分析。例如，淘宝和天猫平台的商家，可以借助生意参谋进行数据分析。生意参谋是阿里巴巴商家端统一数据商品平台，在生意参谋里有数据作战室、市场行情等数据商品。

### 1. 搜索趋势分析

以网店商品"土蜂蜜"为例，从搜索词的搜索人气、搜索热度等方面进行搜索趋势分析。搜索词"土蜂蜜"的搜索人气趋势图，如图3-3所示；搜索词"土蜂蜜"的搜索热度趋势图，如图3-4所示。搜索结果展示了搜索词某一个月的搜索情况，日期单位为"日"。

数据显示，11月9日至11月11日，搜索词"土蜂蜜"不管是搜索人气还是搜索热度都是高峰值，这个时间段也是"双11"促销活动的高峰期，说明促销活动对网店销售起到了一定的促进作用。该网店的运营人员可以参考"双11"的促销活动内容，对网店的营销进行分析和优化。从11月12日开始，商品的搜索趋势渐缓，虽然商品的搜索量回到正常值，但蜂蜜作为秋冬的滋补商品，可以酌情考虑增加库存和安排促销活动等。

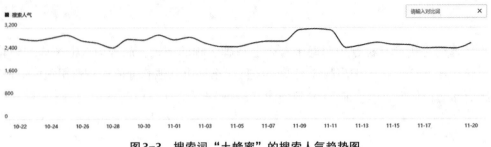

图3-3 搜索词"土蜂蜜"的搜索人气趋势图

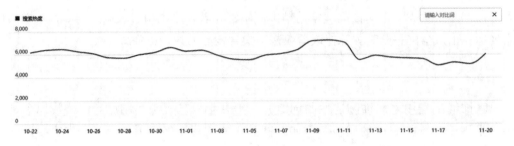

图3-4 搜索词"土蜂蜜"的搜索热度趋势图

### 2.人群分析

搜索"土蜂蜜"的客户性别分析和年龄分析,如图3-5、图3-6所示。从性别分析图可以看出,虽然"土蜂蜜"的男性客户搜索占比较高,但女性客户占比42%,也是搜索主力军。从年龄分析图可以看出,35~49岁的客户搜索占比38%;25~34岁的客户紧随其后,占比33%;也就是说,25~49岁的客户是搜索主力军,可以根据这部分年龄段的客户特点进行卖点设计和款式调整。

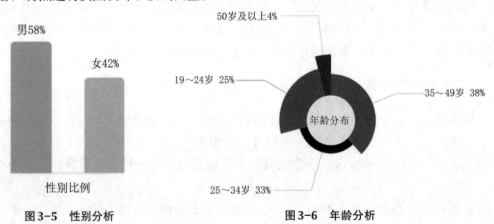

图3-5 性别分析　　　　　图3-6 年龄分析

搜索人群的购买偏好主要包括品牌偏好和类目偏好,如图3-7、图3-8显示,搜索"女士毛衣"的客户最终选择"恒源祥"品牌的众多,类目偏好方面则以"毛针织衫"和"毛衣"为主。搜索人群的支付偏好分析主要用于分析上述人群的价位偏好区域,如图3-9所示,针对搜索词"女士毛衣",35~70元的商品点击人气最高,点击用户占比达 21.35%，35 元以下和 320 元以上商品的点击用户则相对较少，因此店铺选择引流款时可以考虑 35～70 元这个区间的商品。

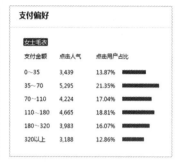

图 3-7　品牌偏好分析 　　　图 3-8　类目偏好分析　　　图 3-9　支付偏好分析

## 二、商品交易指数分析

### （一）商品交易指数分析的维度

商品交易指数是在统计时间内，根据商品交易过程中的核心指标，进行综合计算得出的数值。例如，订单数、买家数、支付件数、支付金额等。交易指数越高，代表支付金额越高。商品交易指数的分析维度主要包括店铺、商品和品牌三大类。

### （二）商品交易指数分析

#### 1. 市场排行分析

以日、周或月为时间单位，对店铺、商品或品牌进行指定终端下的交易指数对比分析，这对于制定店铺运营策略和打造单品爆款有着较好的参考价值。如图 3-10 所示，为生意参谋平台中"毛针织衫"类目下的店铺交易日排行榜，可以看出，交易指数排行前三的店铺中，第二家店铺的当日交易指数排名较前一日稳中有升，其他两家则迅速大幅度增长。

图 3-10　生意参谋平台中的店铺交易日排行榜

## 2.交易趋势分析

查看店铺、商品或品牌在过去一段时间内的交易变化，分析成交量是下滑还是上升又或是稳定不变的趋势及其原因。如图3-11所示为针对上述排行第一的店铺进行的交易趋势分析，可以看到该店铺的交易指数在9月26和10月15日达到了高峰值，10月15日前交易量短暂下降，而流量却在稳定上升，可以判断这一时期进行了促销预热。

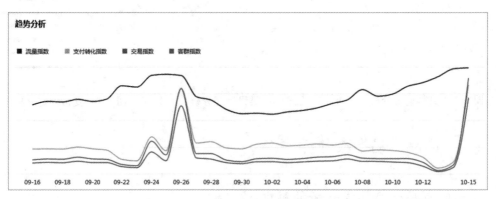

图3-11　某店铺交易趋势分析

### 商品数据分析内容

商品数据分析通常在商品、运营、客服岗位完成，它直接影响着企业的经营效益。商品数据分析包括竞争对手分析、客户特征分析、商品需求分析、商品价格分析、商品生命周期分析和客户体验分析等内容，最后通过调研报告形成合理化建议，对商品开发及市场走向提出预测。

一、竞争对手分析

进行竞争对手分析的目的是，通过了解竞争对手的信息，获知竞争对手的发展策略以及行动，以作出最适当的应对措施和调整战略方向。分析目标客户、定价策略、市场占有率等确定竞争对手；对竞争对手价格、商品、渠道、促销等方面进行调研，归纳整理调研数据；通过SWOT分析法，得出竞争对手商品及自身商品的优劣势。

二、客户特征分析

客户特征分析的目的：一方面是为商品功能设计等提供核心有效依据，另一方面是为了数据挖掘和客户推荐做底层数据支持。根据研究目的，确定典型客户特征的分析内容；做好客户关于年龄、地域、消费能力、消费偏好等数据收集与整理工作；通过Excel等工具分析客户数据，赋予不同的人群标签。

### 三、商品需求分析

根据典型客户特征分析结果,收集客户对商品需求的偏好;通过整理分析需求偏好提出商品开发的价格区间、功能卖点、商品创新、包装等建议;通过商品的不断升级和迭代,树立客户对商品及品牌持久的黏性。

### 四、商品价格分析

根据营销目标、商品定位和商品成本,分析影响商品定价的内部因素;根据消费人群、市场需求和竞争对手定价的调查结果,分析影响商品定价的外部因素;恰当地运用各种定价策略确定商品价格。

### 五、商品生命周期分析

根据商品销量和利润等分析商品进入市场所呈现出来的特征;根据不同特征判断其所处的阶段是导入期、成长期、成熟期还是衰退期,以商品各阶段的特征为基点来制定和实施企业的营销策略。根据商品生命周期分析结果,判断出商品处于生命周期的哪一阶段,并根据该阶段的特点,采取相应的市场营销策略,增强企业竞争力,提高企业的经济效益。

### 六、客户体验分析

通过客户访谈或工具软件收集,了解客户体验现状;跟踪和分析客户对商品的反馈,监测商品使用状况并及时提出改进方案;识别客户痛点及商品机会,组织有价值的典型客户参与商品设计,评估商品价值及客户体验。

## 职业视窗

电子商务经营者中存在的商品交易数据造假、刷单、刷好评等不良行为,不仅是对诚实信用这一商业基石的公然违背,更是对市场公平竞争秩序的严重扰乱。为确保电商环境的健康发展,《中华人民共和国电子商务法》已明确提出了严厉要求,即严禁虚构交易记录、编造用户评价,并强制规定平台不得擅自删除用户评价,以此强化电子商务经营者的信息披露责任与透明度。

该法第十七条更是详尽指出,电子商务经营者应当全面、真实、准确、及时地披露商品或者服务信息,保障消费者的知情权和选择权。电子商务经营者不得以虚构交易、编造用户评价等方式进行虚假或者引人误解的商业宣传,欺骗、误导消费者。这一规定旨在保护消费者的知情权与选择权,维护市场的公平与正义。

因此,电子商务经营者应自觉抵制并远离任何形式的虚假宣传,包括但不限于对商品质量、成分、性能、用途、生产者信息、有效期限及产地等关键要素进行误导性描述。利用技术手段或人为操作进行数据造假,以营造虚假热销氛围、提升店铺信誉,进而诱导消费者购买的行为,不仅短视且违法,终将受到法律的制裁与市场的淘汰。电商行业的可持续发展,依赖于每一位从业者的自律与诚信,共同营造一个公平、透明、健康的交易环境。

# 单元三  商品能力数据分析

> **案例导入**

科技A公司专注于智能家居商品的研发与销售，其主打商品为智能音箱X系列。商品自上市以来，凭借其先进的技术、用户友好的界面设计以及合理的定价策略，在市场上获得了一定的知名度。然而，随着市场竞争的加剧，科技A公司面临如何进一步提升获客能力和盈利能力的挑战。

科技A公司坚持"以用户为中心"的设计理念，不断对智能音箱X系列进行迭代升级。例如，新增了语音识别精度更高的算法，支持更多语言和方言识别，以及优化了音乐播放音质等。这些改进极大地提升了用户体验，使得商品口碑在社交媒体平台和电商平台上逐渐积累，建立了良好的用户基础。

为了提升用户黏性，科技A公司推出了会员制度，为会员提供专属折扣、积分兑换、优先体验新品等福利。通过数据分析，科技A公司发现会员用户的复购率和推荐率均高于非会员用户，这进一步验证了会员制度在提高用户留存和获客能力方面的有效性。

科技A公司在商品研发、生产、物流等各个环节注重成本控制和效率提升。通过优化供应链管理，降低原材料采购成本；采用自动化生产线，提高生产效率；与物流公司建立长期合作关系，降低运输成本。这些措施使得科技A公司在保证商品质量的前提下，实现了成本的有效控制，为盈利能力的提升奠定了基础。

除了商品销售收入外，科技A公司还积极拓展多元化收入来源。例如，通过智能音箱搭载的音频内容服务平台（如音乐、有声书等）收取订阅费用；与第三方服务商合作，为用户提供智能家居系统定制化服务并收取服务费等。这些多元化收入来源不仅增加了科技A公司的盈利点，还提升了用户黏性和品牌影响力。

[案例思考]

结合案例，思考并回答以下问题。

1.在商品获客能力方面，除了商品创新和营销策略外，还有哪些因素可能影响企业的获客效果？

2.为提升商品盈利能力，企业如何平衡成本控制与商品质量之间的关系？

3.在多元化收入来源的探索中，企业如何选择合适的业务模式和合作伙伴？

## 一、商品获客能力分析

### (一) 商品获客能力概述

在电子商务环境下,商品流量越大,表示获客机会就越多。而商品的获客能力也是网店运营的关键能力之一,如何用最小的成本获取最多的客户,是提升商品获客能力的核心目标。

商家想要提升商品获客能力,首先,需要通过升级个性化客户体验来提升获客能力;其次,需要优化并拓展营销渠道,确保商品接触到更多潜在客户;最后,提升商品自身价值,打造商品亮点。

### (二) 商品获客能力分析

商品获客能力的主要数据指标包括新客点击量、重复购买率。

#### 1. 新客点击量

新客点击量是针对首次访问网站或者首次使用网站服务的客户进行的点击量统计。分析该指标有利于抢占市场份额、评估优化网站的推广效果,以及判断商品目前的所处阶段。新客点击量越大,说明该商品的获客能力越强,新客户运营效果越好。例如,当新客户的点击量比例大于整体客户流失率,则商品处于发展成长阶段;反之,当新客户的点击量比例小于整体客户流失率,则商品处于下滑衰退阶段。

例如,网店香菇酱、黑木耳、土蜂蜜,这三款商品在2022年9月和10月带来的新客点击量统计情况如表3-3所示。

表3-3 网店新客点击量统计表

| 新客点击量 | 9月(次) | 10月(次) |
|---|---|---|
| 香菇酱 | 4830 | 5045 |
| 黑木耳 | 5928 | 5722 |
| 土蜂蜜 | 6129 | 6784 |

将表3-3中的数据转化为如图3-12所示的折线图,对网店三款商品带来的新客点击量进行横向及纵向分析对比。

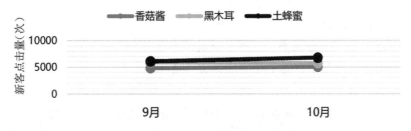

图3-12 网店三款商品的新客点击量对比图

经过以上对比分析，至少可以得出以下结论。

（1）三款商品都能带来获客流量，但其中香菇酱商品的获客能力相对较弱。

（2）土蜂蜜商品带来的新客点击量较高，并且在持续上升，获客能力最强。

（3）黑木耳商品带来的新客点击量尽管较上月略有下降，但总数仍不容小觑，需要分析其具体原因，并及时对商品进行优化调整。

2.重复购买率

重复购买率简称复购率，是针对某时期内产生两次及两次以上购买行为的客户进行的比例统计。当消费者对该品牌商品或服务产生重复购买行为，重复购买率越多，则反映出消费者对品牌的忠诚度就越高，反之则越低。

计算复购率有两种方法，具体内容如下。

（1）按客户数量计算。

复购率 = 一段时间内重复购买的客户数量 ÷ 客户总数量 × 100%

例如：客户总数为100人，其中60人重复购买（不考虑重复购买了几次），复购率为60%。

（2）按交易次数计算。

复购率 = 一段时间内客户重复购买的总次数 ÷ 客户总数量 × 100%

例如：客户总数为100人，其中60人重复购买，这60人中有30人重复购买1次（即：购买2次），有20人重复购买2次（即：购买3次），复购率＝（30×1+20×2）÷100×100%，结果为70%。

随着电商的发展，获客成本越来越高，所有获取的流量转化为有效客户会缩减很多，有效客户转化为二次下单客户又会缩减很多。若网店没有一个有重复购买记录的商品，那么该网店是非常危险的，这意味着所有交易都是一次性买卖，且需要付出更多的获客成本，同时也不利于实现该网店经营效益的可持续增长。

综上所述，复购率的重要性不言而喻，要想让客户产生持续的购买行为，一般需要遵循以下几点原则。

（1）提升商品竞争力。

随着互联网的发展，运营手段会越来越丰富，但其根本还是要依托于商品本身的竞争力，而影响客户复购的最大因素也是商品本身。

提升商品竞争力，需要注意以下几点内容。

第一，需要保证商品质量，它是提高复购率的基石，使客户对商品产生信任。

第二，需要不断丰富商品类目，单一品类的商品特别是低频次消费的商品，复购率往往较低，可以通过商品类目多元化来增加客户选择的空间。

（2）加强客户体验。

企业除了让客户对商品功能有良好的体验以外，商品附加值及客户购物体验可以帮助企业从众多同类商品中脱颖而出。通过完善的售前、售中、售后服务，及简单顺畅的流程操作，可以大幅提升客户的购物体验，帮助增加客户黏性，培养客户忠诚度。

（3）打造会员体系。

打造会员体系即通过数据分析构建客户画像，实现客户的分层管理和精细化运营。例如，会员等级体系、会员尊享活动、积分换购、会员成长体系等。这一方面是为了唤醒沉睡客户，另一方面为了刺激消费、增加购买频次。

复购率的统计分析和统计周期息息相关，包括以周、月、季度，或以年为统计周期。这里需要注意的是，企业需要结合商品的品类特性进行综合考量。例如，牛奶、零食、卫生纸等这类快速消耗品，购买周期较短，可以以月度复购率进行统计分析；对于眼镜、手表等商品，则可以考虑按年度复购率进行统计分析。

此外，分析复购率还需要考虑网店运营的阶段。例如，在客户拉新阶段，企业的重心是获取新客户，此时复购率较低；在留存阶段，企业的重心是新老客户的转化，复购率会有所增长；在活跃和转化阶段，企业的重心是客户向粉丝的转化，复购率必然会大大提升。

## 二、商品盈利能力分析

### （一）商品盈利能力概述

商品盈利能力，即商品为网店或企业获取利润的能力，一般是指利润、收入、成本三者之间的比率关系。若利润相对于收入和成本的比例越高，商品盈利能力越强；反之，比率越低则商品盈利能力越弱。

### （二）商品盈利能力分析

商品盈利能力分析的指标会根据企业性质的不同而变化。这是因为在实际的分析过程中，由于利润额的高低不仅取决于商品的运营，而且还会受到各个时期生产规模和商品结构变化的影响。所以，需要从商品结构、SKU、客单件和毛利率四个方面，多维度进行商品盈利能力分析。

#### 1.商品结构分析

商品结构指的是在既定经营范围内，依据特定标准将商品科学划分为不同类别与项目，并精准设定各类别与项目在整体商品构成中的比重，以此构建出一个既均衡又高效的商品体系。合理的商品结构会使商品定位明确、比例适当，商品之间相互关联并相互促进，它是网店运营良性发展的基础。分析商品结构，可以帮助企业及时优化运营思路、监控市场风向、合理安排库存、打造商品竞争优势，并制定具有针对性的商品推广策略，从而达到提升企业品牌宣传效果和增加营收的目的。

（1）商品结构划分。

根据商品定位，可以将商品结构划分为形象商品、利润商品、常规商品、人气商品和体验商品，不同定位的商品在商品结构中的作用和特点如表3-4所示。

表3-4 商品结构划分详表

| 商品定位 | 作用 | 特点 |
| --- | --- | --- |
| 形象商品 | 展示企业实力，树立品牌形象，提升消费者信心 | 1.通常这类商品价位不仅是店内最高层次水平，而且也是店内商品策划综合展示的最高水平。<br>2.商品辨识度高，有精心策划的独特卖点和包装 |
| 利润商品 | 丰富销售搭配，提升利润 | 1.主要以提升销售利润为主，商品利润空间大。<br>2.通常与人气和常规商品进行搭配销售 |
| 常规商品 | 用于日常销售，提供丰富选择 | 1.店内为主要陈列商品，有一定的资源投入。<br>2.一般与人气商品进行组合推广 |
| 人气商品 | 获取更多自然流量，也被称为爆款商品、引流商品 | 1.店铺聚焦资源、商品推广大力投入。<br>2.商品目标人群精准定位，且商品的曝光率、点击率和销售量也相对较高 |
| 体验商品 | 通常被称为"活动商品"，用于某个特定活动，吸引潜在新客户 | 1.这类商品初次购买门槛低。<br>2.为特定活动准备的商品，且限时、限量、限价 |

网店商品的结构比例反映了该商品的销售比例。一般情况下，网店的形象商品占10%左右，利润商品占20%左右，常规商品占50%左右，人气商品占15%左右，体验商品占5%左右。商品结构及其比例并不是固定不变的，它是随着网店运营阶段的不同而不断调整定位的。例如，运营过程中商品会根据第三方市场、季节、引进新商品以及阶段的运营目标等进行变化。

（2）商品结构分析方法。

在进行商品结构分析时，通常从两个角度切入。一种是将所有目标商品按常规商品上线销售，运营一段时间后采集其运营数据，并通过分析进行商品结构划分；另一种是企业已预先定位了商品结构，并已投入运营一段时间后，再采集其运营数据，通过分析发现异常并调整优化商品结构。

不论是选择哪种分析方法，都需要基于真实的商品运营数据，结合商品的不同定位和特点，确定其合适的分析指标后再进行。例如，人气商品的流量大、关注度高、对客户的吸引力也较强，那么对其进行效果检测时，一般可以从商品浏览量、平均停留时长、详情页跳出率、支付转化率和商品收藏人数这五个指标进行综合考量。

小萌负责的农副商品网店,需要选出一款最具潜质的商品作为人气商品并进行推广。先是以月为统计周期导出所需要的相关数据,包括商品浏览量、平均停留时长、详情页跳出率、支付转化率和商品收藏人数,然后对其进行整理,如图3-13所示。

| 商品名称 | 商品浏览量 | 平均停留时长 | 详情页跳出率 | 支付转化率 | 商品收藏人数 |
|---|---|---|---|---|---|
| 古田银耳 孕妇有机银耳干货白木耳出胶小银耳 银耳羹非雪耳 | 17747 | 273.30 | 23.51% | 1.49% | 1164 |
| 精选秋耳100g特产人工精选古田秋耳肉质肥厚 | 12188 | 226.19 | 50.40% | 3.11% | 587 |
| 精选竹荪120g干货古田特产竹笙新鲜无硫食用菌菇煲汤食材 | 11467 | 114.79 | 30.46% | 2.70% | 1083 |
| 精选香菇300g古田特产干货食用菌菇 肉厚无根煲汤烹饪食材 | 11299 | 132.33 | 29.35% | 2.51% | 591 |
| 有机黑木耳300g东北黑木耳干货秋木耳肉厚菌菇非野生特级 | 11206 | 247.80 | 58.20% | 2.44% | 1067 |
| 羊肚菌干货120g云南羊肚菌特产干货非野生菌菇营养煲汤炖汤 | 10805 | 248.29 | 52.47% | 1.61% | 332 |
| 精选红枣300g自然吊干皮薄肉厚干煮粥煲汤泡水蜜饯果干零食 | 8879 | 146.62 | 25.33% | 2.45% | 475 |
| 精选莲子350g白莲干货新鲜莲子去芯通心磨皮白莲子 | 6143 | 54.97 | 47.37% | 3.79% | 165 |
| 精选桂圆干300g肉厚核小龙眼干桂圆肉干红枣泡茶煲汤配料 | 4797 | 70.93 | 58.29% | 2.29% | 442 |
| 雪梨干片300g无硫大片饱满泡水喝非特级煲汤材料水果 | 3713 | 214.60 | 30.20% | 3.24% | 272 |
| 精选鹿茸菇300g干货鹿茸菌无硫新鲜食用菌菇 | 2693 | 47.94 | 27.28% | 2.65% | 138 |
| 元贝干货瑶柱干贝海鲜干货干贝礼盒250g日本北海道元贝礼盒 | 2617 | 184.71 | 47.62% | 3.35% | 213 |
| 普通茶树菇散装1斤500g开伞菌菇小吃老鸭煲汤农副产品 | 2592 | 94.79 | 43.46% | 1.21% | 244 |
| 散装玉竹切片1斤(500g)小吃炖罐汤料可配北沙参麦冬 | 2092 | 163.29 | 28.46% | 1.55% | 186 |
| 白玉木耳干货散装鲁山明鲜农副产品销售部辣椒炒肉食材无根兔耳茵 | 1751 | 237.48 | 52.23% | 2.12% | 149 |
| 灰树花干货500g特产新鲜蕈茸菌菇蘑菇灰树菇菇类煲汤 | 1280 | 47.34 | 63.27% | 1.80% | 59 |

图3-13 农副商品网店的五个指标数据

①平均停留时长筛选。

平均停留时长越长,说明该商品页面对客户的吸引力越强,输出的有用信息越多,访客的转化概率也就越大。选取平均停留时长大于60秒的数据为优质数据,利用Excel的"筛选"功能"数字筛选"-"大于"将符合条件的商品筛选出来,筛选结果如图3-14所示。

图3-14 人均停留时长筛选

②详情页跳出率筛选。

详情页跳出率越小越好。选取详情页跳出率小于50%的数据为优质数据,利用Excel的"筛选"功能"数字筛选"-"小于"将符合条件的商品筛选出来,筛选结果如图3-15所示。

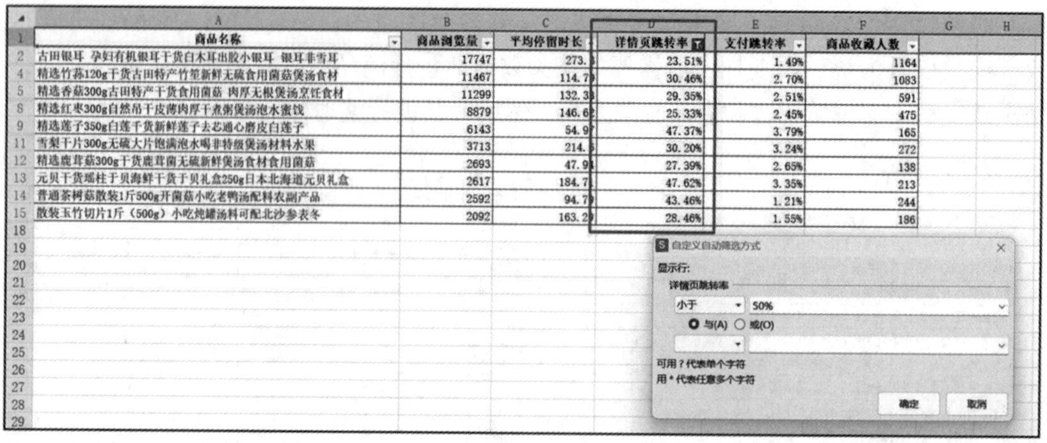

图3-15　详情页跳出率筛选

③支付转化率筛选。

商品支付转化率越高越好。选取支付转化率大于1.5%的数据为优质数据，利用Excel的"筛选"功能"数字筛选"－"大于"将符合条件的商品筛选出来，筛选结果如图3-16所示。

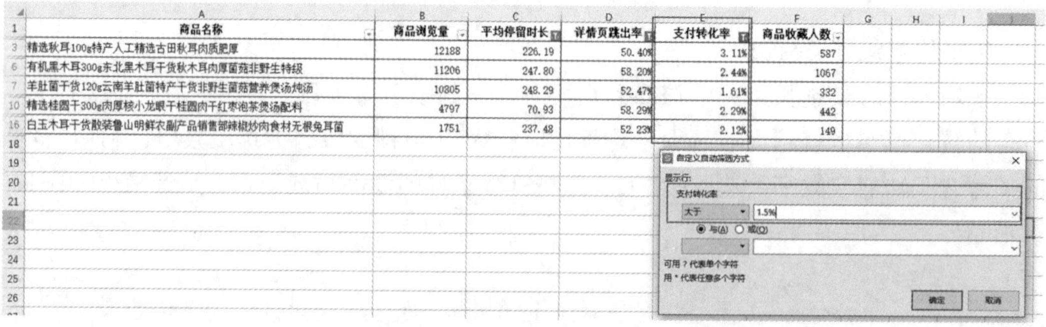

图3-16　支付转化率筛选

④商品收藏人数筛选。

商品收藏人数越多越好，商家可根据全店平均水平选择优质数据范围，本例中直接选取收藏人数大于平均水平的数据为优质数据，利用Excel的"筛选"功能"数据筛选"－"高于平均值"将符合条件的商品筛选出来，筛选结果如图3-17所示。

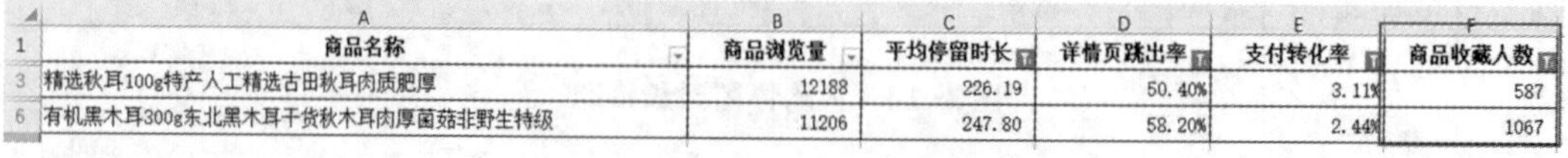

图3-17　收藏人数筛选

⑤浏览量排序。

对上述四个步骤筛选出来的数据用颜色进行填充，然后清除筛选以显示全部数据，并将所有商品按浏览量的大小进行降序排序，结果如图3-18所示，但浏览量数据并不是越大越好，需要进行综合判断。

| | A | B | C | D | E | F |
|---|---|---|---|---|---|---|
| 1 | 商品名称 | 商品浏览量 | 平均停留时长 | 详情页跳出率 | 支付转化率 | 商品收藏人数 |
| 2 | 古田银耳 孕妇有机银耳干货白木耳出胶小银耳 银耳羹非雪耳 | 17747 | 273.30 | 23.51% | 1.49% | 1164 |
| 3 | 精选秋耳100g特产人工精选古田秋耳肉质肥厚 | 12188 | 226.19 | 50.40% | 3.11% | 587 |
| 4 | 精选竹荪120g干货古田特产竹笙新鲜无硫食用菌菇煲汤煲食材 | 11467 | 114.79 | 30.46% | 2.70% | 1083 |
| 5 | 精选香菇300g古田特产干货食用菌菇 肉厚无根食用煲汤烹饪食材 | 11299 | 132.33 | 29.35% | 2.51% | 591 |
| 6 | 有机黑木耳300g东北黑木耳干货肉厚菌菇非野生特级 | 11206 | 247.80 | 58.20% | 2.44% | 1067 |
| 7 | 羊肚菌干货120g云南羊肚菌特产干货非野生菌菇营养煲汤炖汤 | 10805 | 248.29 | 52.47% | 1.61% | 332 |
| 8 | 精选红枣300g自然吊干皮薄肉厚干煮粥煲汤泡水蜜饯果干零食 | 8879 | 146.62 | 25.33% | 2.45% | 475 |
| 9 | 精选莲子350g白莲干货新鲜莲子去芯通心磨皮白莲子 | 6143 | 54.97 | 47.37% | 3.79% | 165 |
| 10 | 精选桂圆干货肉厚核小龙眼干桂圆肉干红枣泡茶煲汤配料 | 4797 | 70.93 | 58.29% | 2.29% | 442 |
| 11 | 雪梨干片300g无硫大片馅满泡水喝非特级煲汤材料水果 | 3713 | 214.60 | 30.20% | 3.24% | 272 |
| 12 | 精选鹿茸菇300g干货鹿茸菌无硫新鲜煲汤食材食用菌菇 | 2693 | 47.94 | 27.39% | 2.65% | 138 |
| 13 | 元贝干货瑶柱干贝海鲜干货日本北海道元贝礼盒250g日本北海道元贝礼盒 | 2617 | 134.71 | 47.62% | 3.35% | 213 |
| 14 | 普通茶树菇散装1斤500g开伞菌菇小吃老鸭汤配料农副产品 | 2592 | 94.79 | 43.46% | 1.21% | 244 |
| 15 | 散装玉竹切片1斤(500g)小吃炖汤汤可配北沙参麦冬 | 2092 | 163.29 | 28.46% | 1.55% | 186 |
| 16 | 白玉木耳干货散装鲁山明鲜农副产品销售部辣椒炒肉食材无根兔兔菌 | 1751 | 237.48 | 52.23% | 2.12% | 149 |
| 17 | 灰树花干货500g特产新鲜舞茸菌菇蘑菇菌类菜蘑灰树菇菇类煲汤 | 1280 | 47.34 | 63.27% | 1.80% | 59 |

图3-18 显示全部数据

⑥确定人气商品。

通过图3-18分析可得，"精选秋耳100g特产人工精选古田秋耳肉质肥厚""有机黑木耳300g东北黑木耳干货秋木耳肉厚菌菇非野生特级"两款商品在商品浏览量、平均停留时长、详情页跳出率、支付转化率和商品收藏人数这五个维度上都表现得比较好，适合打造成人气商品。

### 2.SKU分析

SKU现已被引申为商品统一编号的简称。针对电商而言，SKU是指商品的销售属性集合，每款商品均对应有唯一的SKU，一款商品多色，则有多个SKU。SKU是库存进出计量的基本单元，可以以件、盒、托盘等为单位。

SKU分析是基于单品进行的，分析内容包括SKU定价是否合理、商品属性是否符合客户偏好、SKU结构是否合理、营销是否有效、访客行为偏好分析和销售趋势分析等。

由于SKU分析方法的维度众多，所以分析方法也并不唯一。通常情况下，以收藏转化率、加购转化率、支付转化率、支付金额为研究对象。例如，小萌负责的农副商品网店SKU销售数据，如表3-5所示。

表3-5 农副商品网店SKU销售数据

| 商品 | 访客数(人) | 支付金额(元) | 支付件数(件) | 支付买家数(人) | 加购件数(件) | 加购人数(人) | 收藏人数(人) |
|---|---|---|---|---|---|---|---|
| 香菇酱 | 9872 | 122067 | 8397 | 4698 | 3618 | 3432 | 3932 |
| 黑香肠 | 9362 | 180875 | 4523 | 2925 | 2616 | 2273 | 3196 |
| 山茶油 | 8452 | 216807 | 4337 | 3490 | 3120 | 2988 | 3345 |
| 黑木耳 | 9863 | 152889 | 5098 | 3027 | 2824 | 2621 | 3224 |
| 土蜂蜜 | 9652 | 306508 | 5117 | 3076 | 2973 | 2860 | 3875 |

根据表3-5中的数据计算转化率，结果如表3-6所示。

表3-6 农副商品网店SKU转化

| 商品 | 收藏转化率 | 加购转化率 | 支付转化率 |
| --- | --- | --- | --- |
| 香菇酱 | 40% | 35% | 48% |
| 黑香肠 | 34% | 24% | 31% |
| 山茶油 | 40% | 35% | 41% |
| 黑木耳 | 33% | 27% | 31% |
| 土蜂蜜 | 40% | 30% | 32% |

为了更加清晰地分析支付金额与转化率之间的关系，可以将表3-6中的数据转化为簇状组合图，如图3-19所示。

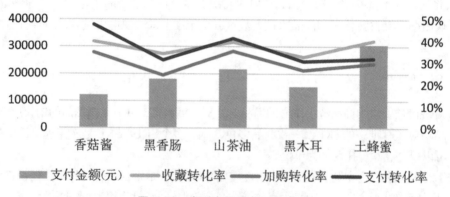

图3-19 农副商品网店SKU分析

通过对比分析，可以得出以下结论。

第一，支付金额的高低与转化率的高低并不完全同步。

第二，收藏转化率、加购转化率及支付转化率相对的趋势比较统一。

第三，爆款SKU为香菇酱和土蜂蜜；这两款商品的转化率都较高。其中香菇酱支付金额低，是因为本身商品单价并不高。

3.客单件分析

客单件即平均交易量，是指统计时间内，每一位成交客户平均购买商品的数量。客单件的计算公式如下：

客单件=交易总件数÷交易笔数

客单件是影响客单价的重要指标，而客单价和客流量决定网店的销售金额。在流量相同的前提下，客单件越多，客单价越高，销售金额也就越高。提升客单件有多种方法，包括商品组合销售、关联商品推荐、促销活动等，其目的是尽可能地唤起客户的购买欲望。

**4. 毛利率分析**

毛利率是商品毛利润占销售额的百分比，其中毛利是销售收入和与销售收入相对应的销售成本之间的差额。

计算公式如下：

$$毛利率=（销售收入-销售成本）÷销售收入×100\%$$

影响商品毛利率的因素包括两个部分：一是商品的销售成本，二是商品的销售收入。

对商品毛利率进行分析的方法，包括以下两点。

（1）商品销售成本分析。

商品销售成本分析，不单是商品的采购成本和推广成本，而是各类营销成本的总和。销售成本包括商品的生产成本、运输成本、仓储成本、包装成本、推广成本和人力成本等。销售成本越高则商品利润越低。

（2）商品销售收入分析。

影响商品销售收入的因素主要包括商品销售单价和销售数量。商品销售单价和销售数量的变化，对毛利率有直接影响，且为正比关系。在商品进销价格不变的情况下，销售数量越多，毛利率越高。但销售单价并不是越高越好，所以在商品定价和运营期间，不能简单地追求销售单价最大化。

## 拓展学习

### 基于90天内重复购买率的客户行为模式划分

阿利斯泰尔·克罗尔等在其著作《精益数据分析》中精辟地阐述了基于90天内重复购买率的客户行为模式划分，为企业商品策略制定和资源配置优化提供了明确指导。

其一，当90天内客户的重复购买率达到1%~15%时，这标志着你的企业正处于积极的客户获取阶段。在此情境下，建议将主要的精力和资源聚焦于新客户的开拓与转化策略上，以迅速扩大市场份额。

其二，若90天内客户的重复购买率提升至15%~30%，则表明企业已进入混合运营模式。此阶段需要精心调配资源，既不忘继续吸引并转化新客户，又需要加大对老客户的维护与促进复购的力度，实现新客户获取与老客户留存的动态平衡。

其三，而当90天内客户的重复购买率攀升至30%以上的高位时，你的企业已成功迈入忠诚度驱动的发展阶段。此时，应进一步将战略重心转向深化客户忠诚度与促进高频复购，通过精细化运营和个性化服务，最大化客户终身价值。

### 职业视窗

作为商业活动的核心参与者，企业应秉持诚信为本的原则，确保所有获客手段与盈利策略均建立在合法合规、尊重消费者权益的基础之上。在追求获客能力时，避免采用夸大宣传、虚假承诺等不正当手段吸引客户，而应通过提升商品品质、优化用户体验、增强品牌影响力等正当途径吸引并留住客户。

同样，盈利能力的提升也需要遵循职业道德规范。企业应当通过技术创新、成本控制、市场拓展等合法手段提高经济效益，而非依赖价格欺诈、不正当竞争等违法行径。在追求利润最大化的同时，企业还需要积极履行社会责任，关注员工福利、环境保护、社会公益等方面，实现经济效益与社会效益的双赢。

总之，职业道德是商品获客能力与盈利能力的基石。只有在遵循职业道德的前提下，企业才能在激烈的市场竞争中赢得消费者的信任与尊重，实现可持续发展。

### 温故知新

一、单项选择题

1.在选择商品时，网店可以把当地的特产作为主营商品，这种选品方法遵循的原则是（　　）。

A.市场容量保障原则　　　　B.符合用户搜索习惯原则

C.地方特产优先原则　　　　D.利润导向原则

2.依托电子商务数据平台所提供的市场数据，选择消费者需求的商品的方法属于（　　）。

A.数据化选品　　　　　　　B.经验选品

C.根据热门事件选品　　　　D.借鉴选品

3.网店应首先将注意力放在（　　）商品的经营上。

A.主营　　　　　　　　　　B.辅助

C.关联　　　　　　　　　　D.引流

4.商品搜索指数是用户搜索相关商品关键词热度的数据化体现，从侧面反映了用户对商品的（　　）。

A.关注度和兴趣度 B.购买能力
C.购买频次 D.忠诚度

5.商品交易指数越高,代表(　　)越高。
A.支付人数 B.支付件数
C.支付金额 D.客单价

6.(　　)直接代表了用户的搜索意图,用于分析用户行为动机、确定推广关键词、设定着陆页内容等。
A.品牌词 B.核心词
C.长尾词 D.搜索词

## 二、多项选择题

1.下列选项属于商品选择原则的是(　　)。
A.市场容量保障原则 B.符合用户搜索习惯原则
C.质量保证原则 D.利润导向原则

2.下列选项属于商品选择方法的是(　　)。
A.数据化选品 B.经验选品
C.借鉴选品 D.利用经济知识进行选品

3.按经营商品的构成划分,可以把商品划分为(　　)。
A.引流商品 B.主营商品
C.辅助商品 D.关联商品

4.商品需求分析是商品数据分析的内容之一,关于该内容下列说法正确的是(　　)。
A.根据研究目的,确定典型用户特征的分析内容
B.根据典型用户特征分析结果,收集用户对商品需求的偏好
C.通过整理分析需求偏好提出商品开发的价格区间、功能卖点、商品创新、包装等建议
D.通过商品的不断升级和迭代,树立用户对商品及品牌持久的黏性

## 三、判断题

1.网店选择出来的商品一定是用户经常搜索的且一定能够搜索到的商品,不能选择一些商品名称非常拗口、用户不常见的商品。(　　)

2.商品种类越多,店铺就会越完美,因此经营者可以使劲堆砌陈列各种品类的商品。(　　)

3.网店应首先将注意力放在关联商品的经营上。(　　)

4.商品交易指数之间的差值不代表实际支付金额的差值,仅代表高低。(　　)

## 学以致用

某电商平台专注于家居用品领域，近年来随着市场竞争加剧，平台意识到通过精细化商品策略来提升用户体验与商业效益的重要性。为此，平台决定对家居用品类目进行全方位的数据化分析与优化。

通过问卷调查、社交媒体平台监听、行业报告等多渠道收集消费者对于家居用品的偏好、需求及未满足的痛点。分析主要竞争对手的商品结构、热销品类、价格策略及用户评价，识别市场缺口与机会点。

基于市场调研与竞品分析结果，将家居用品细分为卧室、客厅、厨房、卫浴等多个子类目，并确定各子类目的商品占比与上新节奏。结合平台定位（中高端市场）、用户画像（年轻家庭、注重生活品质）及市场需求，筛选出具有差异化竞争优势、高品质、设计感强的商品。

利用平台内部搜索数据，分析关键词搜索量、点击率、转化率等指标，识别热门搜索词与潜在需求点。针对"智能床垫""北欧风茶几"等高频搜索词，加大相关商品的推广力度，优化商品标题与描述，提高搜索曝光率。

分析各商品的交易量、交易金额、客单价等交易指数，识别高交易潜力的商品与低转化率的商品。对高交易潜力的商品进行资源倾斜，如增加库存、提高曝光度；对低转化率的商品进行原因剖析，如价格调整、优化商品详情页等。

为了提升商品获客能力，借助用户行为数据，分析各商品在吸引新用户方面的表现。识别"引流商品"，即能吸引大量新用户点击、浏览并可能转化为购买行为的商品，通过优惠促销、内容营销等手段提升其获客能力。

同时，综合考虑商品成本、售价、销量、退货率等因素，计算各商品的利润率与ROI（投资回报率）。对高利润率但销量不足的商品，通过精准营销、用户评价激励等方式提升销量；对低利润率但销量大的商品，考虑成本优化或寻找替代品，从而进一步提升了商品盈利能力。

结合上述案例，请你根据所学内容，通过数据分析帮助该电商平台进一步优化商品策略，提升用户体验与商业效益。

### 任务一：数据化选品分析

1. 在选品过程中，如何平衡市场需求与平台差异化定位之间的关系？
2. 面对日益激烈的市场竞争，该电商平台如何持续优化商品选择以保持竞争力？请结合数据化选品提出你的见解与建议。

### 任务二：商品市场指数分析

1. 进入生意参谋平台市场板块，点击"市场大盘"－"搜索排名中"，采集家居用品行业一段时间的搜索人气和搜索热度数据,并对数据进行可视化操作。请结合所学知识及搜索趋势数据分析图表,对搜索趋势数据进行分析。

2.如何利用商品搜索指数与交易指数的数据,指导商品推广策略的制定?

**任务三:商品能力数据分析**

1.请你结合所学知识,思考如何让客户对家居用品类商品产生持续的购买行为,并列出有助于提升用户持续购买力行为的方法。

2.请结合案例分析,探讨如何在保证商品盈利能力的同时,通过有效策略提升商品获客能力。

# 模块四　流量转化数据分析

## 学习目标

### ◇ 知识目标

1. 理解自然搜索优化的核心要素，掌握SEM（搜索引擎营销）推广策略与优化技巧。

2. 掌握电商活动的多元化类型，熟悉从策划到执行的全流程管理，包括活动目标设定、预算规划、执行监控等。

3. 熟悉免费和付费的直播引流渠道，掌握直播营销数据分析的方法和技巧。

4. 掌握全域流量结构分析，以及多种营销推广效果评估方法，以数据驱动决策。

### ◇ 能力目标

1. 能够驾驭直通车及百度SEM平台，设置推广计划，运用高级优化技巧提升广告效果，实现高效流量转化。

2. 能够根据市场趋势与品牌需求，自主策划并执行电商活动，运用复盘技巧总结经验教训，持续优化活动策略。

3. 能够遵循直播营销的专业流程，增强直播间活力与吸引力，通过数据分析持续优化提升用户互动与转化率。

4. 能够熟练运用数据分析工具，深度剖析流量来源、用户行为及营销推广效果，为策略调整提供数据支持。

### ◇ 素养目标

1. 具备创新思维与自学能力，紧跟营销趋势，灵活应对市场变化，持续探索流量转化的新策略。

2.形成良好的商业伦理意识,在数据收集、使用与保护过程中,严格遵守法律法规,尊重用户隐私权,维护良好企业形象。

3.树立法律意识与职业道德观,确保在流量运营与营销推广活动中,严格遵守《中华人民共和国反不正当竞争法》《中华人民共和国广告法》等相关法律法规,营造健康的市场竞争环境。

### 学习导图

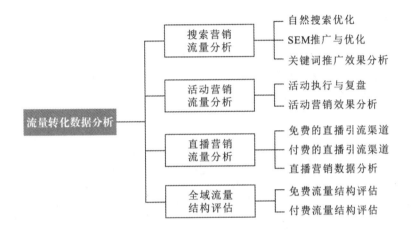

## 单元一 搜索营销流量分析

### 案例导入

小李大学毕业后选择了自主创业,在淘宝平台上开设网店,销售家乡特产——梅干菜。但是由于缺乏网店运营经验,小李的网店在运营过程中出现了很多问题。该网店在商品上架时,商品标题只简单地填写了商品名称,商品图片也只是用手机拍摄没有经过处理的原图片。网店开设了一段时间后,小李发现网店自然搜索流量非常小,更谈不上转化。他在淘宝搜索同类商品时发现,竞争对手的商品名称都相对较长,运用了较多类型的词语,并且不论是主图还是详情页的图片都制作精良。小李发现了跟竞争对手的差距后,开始寻找优化自然搜索流量的方法。经过充分的学习之后,小李通过各种渠道搜索"梅干菜"商品的相关关键词,并重新制作了标题,主图和详情页也请美工人员重新设计,优化后的网店自然搜索流量明显提升。

**[案例思考]**

结合案例，思考并回答以下问题。

1. 小李的网店自然搜索流量前后的变化说明了什么问题？
2. 小李希望网店自然搜索流量和转化率能够进一步提升，接下来他还能通过什么手段来达成目标？

# 一、自然搜索优化

## （一）平台型网店自然搜索优化

自然搜索流量在网店流量来源中占据着相当大的份额，不仅免费且精准度较高，能够为网店带来较高的转化率和成交率，对店铺有着至关重要的作用。一般来说，网店的自然搜索优化主要包括标题优化、主图优化和详情页优化等内容。

### 1. 标题优化

商品标题是网店在电商平台进行销售时用来描述商品属性，方便买家通过搜索进行商品定位的关键信息，是影响商品搜索排名的因素之一。通常来讲，商品标题的关键词越精确，商品越容易被搜索到。因此，在进行标题优化时，精心设计标题中的关键词组合可以增加商品被买家搜索到的概率。

（1）查找和挖掘关键词。

构成商品标题的关键词有很多，卖家可以通过关键词挖掘工具找到行业热词，并将这些热词作为优化标题的关键词。例如，淘宝平台为卖家提供了选词助手，方便卖家在生意参谋平台订购使用。通过选词助手，卖家可以快速了解对应商品类目的行业搜索词以及相应的热搜排名、搜索人气、点击人气、点击率、支付转化率等信息。卖家可根据榜单中的关键词挖掘出与自身网店商品相关度高的热搜词，并将这些关键词应用在商品标题优化中。另外，卖家还可以利用搜索栏目查找相关关键词。在淘宝搜索中输入关键词时，下拉列表会呈现一些与所输入的关键词相关的关键词，这些关键词是根据买家的搜索内容和搜索习惯总结而来，代表着大部分买家的搜索方向，具有很强的参考性。在优化商品标题时，合理利用这部分关键词也能够增加被搜索到的概率。

（2）排除无效关键词。

关键词对商品标题至关重要，但并不是越多越好。卖家在选择好所需的关键词后，还需要排除无效关键词，确保关键词精准且有效。一般来说，排除无效关键词主要需要排除与目标人群不符的关键词和违规词。卖家需要明确自身网店商品的定位和目标人群的画像，针对目标人群筛选出相关度高的关键词，关键词与目标人群定位不相符，即使能获得较高的点击量，但对提升销量并无助益。另外就是违规词的排除，这一步尤为重要。尤其是《中华人民共和国广告法》中规定的极限词和违禁词绝对不能出现在商品标题中。

（3）组合商品标题。

排除了无效关键词后，卖家就可以将筛选后的关键词组合成商品标题。制作商品标题时，可根据下方的公式进行组合：

商品标题=营销关键词+修饰关键词+热门核心关键词+修饰关键词+冷门核心关键词+修饰关键词

另外，在制作标题时，最好将商品卖点、买家需求关键词、促销关键词、评价关键词及其他关键词有效融合，方便买家搜索，提升买家的购买体验。

（4）调整商品标题。

商品标题组合好之后，如果出现访客量大但转化低的情况，就需要重新调整商品标题，替换掉不够精准的关键词。

## 2. 主图优化

（1）了解买家需求。

在优化商品主图时，可以根据目标人群的年龄、性别、职业、消费层级和消费偏好来制作具有明确指向性的主图，这对转化率的提升十分重要。

（2）突出商品卖点。

重点突出卖点并进行差异化展示，能够增加自身商品在同类商品中的竞争力，更有效地吸引买家的目光。如果对商品卖点的把握与买家的真实需求有出入，卖家还可以利用直通车进行测图，将不同卖点的主图在直通车推广计划中进行对比测试，选择点击量更大的主图进行使用。

## 3. 详情页优化

除商品标题和主图会影响自然搜索外，详情页的布局也会影响流量的获取。详情页是买家了解商品基本信息的主要渠道，是影响买家购物决策的关键页面，影响着商品的转化率、跳失率等关键性指标。详情页的制作其实就是引导买家一步步深入关注商品的过程，好的详情页应该同时兼顾目标人群定位、商品展示、页面布局、加载速度等多个因素。

（1）目标人群定位优化。

商品详情页的主要作用是介绍商品的特征，并将商品推荐给消费者，尽可能地促成成交。因此，详情页的定位必须符合目标群体的定位。卖家可以通过对买家性别、年龄、购买习惯等属性进行分析，根据目标群体画像，并结合商品特征，整理出完整的营销思路，并尽可能地体现在详情页面上。

（2）商品展示优化。

商品展示是详情页的主体部分，也是买家非常关注的内容。一般来说，商品展示需要具备一定的逻辑性和规律性，以买家购物的心理流程为基础。首屏展示需要激发买家的兴趣，因此可以将商品效果图、细节图或具有吸引力的文案作为首屏内容。引起买家的兴趣后，就需要向买家展示商品卖点，建立起买家对商品的好感。接着向买家展示商品的质量，提升买家的访问深度，提高商品转化率。质量的展示是多方面的，功效、性能、工艺、参数、材质、细节、性价比等都能够体现商品的质量。最后还需要打消买家的顾虑，通过证书、售后服务、评价、包装、物流、消费保障等展示加强买家对商品的信任，促使买家尽快作出购买决策。

（3）页面布局优化。

页面布局是指详情页的整体布局效果，好的页面布局可以带给买家良好的视觉感受，还可以引导买家深入查看详情页信息。商品详情页在内容安排上应该具备一定的逻辑性，引导买家进行阅读。整体布局应该遵循统一整洁原则，颜色和风格统一，版面整洁规范。

（4）加载速度优化。

网页加载速度事关买家的购买体验，加载时间过长，会导致过高的跳失率。因此在制作详情页时，注意合理切图，保证流畅展现。

### （二）自建型网站自然搜索优化

在自建网站的自然搜索优化中，网页标题的优化占据着举足轻重的地位。用户通常根据标题快速了解网页内容，确定网页内容与搜索需求的相关性以及选择是否进行点击浏览。无论是从用户体验角度还是从搜索引擎的排名效果来说，标题都是影响点击的关键因素。因此，在进行网站自然搜索优化时，首先需要做好标题优化。

1. 优化网页标题关键词

网页标题必须含有要优化的关键词，设置关键词可以使搜索引擎明确网页的概括内容，进而将其展现给用户浏览。网页标题中要尽量包含用户检索所使用的关键词，用户搜索的关键词与标题中设置的关键词相匹配的话，能够迅速提升被点击的概率。并且根据用户的阅读习惯，关键词应该尽量放在标题前端，确保用户能够在第一时间感知到网页信息。

2. 优化网页标题字数

网页标题虽没有明确的字数限制，但字符的超出部分会被搜索引擎省略，反倒会影响用户点击。一般来说，标题字数最好控制在30个汉字即60个字符以内，精练说明网页内容即可。

3. 优化标题与内容的相关性

标题的撰写一定要真实，网页标题与网页正文内容必须具有高度相关性，切忌虚假宣传。标题与内容相关性不强，会严重影响用户体验，导致过高的跳失率，甚至招致平台处罚。

## 二、SEM推广与优化

SEM是搜索引擎营销（search engine marketing）的简称。当企业面临商品在搜索结果中排名不佳，渴望增强特定关键词的曝光度与搜索流量时，实施SEM推广便成为强有力的解决之道。SEM推广本质上是一种高效的付费策略，它允许企业针对关键词进行投资，通过专业平台如淘宝直通车推广、百度竞价推广等主流推广工具，实施精准投放。借助这些工具及其提供的详细数据分析功能，企业能够灵活设置推广预算与策略，精准定位目标受众，优化关键词投放，并实时监控推广效果，及时调整优化方案，确保每一分投入都能获得更大的市场回报。

## （一）淘宝直通车推广及优化

### 1.直通车推广设置

步骤1：登录千牛卖家工作台。点击左侧导航栏的"推广"选项，进入推广中心页面，页面上方可看到直通车。

步骤2：点击进入直通车页面后，设置推广计划。下拉页面，点击"推广产品"板块下方的"我要推广产品"按钮，进入直通车创建页面。淘宝为卖家提供了不同类型的直通车推广方式，卖家可以根据不同的营销诉求选择合适的推广方式。标准推广是卖家手动设置推广方案的推广计划。在创建标准推广计划时，卖家需要自主选择关键词、精选人群、创意进行投放，同时系统也会为卖家推荐方案，帮助卖家实现投放效率的优化；智能推广只需根据系统提供的推广方案进行简单设置就可以开始推广，系统会根据所推广的宝贝或者趋势词包，智能匹配高品质流量。下面以标准推广为例，进行直通车推广设置。

步骤3：点击"标准推广"，进入标准推广计划设置页面，如图4-1所示。然后根据店铺的实际情况填写计划名称和日限额，内容填写完成后，点击"高级设置"，进入设置位置/区域/时间页面。该页面中有投放位置、投放地域及投放时间三项设置内容。

图4-1 标准推广计划设置页面

（1）投放位置。

投放位置是设置直通车推广产品的推广平台，卖家可以在此页面设置手机淘宝搜索、淘宝网搜索、销量明星和站外优质媒体的具体投放情况，如图4-2所示。

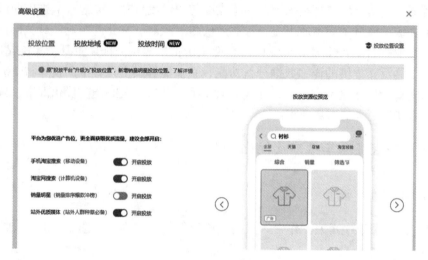

图4-2 投放位置设置

(2)投放地域。

投放地域是设置直通车推广产品的推广地域,如图4-3所示,卖家可以在此页面对产品的推广地域进行设置,将宝贝投放在特定的地区。

图4-3 投放地域设置

(3)投放时间。

投放时间指的是直通车推广产品的推广时间,如图4-4所示。卖家可以在此页面对产品的推广时间进行设置,包括时间段及对应时间段的出价,如图4-5所示,同时卖家也可以使用系统提供的行业投放时间模板。

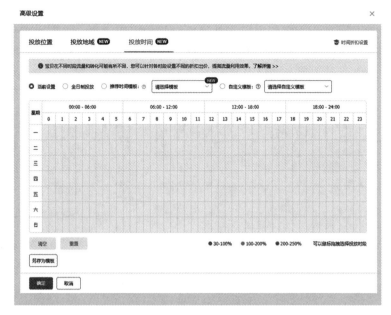

图4-4 投放时间设置

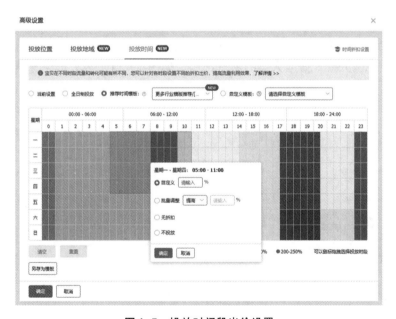

图4-5 投放时间段出价设置

卖家根据自己店铺的实际情况、营销活动等选择设置投放平台、投放地域和投放时间，设置完成后，点击"确定"按钮即可完成设置。

步骤4：推广内容设置完成后，点击单元设置下方的"添加宝贝"，在弹出的添加宝贝页面选择需要推广的产品，选择完成后点击"确定"按钮即可完成添加。

步骤5：商品添加完成后下拉页面进入推广方案设置页面，在该页面需要完成关键词设置、人群设置、智能创意及调价。

(1) 关键词设置。

关键词设置是系统为卖家所推广产品量身定制的买词方案，卖家也可根据自己的需求手动增加或删除关键词、修改关键词的出价以及关键词的匹配方案，如图4-6所示。

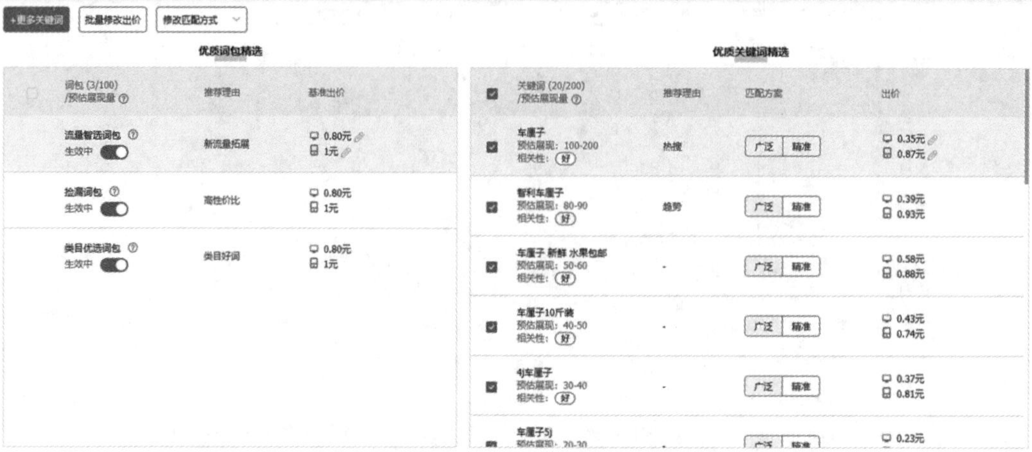

图4-6 关键词设置模块

(2) 人群设置。

人群设置是系统为卖家所推广商品量身定制的人群溢价方案，卖家可根据自己的需求手动增加或删除人群，修改人群的溢价比例。如图4-7所示为人群设置模块。

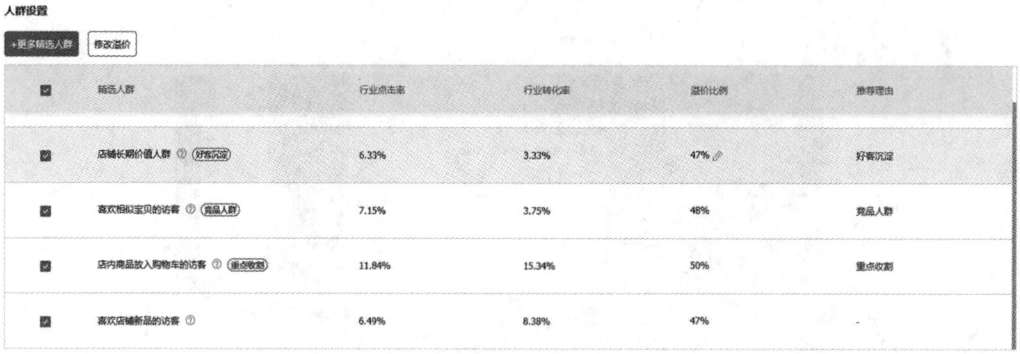

图4-7 人群设置模块

(3) 智能创意及调价。

智能创意是一款自动生成创意标题、摘要、图片和视频素材，并根据流量特点进行创意优选的工具，能够帮助卖家提升点击率；智能调价是一款根据出价目标，针对不同质量的流量动态溢价的工具。开启智能调价后，系统将提高高质量流量的溢价，降低低质量流量的溢价。在保障转化效果的前提下，尽量达成卖家的出价目标。

根据卖家所要推广的商品设置了以上内容，完成后点击页面下方的"完成推广"，就完成了直通车标准推广计划的设置。

2.直通车优化

（1）创意优化。

直通车创意优化主要包括两个方面的内容，一是创意标题，二是创意图片。在进行标题优化时，最基本的要求是覆盖核心关键词、表达商品卖点、表达促销点和具有阅读性。需要注意的是，在进行标题优化时，不能罗列太多商品名和卖点，如果商品卖点较多，在标题里突出最重要的卖点更为重要，次要的卖点可以在描述中呈现。

买家在网上购物时，浏览商品的速度非常快，这时候有吸引力的主图才能迅速抓住买家的注意力。创意图片必须清晰简洁并差异化呈现，才更能引起买家注意。同时提炼出的商品卖点和目标人群需求也需要呈现在图片中，让买家能够迅速获取重要信息。还需要适当添加品牌信息、商品特点或折扣信息，增加买家点击和了解的欲望，但需要注意的是，必须确保信息真实。

（2）关键词优化。

直通车的关键词优化是直通车优化目标的重要操作，优化点击率、优化质量分、优化投入产出比等各项操作都离不开关键词优化。一般来说，关键词优化的方式有删除关键词、拓展关键词、关键词涨价、关键词降价以及换匹配方式等。质量分较低、点击率低以及无转化的关键词需要及时删除，这样可以优化账户的质量分，也可以降低无效消耗；在优化关键词时，还可以以测试出的优质关键词为基础，引入更多对应的精准优质流量；当关键词表现良好，还可以给关键词适当涨价，适当涨价能够引入更多流量；当某些关键词有一定的引流能力，但是点击率、点击转化率和平均点击花费这些指标表现欠佳时，则可以通过关键词降价来减少无效消耗；关键词的匹配方式有广泛匹配和精准匹配两种，卖家需要根据直通车数据及时更换匹配方式。

## （二）百度竞价推广及优化

1.百度竞价推广设置

步骤1：搜索百度营销，点击进入百度营销首页，可以看到搜索推广、信息流推广、知识营销及阿拉丁推广这四个板块。下面以搜索推广为例，开展后续操作。

步骤2：点击"搜索推广"右上角的"进入"按钮，进入"推广管理"页面，在该页面可以看到"数据概览"，包括消费金额、点击次数、展现次数、展现人数、点击人数、点击率、波动分析等信息，如图4-8所示。接着点击侧栏的"计划"按钮，在出现的页面中点击"新建计划"按钮，进入创建计划的页面。

步骤3：在创建计划页面首先需要完成营销目标的设置。进入页面后可以看到营销目标有网站链接、应用推广、商品目录、电商店铺和本地推广，这里以网站链接为例来进行设置。选择网站链接后进行推广设置，可选择"选择一个推广业务"或"只推广品牌类关键词"，如图4-9所示，此处选择前者，选择"已有推广业务"，完成后点击"确定"。

图4-8 推广管理页面

图4-9 营销目标设置

步骤4：在完成推广计划设置后，即需要新建推广单元，这里可以在"智能推荐"中输入业务或网址，让系统推荐单元和关键词。也可在下方的模块中，依次进行单元设置、定向设置和单元名称设置。在该页面，首先需要在单元设置中完成落地页访问网址的填写，填写后可直接设置单元出价，根据广告质量和行业竞争情况的建议，参考系统提供的最低出价标准，对单元出价进行合理设置，完成后点击"保存"即可，如图4-10所示。在弹出的已创建单元页面可以继续新建单元，或点击"下一步新建创意"完成设置。

图 4-10 新建推广单元

步骤5：完成推广单元设置后，点击进入推广创意页面，这一步需要完成创意文案和图片设置等内容。创意文案可以设置创意标题、创意描述（第一行/第二行等信息，并可以添加关键词），如图4-11所示；图片设置即对当前的单元上传配图，如图4-12所示，上传后可直接点击保存，或继续新增创意。最后点击"完成"即可。

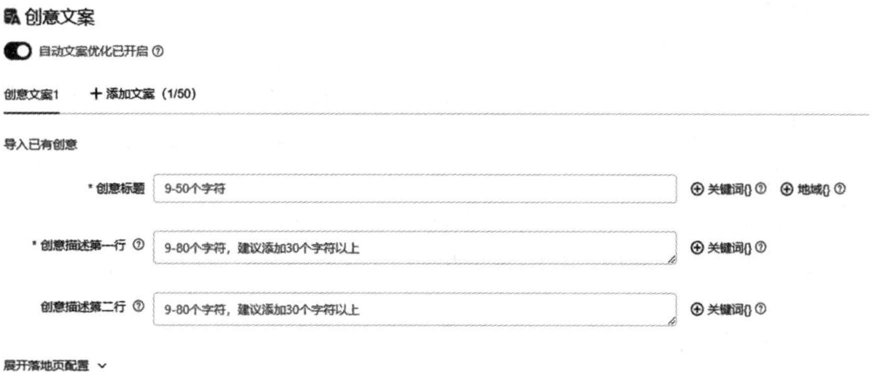

图 4-11 创意文案设置

图4-12 创意图片设置

步骤6：点击"完成"按钮后跳转至新建计划页面，在该页面点击已创建好的计划，在新弹出的"新建单元"页面，依次点击侧栏中的"定向""关键词"按钮，然后在出现的"关键词"页面，点击"新建关键词"按钮，进入新建关键词页面。在该页面根据单元和计划输入需要添加的关键词后，点击"确定添加"按钮，即可完成关键词的添加。完成关键词的设置后，百度竞价推广的设置也就完成了。

2.百度竞价推广优化思路

（1）改进创意质量。

在撰写创意内容时，除了要确保语句通顺、意义完整外，还要保证创意的相关性和吸引性。高质量的创意，一方面，可以吸引买家关注，提高点击率；另一方面，也有利于增强搜索词、关键词与创意的相关性，从而提高质量。在进行创意优化时，企业可以通过创意报告来对比、评估哪些创意更有吸引力，找到买家感兴趣的点，并不断提炼新的兴趣点进行组合，不断推陈出新，撰写更具吸引力的创意内容。

（2）合理选择关键词。

不同的用户在使用同一搜索词时，搜索需求可能是多种多样的，有时是有消费需求，有时只是想了解基础知识。因此，在选择关键词时应该选用更为具体、商业意图更明显的词语，这样更容易吸引到有真实需求的买家。

（3）优化账户结构。

从推广目的出发，根据不同的推广目标建立不同的推广计划，并将意义相近、结构相同的关键词划分到同一推广单元。针对关键词撰写创意内容，并控制每个推广单元内关键词的数量，以保证这些关键词与创意内容之间具有较高的相关性。

（4）调整落地页的精准度。

买家进入落地页必然是被外部的创意图片或是标题文案所吸引的，落地页的内容跟创意图片文案应该保持关联性，才能进一步让买家产生兴趣，促进转化。

## 三、关键词推广效果分析

关键词推广，作为SEM（搜索引擎营销）的核心策略，旨在精准捕捉用户通过搜索引擎输入的关键词瞬间,巧妙地利用这一查询行为,将精心设计的营销信息精准送至潜在目标用户群体中。通过淘宝直通车推广等主流推广工具的关键词推广效果分析,不仅能够有效提升关键词在搜索结果中的排名位置,还能实现搜索流量的高效变现,为企业带来显著的业绩增长与盈利能力提升。

### (一)关键词推广效果分析评价指标

衡量关键词推广效果有七个评价指标,分别是展现量、点击量、点击率、消耗、点击花费、点击转化率和投入产出比。各个指标的影响因素如表4-1所示。

**表4-1 关键词推广效果分析评价指标**

| 名称 | 简称 | 含义 | 影响因素 |
|---|---|---|---|
| 展现量 | PV | 广告被展现的次数 | 关键词数量、关键词市场情况、关键词推广创意匹配模式等 |
| 点击量 | CLICK | 广告被点击的次数 | 创意图片、关键词精准度、商品推广位、商品定价等 |
| 点击率 | CTR | 点击量/展现量 | |
| 消耗 | REV | 直通车点击产生费用 | 关键词出价、质量分、关键词市场情况 |
| 点击花费 | PPC | 消耗/点击量 | |
| 点击转化率 | CLICK-ROI | 每一笔成交的点击次数 | 流量精准度和商品承接转化能力,流量精准度即投放计划的平台、地域、关键词、人群定位等和商品匹配度、创意表达的卖点的匹配程度。承接转化能力则是指商品款式、价格、销量、评价、页面图片质量 |
| 投入产出比 | ROI | 总成交金额/广告花费 | 转化率、客单价、平均点击花费 |

### (二)关键词推广效果分析

在进行关键词推广效果分析时,其核心分析指标包括展现量、点击率、点击花费、点击转化率、投入产出比等。

图4-13是小萌负责的店铺直通车推广关键词效果报表,以该组数据为例对该店铺关键词推广效果进行分析。

| | A | B | C | D | E | F | G | H | I | J | K | L | M |
|---|---|---|---|---|---|---|---|---|---|---|---|---|---|
| 1 | 关键词 | 展现量 | 点击量 | 点击率 | 花费(元) | 直接成交金额 | 直接成交笔数(笔) | 间接成交金额(元) | 间接成交笔数(笔) | 投入产出比 | 总成交金额(元) | 总成交笔数(笔) | 点击转化率 |
| 2 | 天然黑木耳 | 24576 | 5983 | 24% | 291.00 | 9,458.00 | 334 | 1,783.00 | 146 | 38.63 | 11,241.00 | 480 | 8.02% |
| 3 | 黑木耳小耳 | 28069 | 9150 | 33% | 1,347.00 | 6,304.00 | 626 | 0.00 | 0 | 4.68 | 6,304.00 | 626 | 6.84% |
| 4 | 木耳 | 27353 | 8467 | 31% | 262.00 | 3,531.00 | 293 | 0.00 | 0 | 13.48 | 3,531.00 | 293 | 3.46% |
| 5 | 无根黑木耳 | 23200 | 9761 | 42% | 819.00 | 2,565.00 | 466 | 0.00 | 0 | 3.13 | 2,565.00 | 466 | 4.77% |
| 6 | 有机黑木耳 | 49603 | 9815 | 20% | 1,992.00 | 8,251.00 | 855 | 1,358.00 | 220 | 4.82 | 9,609.00 | 1075 | 10.95% |
| 7 | 东北黑木耳 | 21997 | 8971 | 41% | 641.00 | 2,970.00 | 109 | 0.00 | 0 | 4.63 | 2,970.00 | 109 | 1.22% |
| 8 | 特级黑木耳 | 22337 | 7873 | 35% | 356.00 | 2,438.00 | 185 | 0.00 | 0 | 6.85 | 2,438.00 | 185 | 2.35% |
| 9 | 东北小碗耳秋木耳 | 19987 | 8207 | 41% | 189.00 | 3,526.00 | 256 | 0.00 | 0 | 18.66 | 3,526.00 | 256 | 3.12% |

图 4-13　直通车推广关键词效果报表

## 1. 关键词推广展现量、点击量（率）分析

选择关键词、展现量，插入饼图，如图 4-14 所示。

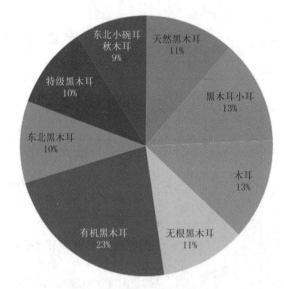

图 4-14　关键词展现量占比

选择关键词、展现量、点击率，插入组合图表，如图 4-15 所示。

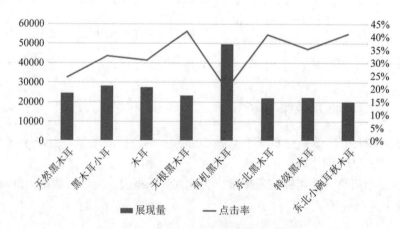

图 4-15　关键词的展现量与点击率图表

在上述两张图表中可以清晰了解到关键词"有机黑木耳"的展示量虽然最高,但是点击率很低。而该关键词从展现量角度分析,其展现量显然要高于其他几个关键词。造成该关键词点击率较低的原因是多方面的,从运营角度分析,一方面是该关键词的质量分较低,可以从创意及商品页面等方面进行优化;另一方面则是关键词出价过低,导致商品展现机会较少,可以通过提高关键词出价进行优化。

2.成交情况分析

选中关键词与直接成交笔数、关键词与总成交笔数,分别插入对应的饼图,如图4-16、图4-17所示,对关键词成交情况进行分析。

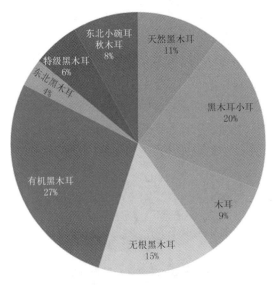

图4-16 直接成交笔数

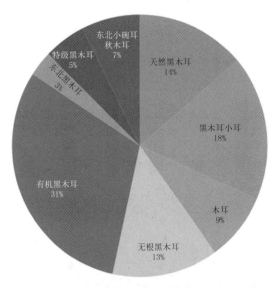

图4-17 总成交笔数

通过对直接成交笔数与总成交笔数的饼图对比，可以发现关键词"有机黑木耳""无根黑木耳""黑木耳小耳""天然黑木耳"这四个关键词的加总直接成交笔数和总成交笔数分别都占其全部成交笔数的70%以上。在实际运营过程中，完成关键词成交笔数占比的分析后，结合关键词展现量进行进一步分析，并对关键词的点击率、转化率进行分析。

3. 关键词、花费及投入产出比分析

选中关键词、花费，添加饼图，如图4-18所示。

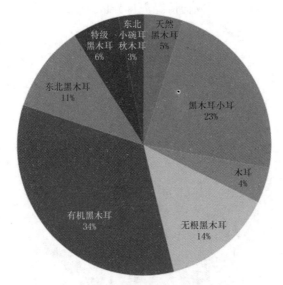

图4-18　关键词、花费分析

选中关键词、花费和投入产出比，添加组合图表，如图4-19所示。

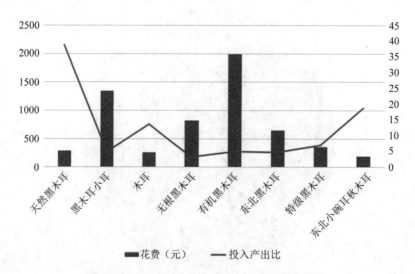

图4-19　关键词、花费及投入产出比数据图表

通过上述数据表可以看出该店铺直通车关键词的花费,虽然主要集中在"黑木耳小耳""有机黑木耳"这两个关键词,但其投入产出比较低;"天然黑木耳"关键词的花费低,但是投入产出比最高。由此可以推断出,一方面需要根据投入产出比重新规划推广的关键词,另一方面根据推广的关键词优化"黑木耳小耳"和"有机黑木耳"的商品主图和标题。

通过上述一系列分析,可以看出关键词"特级黑木耳"和"东北黑木耳"各项指标所表现出来的数值均比较低,而造成该原因的直接因素为关键词的展现量不足。关键词"东北小碗耳秋木耳"和"天然黑木耳"投入产出比较高,可进一步优化展现量,获取更多的展现机会。

### (三)提升关键词推广效果的方法

一般情况下,某关键词的直通车推广展现量、点击率、转化率越高,那么该关键词的推广就能够给商家带来越多的成交订单。商家可以通过以下三种方法提升关键词的推广效果。

**1. 关键词的展现量优化**

(1)关键词推广效果优化时,首先是提升推广关键词数量,也就是需要扩充关键词的覆盖范围,而且关键词需要包含核心关键词和长尾关键词。例如推广商品"黑木耳",推广关键词可以选择有机黑木耳、小碗耳、秋木耳。对于关键词推广而言,每个关键词的背后代表了不同的客户群体,且关键词数量越多,商品获得展现的机会也就越大。

(2)在关键词展现量较少时,数据分析时需要了解是因为该关键词搜索量本身较少,还是因为关键词的质量分低、出价较低。若是搜索量较少的原因,则无须在展现量层面对其进行进一步处理;若是质量分低、出价低的原因,则需要对标题、创意主图、出价等内容进行调整,获取更多的展现量。

**2. 商品的点击率优化**

点击率即点击量与展现量的比值。而关键词相关性、创意主图,则是影响该商品点击率的核心要素。虽然有些关键词的展现量非常大,但关键词与商品的相关性却较低,该类关键词由于与搜索者的购买意图可能存在较大偏差,导致点击率和转化率较低,因此需要剔除此类关键词,以免浪费资源,导致整体点击率低。对于高相关度、低点击率的关键词,通常是因为创意主图所展现的商品特性未能满足或打动目标客户,这种情况下主要的优化手段便是优化创意主图视觉效果,优化商品特性展示。

**3. 商品的转化率优化**

商品主图、详情页描述、商品评价等是影响转化率的主要因素。

商品主图、详情页通常需要全面地展现商品的特性及客户所关注的信息内容,需要做到与创意主图所表现的商品特性相一致。而商品的评价信息是客户购买商品时的重要参考依据。若商品的评价信息中客户对商品的负面评价较多,也会严重影响其转化率。运营人员需要根据实际情况对相应问题进行正面积极的回复,打消其他客户的疑虑。

扫一扫二维码，在线观看教材配套的操作视频"关键词推广效果分析"。

拓展学习

## 淘宝买家的常用搜索方式

想要做好淘宝的自然搜索优化，还必须了解淘宝买家常用的搜索方式，根据搜索方式进行优化会事半功倍。在淘宝中较为常见的搜索方式包括关键词搜索、类目搜索、提供建议搜索词搜索。

一、关键词搜索

大部分有明确购买需求的买家会直接在淘宝搜索框中输入想要购买的商品的关键词。输入关键词后淘宝首页会出现一系列商品，这些商品标题通常都包含着买家输入的词语。因此，找到符合买家搜索习惯的热搜关键词并将其设置于自身商品标题中，可以有效获取自然搜索流量。

二、类目搜索

部分目的或需求不明确的买家还会通过淘宝的商品分类来寻找想要购买的商品。买家通过点击商品类目，逐层匹配自己的需求，进而形成购买行为。因此，在发布商品时，做好商品类目分类也能够有效获取自然搜索流量。

三、提供建议搜索词搜索

淘宝中最常见的搜索建议位于搜索下拉框。当买家在搜索框中输入某个关键词，下拉框则会出现多个相关的搜索建议，这些建议关键词都属于搜索量较大的词语，买家可以直接点击进行搜索。另外淘宝网会根据近期热门搜索，在首页搜索栏下提供一些热门关键词，为买家提供参考。

职业视窗

搜索引擎在人们日常生活中的作用越来越重要，是网络用户获取信息的重要入口。许多商家为了使自身的商品或服务出现在搜索结果的前端，从而购买搜索结果显示的服务，通过价高者得的方式获得前端展示位，即关键词竞价。但是随着竞价排名的营销方式越来越受重视，也因此引发了一系列不正当竞争问题。有的企业为了利益，将其他经营者商品的商标、企业名称、网址等作为自己所购买的关键词，将竞争对手的点击率引导到自己的网站，这已然触犯了《中华人民共和国反不正当竞争法》。该法第六条作出如下规定。

第六条　经营者不得实施下列混淆行为，引人误认为是他人商品或者与他人存在特定联系：

（一）擅自使用与他人有一定影响的商品名称、包装、装潢等相同或者近似的标识；

（二）擅自使用他人有一定影响的企业名称（包括简称、字号等）、社会组织名称（包括简称等）、姓名（包括笔名、艺名、译名等）；

（三）擅自使用他人有一定影响的域名主体部分、网站名称、网页等；

（四）其他足以引人误认为是他人商品或者与他人存在特定联系的混淆行为。

因此，商家在进行SEM推广时，应谨遵法律规定，共同维护市场的平稳运行。

# 单元二　活动营销流量分析

## 案例导入

小张原本拥有着一家水果实体店，因为跟当地果农有合作，水果新鲜、价格也实惠，生意一直很不错。后来水果店受到电子商务的冲击，人流量减少了很多，他在朋友的劝说下也开设了一家水果生鲜网店。经营了一段时间后，网店生意走上正轨，恰逢"双11"大促活动，小张的网店也报名参与了活动。第一次参加大促活动，小张没有太多实际经验，人手和货源没有安排到位，销量并不如预期。

活动结束后，小张认真总结了此次活动中存在的不足：一是活动预热不足，他原本以为有平台的推广，趁着大促氛围自然能够收获不错的流量，但事实并非如此；二是客服问题，小张开设网店后人手一直不充足，但没有引起他的重视，直到这次大促活动，很多买家被活动吸引进店咨询却没有及时收到回复后离开，他才意识到客户服务的问题；三是发货问题，大促活动的销量要比日常经营多得多，但是因为小张的经验不足，备货不充足，也不能及时发货，引发了不少差评。

于是，第二年小张提前招募了新员工，并专门设立了运营团队，制定了详尽的活动方案，也做好了充分的预热宣传。果不其然，这一次活动期间店内流量暴涨，但因为安排得当，所有工作都有条不紊地进行，最终活动结束时收获了超10万的销售额。

**[案例思考]**

结合案例，思考并回答以下问题。

1. 通过小张的亲身经历，请总结参与活动时需要做好哪些准备工作。
2. 小张可以从哪些维度分析活动推广的效果？

# 一、活动执行与复盘

## （一）常见的活动类型

### 1. 平台活动

平台活动是指以电商平台为载体，通过使用营销工具与实施营销活动，提高店铺流量的推广活动。电商平台拥有广泛的受众群体，平台活动也就因此具备了影响力大、流量大的特点，常见的平台活动可以分为频道活动、行业活动和节庆活动等。

频道活动是指日常在特定频道进行的活动，如淘宝平台的聚划算等；行业活动是指某件商品类目不定期举行的活动，如男装活动、女装活动等；节庆活动是指电商平台自行策划组织的固定活动，如"双11""双12""618"等。

### 2. 店铺活动

店铺活动是网店卖家经常使用的一种运营手段，通过间接让利的方式促使更多成交，提升店铺的销量。店铺活动根据活动的范围可以分为单品活动、多品活动和全店活动。

单品活动是指针对某个特定商品的活动，该活动所设置的优惠内容只有在购买指定商品时才能享受；多品活动是指针对一系列商品所设置的活动，如有些优惠券只适用于某一类商品，而店铺内的其他商品都不能使用；全店活动是指针对网店所有商品所设置的活动，只要满足指定条件，买家购买该网店的任何商品都可享受到活动优惠。

## （二）活动策划流程

### 1. 明确活动目的

在进行活动策划时，首先需要明确活动目的。活动目的是活动营销的核心，只有以清晰、明确的目的为导向，活动才能有序进行。常见的活动目的有提高商品销量、提高品牌美誉度、增加商品知名度、处理过季商品等方面。明确了活动目的后，才能根据目的来确定活动的具体内容和细节，才能在活动结束后准确评估活动是否达到预期效果。

### 2. 构思活动内容

活动构思在活动策划过程中至关重要，关系着活动如何设计、活动能否顺利开展以及能否达到活动预期效果等问题。在构思活动时，需要考量的内容主要有：活动的目的、活动的主题、是否进行系列活动、活动的具体时间、活动的具体内容、活动所需的物料以及活动的目标受众等。活动内容构思需要包含活动涉及的所有方面，这是指导活动顺利开展的关键。

### 3. 确定人员分工

为了保证活动的顺利进行，团队配合必不可少，策划人员需要协调好各方资源和各岗位工作人员，保证工作流程的有序、完整。一般来说，举办电商平台活动，至少需要美工、运营、客服等岗位人员的配合，在策划时需要明确各岗位的具体工作内容，并制定好考核标准，确保每个环节都能顺利推进。

### 4. 活动成本预估

活动成本预估也是活动策划中不可缺少的一环。在进行成本预估时，既要保证活动经费充足，使活动能够顺利开展；又要防止成本过高，导致活动收益达不到预期值。一般来说，电商活动的成本都会包含推广成本、人员成本、活动奖励、线下成本等。策划人员需要根据实际情况进行具体、周密的计算后，用清晰明了的形式呈现出完整的成本预算。

### 5. 活动可行性预估

当活动的具体内容和实施流程敲定后，策划人员还需要对策划方案的可行性进行分析，确保方案的可执行性。策划人员需要提前推演并找出方案可能存在的问题，不合理的部分应及时调整，同时做好风险预案，尽量减少意外状况对活动执行的干扰。

### 6. 活动效果预估

活动效果预估也是不可缺少的一步，一般来说，必须有可观的投资回报比，活动才有开展的必要。策划人员可以根据活动方案大致预估能达到什么样的曝光度，按照以往的数据，保守转化的比值是多少，进而推算出大致的效果数据。

## （三）活动实施与过程监控

活动方案确定后，就需要进入具体的实施阶段。参与平台活动的实施过程一般可以总结为活动报名、活动准备、活动预热、活动实施等步骤。

### 1. 活动报名

通常来说，由于资源位置比较有限，参加平台活动往往会有所限制。因此，卖家应提前了解活动详情，明确活动的规则。根据活动的时间和规则选择合适的商品并进行活动报名和信息设置。

### 2. 活动准备

完成活动报名之后，就需要根据活动方案进行活动的前期准备。最重要的就是商品页面、客服、库存等方面。活动必然会带来大量的流量，因此必须提前做好页面优化，保证转化率；大流量对于客服也是一个巨大的挑战，需要提前设置好自动回复来进行应对；还需要保证活动商品的库存充足，避免出现缺货。

### 3. 活动预热

为了保证活动效果，在活动开始前必须做好充足的预热准备。卖家需要利用站内和站外的各种渠道提醒买家关注活动，提高活动初期的起步流量，为后续效果的提升做好充足准备。

### 4. 活动实施

活动正式开始后，要及时关注活动的进展，一旦数据表现不符合预期就需要及时调整。同时，做好活动周期内的数据整理，方便后期做活动复盘，总结本次活动中做得比较好和做得不足的地方，为下一次平台活动做准备。

## （四）活动复盘流程

当整个活动完全结束后，参与活动的所有工作人员还需要对活动进行总结和复盘，找出活动中存在的问题并总结经验。一般来说，活动复盘的流程主要包括目标回顾、效果评估、分析原因和总结经验等步骤。

### 1. 目标回顾

在进行活动策划时，策划人员都会设立具体的活动目标，并以该目标为指导进行活动执行。某淘宝网店在参与"双11"大促时，策划团队为此次活动制定的目标数据如表4-2所示。

表4-2　活动目标

| 目标类型 | 具体指标 |
| --- | --- |
| 整体情况 | KPI完成度 |
| | 转化率提升 |
| | 销售额 |

续表

| 目标类型 | 具体指标 |
|---|---|
| 活动情况 | 新用户来源 |
|  | 老用户复购 |
|  | 预热收藏加购 |
|  | 优惠券使用情况 |
| 类目情况 | 各类目完成率 |
|  | 客单价 |

## 2.效果评估

回顾了预期目标之后，需要根据收集的活动数据进行效果评估。该网店的工作团队在将预期目标和实际活动数据进行对比之后，对该次活动作出了效果评估，如表4-3所示。

表4-3 活动效果评估

| 目标类型 | 具体指标 | 效果评估 |
|---|---|---|
| 整体情况 | KPI完成度 | 完成 |
|  | 转化率提升 | 完成 |
|  | 销售额 | 完成 |
| 活动情况 | 新用户来源 | 未达到预期 |
|  | 老用户复购 | 超额完成 |
|  | 预热收藏加购 | 完成 |
|  | 优惠券使用情况 | 未达到预期 |
| 类目情况 | 各类目完成率 | 完成 |
|  | 客单价 | 完成 |

## 3.分析原因

当效果评估结束后，工作人员需要分析没有达到预期的指标类型，根据数据追溯出现问题的具体原因。首先需要确定活动环节在策划层面还是执行过程中出现了问题。比如，新用户来源未达到预期，就需要分析是推广渠道的选择问题还是宣传物料不具有吸引力等，找出出现问题的真正原因，才能避免在后续的活动中出现同样的失误。

4.总结经验

活动复盘的核心目的是从行动中学习到经验教训，并以此为鉴，在后续的活动中进行改进。总结经验时不仅要解决当下已经出现的问题，还要防患于未然，通过积累的经验为下次活动的顺利实施做好充足准备。

## 二、活动营销效果分析

随着店铺的推广费用和流量的成本增加，不少商家把目光都聚集在举办各种店铺、平台活动上，利用平台低门槛的活动报名方式参加各种活动，同时在店铺内利用优惠券、满减等优惠开展活动，为店铺带来巨大的流量。平台活动能够直接在最短的时间内为店铺带来大量的流量，通过成交数据的累积不断为店铺带来更多的流量，该流量和其成交量对店铺来说非常可观。活动营销效果越好，对店铺未来的流量提升越有帮助，同时也能够在一定程度上提高该店铺的客户回头率，且能够让商家获取最大化的收益。

现如今电商平台上，商家不定期地开展促销活动已经成为一种常态。不论是平台活动还是店铺内部活动，都能够非常有效地吸引客户的目光，但促销活动并不是随意折扣、赠送赠品就能成功的，而是需要商家制订周详的计划，分阶段开展活动，把握活动成功的要点、避开活动误区，才能达到提高客户购物欲望、促成店铺成交的目标。

### （一）阶段划分、重点工作任务及核心监控指标

根据推广活动的实施周期，商家可以将活动划分为筹备期、蓄水期、预热（售）期、活动引爆期、总结复盘期，其各阶段的重点工作任务及核心监控指标如表4-4所示。

表4-4 活动各阶段的重点工作任务及核心监控指标

| 活动阶段 | 重点工作任务 | 核心监控指标 |
| --- | --- | --- |
| **筹备期**<br>（潜客拉新，粉丝蓄水） | 活动计划制订<br>活动商品规划<br>费用预算<br>活动报名<br>活动商品报名<br>新品打造 | 展现量<br>加粉数<br>加会员数<br>引流成本 |
| **蓄水期**<br>（蓄水种草） | 内容种草<br>标签加深<br>活动商品培育<br>会场素材（活动）<br>商品备货 | 搜索展现量、点击率、点击花费、投入产出比、成交转化率、收藏数、加购数、内容互动量 |

续表

| 活动阶段 | 重点工作任务 | | 核心监控指标 |
| --- | --- | --- | --- |
| **预热（售）期**<br>（粉丝激活，<br>收藏加购） | 预售单品推广（多渠道）<br>引导加购、领券<br>老客户召回<br>促销利益点告知 | | 预售数据，如销售额、订单数、客单价、加购数、领券数；直播数据，如人均观看数、观看停留数、加购金额 |
| **活动引爆期**<br>（全场景收割） | 数据跟踪<br>催付/转化<br>老客户召回<br>团队激励 | | 实时流量、UV转化率、销售额、加购数、收藏数、关注粉丝数 |
| **总结复盘期**<br>（人群沉淀） | 物流发货 | 审单<br>仓库发货<br>商品盘点<br>货品调拨<br>补货计划<br>清仓计划 | 物流时效类数据 |
| | 服务关怀 | 发货提醒<br>售后处理<br>引导入会员<br>买家秀征集 | 客服响应时长、咨询转化率等数据 |
| | 商品复盘 | 商品复盘 | 核心商品售罄率 |
| | | | 客件数/客单价、连带率 |
| | | | 净收入、毛利、营销成本、退货率 |
| | 流量复盘 | 目标完成度 | 各流量组成和目标差异 |
| | | 推广效率 | 各流量统计，如同比、计划比、ROI、UV价值等 |
| | | 站外推广 | 展现量、点击率、转化率等 |
| | 人群复盘 | 新客户增量 | 新增客户数、客户属性等 |
| | | 会员成交 | 新增会员数、会员成交比等 |
| | 内容复盘 | 粉丝增量 | 净增粉丝数 |
| | | 直播效果 | 关注、人均观看次数、引导成交量等 |

续表

| 活动阶段 | 重点工作任务 | | 核心监控指标 |
|---|---|---|---|
| 总结复盘期<br>（人群沉淀） | 内容复盘 | 图文效果 | 阅读数、进店数、加购数等 |
| | 转化复盘 | 图片点击 | 点击率 |
| | | 视频效果 | 完播率、引导加购、转化率等 |
| | | 静默转化 | 成交占比、转化率等 |
| | | 客服转化 | 询盘转化、订单支付率等 |

## （二）活动推广效果分析的维度

通过对活动数据进行分析，发现活动中存在的问题和可参考的经验，总结活动流程、推广渠道、客户兴趣等内容，方便后续活动推广策略的优化，进而达到活动推广效果分析的目的。

常见的活动推广分析维度包括活动推广流量分析、活动推广转化分析、活动推广拉新分析和活动推广留存分析。

### 1.活动推广流量分析

活动推广流量分析是判断推广效果的核心要素，是对推广活动为商家带来的流量情况进行分析，主要的分析指标包括访客数、成交订单数、成交占比、成交额、投入成本、成交额、投资回报率等。

### 2.活动推广转化分析

活动推广转化分析是对获取的流量转化为收藏、加购、订单等状态的数据进行分析，是衡量活动推广效果的关键要素。活动推广转化分析主要的分析指标包括访客数、收藏数、加购数、成交订单数、收藏转化率、加购转化率、支付转化率等。

### 3.活动推广拉新分析

活动推广拉新分析是对因活动带来的新客户数据进行分析，其分析的前提是需要先完成企业活动推广流量和转化分析，在此基础上将活动中的新客户单独拉出并对其相关数据进行分析。活动拉新推广分析主要的分析指标包括访客数、新访客数、新访客占比等。

### 4.活动推广留存分析

活动推广留存分析是在活动结束一段时间后，对因活动成为企业粉丝客户的相关数据进行分析。这部分粉丝客户的共同表现是在活动结束后，仍在企业发生重复购买行为。活动推广留存分析的主要指标包括访客数、留存访客数、留存访客占比等。

### (三) 活动推广效果分析

#### 1.活动推广流量分析

小萌的农副商品网店，2022年8月开展了3周年店庆活动，其店庆活动后的流量相关数据，如图4-20所示。下面以这组数据为例对该店铺活动推广流量进行分析。

| | A | B | C | D | E | F | G | H |
|---|---|---|---|---|---|---|---|---|
| 1 | 时间 | 流量来源 | 访客数(人) | 成交订单数(份) | 成交占比 | 投入成本(元) | 成交额(元) | 投资回报率 |
| 2 | 2022年8月1日—2022年8月6日 | 超级推荐 | 12015 | 1103 | 9.18% | 2,734.00 | 13,150.00 | 4.81% |
| 3 | 2022年8月1日—2022年8月6日 | 钻石展位 | 19632 | 2258 | 11.50% | 2,757.00 | 12,767.00 | 4.63% |
| 4 | 2022年8月1日—2022年8月6日 | 聚划算 | 13021 | 4806 | 36.91% | 5,144.00 | 16,127.00 | 3.14% |
| 5 | 2022年8月1日—2022年8月6日 | 直通车 | 14202 | 2096 | 14.76% | 4,257.00 | 13,674.00 | 3.21% |
| 6 | 2022年8月1日—2022年8月6日 | 淘宝客 | 20162 | 6746 | 33.46% | 4,445.00 | 15,955.00 | 3.59% |

图4-20 店铺3周年店庆活动后的流量相关数据

首先，选择流量来源、访客数、成交订单数、成交占比、投资回报率对应的数据区域，插入组合图形。访客数、成交订单数设置为簇状柱形图，成交占比、投资回报率设置为折线图，访客数和成交订单数设置为次坐标轴，如图4-21所示。

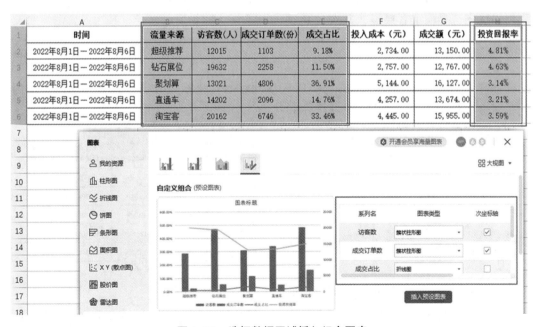

图4-21 选择数据区域插入组合图表

其次，根据数据可以得到活动推广流量分析图，如图4-22所示。

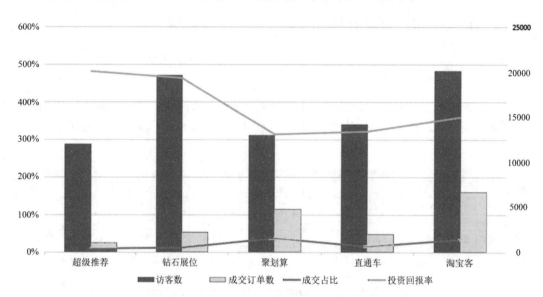

图 4-22　活动推广流量分析

最后，企业可以得到以下信息。

店铺在周年庆活动推广中，获取访客流量较多的渠道分别为淘宝客、钻石展位和直通车，但在成交订单数中，淘宝客、聚划算和钻石展位比较高。交叉分析可以得出，商家可以优先选择淘宝客渠道，其次是聚划算渠道。

2.活动推广转化分析

如图4-23所示，为该店铺3周年店庆活动后的转化相关数据，以下面这组数据为例，对该企业活动推广转化情况进行分析。

| 时间 | 流量来源 | 访客数(人) | 收藏数(个) | 加购数(个) | 成交订单数(份) | 收藏转化率 | 加购转化率 | 支付转化率 | 成交金额(元) |
|---|---|---|---|---|---|---|---|---|---|
| 2022年8月1日—2022年8月6日 | 超级推荐 | 12015 | 2911 | 1977 | 1103 | 24.23% | 16.45% | 9.18% | 13,150.00 |
| 2022年8月1日—2022年8月6日 | 钻石展位 | 19632 | 2923 | 2630 | 2258 | 14.89% | 13.40% | 11.50% | 12,767.00 |
| 2022年8月1日—2022年8月6日 | 聚划算 | 13021 | 3125 | 5319 | 4806 | 24.00% | 40.85% | 36.91% | 16,127.00 |
| 2022年8月1日—2022年8月6日 | 直通车 | 14202 | 2676 | 2785 | 2096 | 18.84% | 19.61% | 14.76% | 13,674.00 |
| 2022年8月1日—2022年8月6日 | 淘宝客 | 20162 | 5448 | 6868 | 6746 | 27.02% | 34.06% | 33.46% | 15,955.00 |

图 4-23　店铺3周年店庆活动后的转化相关数据

首先，根据图4-20和图4-23的数据，选择流量来源、访客数、成交订单数、成交占比、投入成本、成交额、投资回报率对应的区域，插入三维柱形图，如图4-24所示。

接着，选择流量来源、收藏转化率、加购转化率、支付转化率对应的数据区域，插入折线图，如图4-25所示。

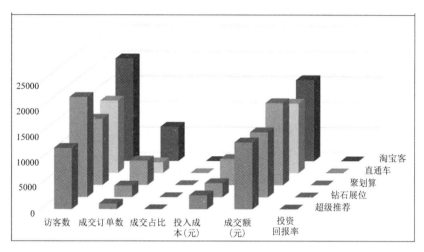

图 4-24　活动推广转化效果分析图 1

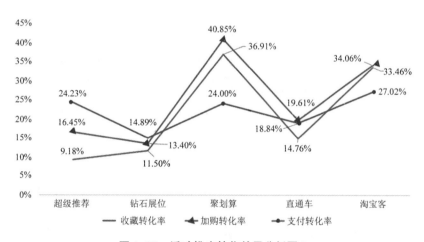

图 4-25　活动推广转化效果分析图 2

最后，结合图 4-24、图 4-25，店铺可以得到以下信息。

在店铺周年店庆活动推广中，转化效果最好的是聚划算，虽然收藏转化率较低，但其他转化均排名第一，转化效果排名二、三的依次是淘宝客和直通车，该店铺在今后开展营销活动时，可以优先考虑聚划算、淘宝客和直通车这三种推广渠道。

### 3.活动推广拉新与留存分析

活动推广拉新与活动推广留存分析，这两者的分析方法类似，都需要计算出新客户或留存客户的对应比例，然后对其进行分析。

（1）对活动推广拉新进行分析时，需要将新访客占比、新收藏占比、新加购占比、新成交额占比统计并整理至 Excel 表格中进行分析。

（2）对活动推广留存进行分析时，需要将留存访客占比、留存收藏占比、留存加购占比、留存成交额占比统计并整理至 Excel 表格中，然后进行分析。

如图4-26所示，为店铺周年店庆活动后的拉新相关数据，以下面这组数据为例对该店铺活动推广拉新进行分析。

| | A | B | C | D | E | F | G | H | I | J | K | L | M | N |
|---|---|---|---|---|---|---|---|---|---|---|---|---|---|---|
| 1 | 时间 | 流量来源 | 访客数 | 新访客数 | 新访客占比 | 收藏数 | 新收藏数 | 新收藏占比 | 加购数 | 新加购数 | 新加购占比 | 成交额（元） | 新成交额（元） | 新成交额占比 |
| 2 | 2022年8月1日—2022年8月6日 | 超级推荐 | 12015 | 7015 | 58.39% | 1911 | 560 | 29.30% | 1977 | 905 | 45.78% | 13,150.00 | 6,819.40 | 51.86% |
| 3 | 2022年8月1日—2022年8月6日 | 钻石展位 | 19632 | 10632 | 54.16% | 1723 | 630 | 36.56% | 2630 | 1026 | 39.01% | 12,767.00 | 5,558.00 | 43.53% |
| 4 | 2022年8月1日—2022年8月6日 | 聚划算 | 13021 | 8021 | 61.60% | 2125 | 1085 | 51.06% | 5319 | 3087 | 58.04% | 16,127.00 | 6,865.55 | 42.57% |
| 5 | 2022年8月1日—2022年8月6日 | 直通车 | 14202 | 7202 | 50.71% | 1676 | 988 | 58.95% | 2785 | 1870 | 67.15% | 13,674.00 | 11,025.31 | 80.63% |
| 6 | 2022年8月1日—2022年8月6日 | 淘宝客 | 20162 | 12162 | 60.32% | 5448 | 2390 | 43.87% | 6868 | 2890 | 42.08% | 15,955.00 | 3,727.41 | 23.36% |

图4-26 店铺周年店庆活动后的拉新相关数据

首先，选择流量来源、新访客占比、新收藏占比、新加购占比、新成交额占比对应的数据区域，插入折线图，如图4-27所示。

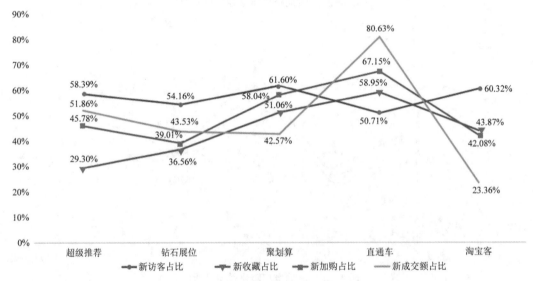

图4-27 活动推广拉新分析

然后，结合图4-26、图4-27的综合数据来看，在该店铺周年店庆活动中，整体拉新效果较好，其中新成交额表现最好，其最低占比为23.36%，最高占比为80.63%；拉新综合效果最好的渠道是直通车。企业可以结合该分析结果了解其活动推广拉新情况，并为后续推广渠道优化提供参考。

扫一扫二维码，在线观看教材配套的操作视频"活动推广流量分析"。

## 拓展学习

### 网店营销活动的渠道

为满足不同卖家的需求,淘宝平台提供了多样的营销活动渠道,了解这些不同活动的特点,便于卖家选择更适合自身店铺的渠道进行活动营销。这里主要介绍淘金币、聚划算和淘抢购三种渠道。

一、淘金币

淘金币是淘宝平台的一种虚拟货币,也是淘宝平台为鼓励买家使用淘宝而开通的激励系统及通用积分系统。平台为买家提供奖励金币,买家在购买商品时可使用金币获得折扣。卖家则可以在交易中赚取金币,并将金币用于全店金币抵扣、金币频道推广、网店粉丝运营等活动。全店金币抵扣可以让商品在淘宝移动端搜索、猜你喜欢、商品详情等位置展示;金币频道推广可以让卖家获得淘金币频道搜索、推荐等位置的流量,更好地推广店铺、商品;网店粉丝运营有助于拉新、增粉、销售商品,获得浏览、订阅等渠道的流量。

二、聚划算

聚划算是淘系规模和爆发力最强的营销平台。卖家通过参加品牌团、主题团、商品团,能产生非常可观的营销效果。卖家参加该活动,可以达成超过网店日销量数倍的营销数据,获得更多的收益。当卖家想要打造主推商品或品牌的影响力时,可以选择聚划算。

三、淘抢购

淘抢购是淘宝移动端的特色闪购业务,通过开团的单品打造"抢"的氛围,为买家提供物美价廉的好货,同时帮助卖家提升商品流量。想要在短期内打造爆款,拉动流量与成交,淘抢购是一个很不错的选择。

## 职业视窗

活动营销在网店运营与推广中的作用不言而喻,很多卖家都因开展活动营销获取了不错的收益。但是,电商活动繁荣的同时也暴露出了很多问题:部分平台存在违规收取信息、过度索取权限、推广信息骚扰等违法违规行为。依据《中华人民共和国电子商务法》《中华人民共和国广告法》《中华人民共和国消费者权益保护法》《通信短信息服务管理规定》等法律法规的规定,通过网络、短信、电话、即时通信工具等方式发送电子营销信息,对用户开展定向营销推广行为,应满足如下合规要求。

(1)告知用户定向推广的相关信息,并获取其授权同意。

(2)以显著标识展示个性化推送内容。

（3）为用户提供简单直观的退出或关闭个性化展示的选项。

（4）当用户退出或关闭个性化展示，明确表示拒绝接受个性化推荐的，不得向其发送商业性信息。

（5）通过自动化决策方式向信息主体进行商业营销的，应同时提供不针对其个人特征的选项。

开展电商营销活动，不仅需要法律法规的约束，参与其中的卖家与买家也需要规范自身行为，共同促进营销活动的繁荣发展，实现互利共赢。

# 单元三　直播营销流量分析

## 案例导入

某一家专注于时尚配饰的网店，为提升品牌影响力与销售额，决定实施直播营销策略，结合免费与付费引流手段，并进行数据分析，不断优化策略，提升品牌影响力与销售业绩。

该网店利用社交媒体平台发布直播预告视频，展示新品亮点，设置话题以吸引用户参与，提高曝光率。鼓励已购买商品的用户分享使用体验至社交媒体平台，参与晒单可获得下次购物优惠券，利用口碑吸引新客。建立微信群、QQ群，定期发布直播预告及专属福利，增强用户黏性。

同时，在社交媒体平台精准投放广告，针对潜在消费群体，提高直播间曝光率。与时尚博主、网红合作，进行直播连麦或商品推荐，利用其粉丝基础快速引流。购买平台直播带货资源位，如淘宝直播首页推荐，可直接增加观看人数。

该网店详细记录直播观看人数、互动数（点赞、评论、分享）、商品点击量、转化率等关键指标，通过对比免费与付费引流渠道的观看人数与转化率，评估成本效益，分析用户行为数据，识别热门商品与用户偏好，调整库存策略，监测直播前后的销售额变化，评估直播对销售的直接贡献。

根据数据分析结果，该网店及时调整直播时段、内容形式与福利活动，提升了用户参与度，加强与高转化率渠道的深度合作，减少了低效渠道的投入。

[案例思考]
结合案例，思考并回答以下问题。
1.如何科学分配资源和预算，使免费引流与付费引流相辅相成，达到最佳的引流效果？

2. 用户互动频繁是否直接促进购买转化？如何提高转化率？

3. 如何建立快速响应机制，有效利用数据分析结果及时调整直播策略以适应市场变化？

## 一、免费的直播引流渠道

在直播营销中，免费流量作为直播间活力与吸引力的核心驱动力，其占比往往显著超越其他引流渠道。这一优势不仅源自直播平台自然流量的慷慨馈赠，更在于直播团队巧妙运用多种免费推广策略，精准触达目标受众。

### （一）海报推广

直播海报作为预热期内的视觉先锋，其设计精妙与否直接关乎观众的第一印象与参与热情。优秀的海报能够直击观众痛点，迅速建立直播内容的价值认同，进而激发观看与分享的欲望。根据不同阶段的需求，直播海报可分为直播预热海报、直播商品清单图及直播战绩海报三大类，它们各具特色，共筑直播宣传矩阵。

1. 直播预热海报

直播预热海报关键在于精准提炼活动亮点，如"进博会抢鲜看，6小时直播盛宴""热干面归来，味觉盛宴再启"，同时清晰标注直播时间、平台、商品信息及主播阵容，确保信息全面且引人入胜。设计上，竖屏布局契合手机浏览习惯，配色与排版则需要与直播主题相得益彰，巧妙留白，设置悬念，激发好奇心。

2. 直播商品清单图

直播商品清单图作为购物指南，须详尽列出商品信息及优惠力度，采用长图形式便于浏览。重点商品突出展示，配以直观的价格对比与赠品说明，引导观众提前规划购物清单。末尾不忘引导关注直播，搭建持续互动链路。

3. 直播战绩海报

直播战绩斐然时，及时发布战绩海报以巩固战果。主播风采与亮眼数据交相辉映，如交易额、观看人次等精选指标，既彰显实力又提振士气，为品牌与主播的双赢奠定基础。

### （二）软文推广

软文推广，以其润物细无声的力量，悄然间拉近与潜在观众的距离。撰写时，须精准拿捏标题吸引点，无论是私密性、权威性、疑问性，还是情绪调动性的标题，皆须直击用户心理，激发阅读兴趣。摘要部分精练概括，预告直播精髓；正文则深挖用户兴趣点，绑定利益诉求，巧妙融入热点话题，增强文章可读性与传播力。收尾处巧妙引导，鼓励转发互动，构建社群生态，为直播引流续航。

1. 软文标题：吸引眼球的艺术

在信息爆炸的时代，软文标题犹如一座灯塔，引领着读者穿越信息的海洋。一个匠心独运的标题，能够瞬间抓住用户的注意力，激发他们的探索欲，促使他们从匆匆过客转变为深度阅读者，进而转化为直播间的忠实观众乃至潜在消费者。

（1）私密性共鸣。

利用"独家揭秘""专享福利"等字眼，营造专属感与私密性。例如"独家揭秘！这场直播，我只为你预留了席位"，能瞬间拉近与读者的距离，激发其好奇心与专属感。

（2）权威背书。

借助权威人物或机构的影响力，增强标题的可信度与吸引力。例如"××行业领袖亲临，直播揭秘不为人知的秘密"，通过权威性的加持，让信息更具说服力。

（3）疑问激发。

巧妙设置疑问，勾起读者的探索欲。例如"你真的了解××吗？这场直播将颠覆你的认知"，确保问题紧扣时代脉搏或社会热点，避免落入俗套。

（4）情感共鸣。

运用情感调动的策略，触动读者内心的柔软处或激发其斗志。例如"同龄人已乘风破浪，你还在等什么？直播带你一起启航"，能够激发读者的共鸣并转化为行动力。

2. 软文摘要：精练的导览图

摘要作为文章的门面担当，须精练而有力地概括文章精髓，引导读者快速把握核心内容。对于直播预告类软文，摘要更应聚焦于观众最关心的要素。

（1）核心信息突出。

明确标注直播主题、时间、亮点活动及优惠信息，如"年终盛典，直播盛宴！××主播带你狂欢3天，商品低至79元，更有免单大奖等你拿"。

（2）激发兴趣点。

通过简短有力的语言，勾勒直播的精彩瞬间或诱人福利，让读者仅凭摘要便能感受到直播的魅力。

3. 软文正文：故事的魔力

正文是软文推广的灵魂所在，它需要以引人入胜的方式讲述故事，引导读者沉浸其中，最终达到引流直播间的目的。

（1）兴趣绑定。

深入挖掘用户兴趣点，将直播内容与用户兴趣巧妙结合，如通过分享用户可能感兴趣的生活方式、行业趋势等，自然过渡到直播介绍。

(2)利益凸显。

直截了当地展示直播为观众带来的实际利益，如折扣、赠品、抽奖机会等，用具体数字或实例增强说服力。

(3)热点融合。

紧跟时代步伐，将热门话题、节日庆典等元素融入软文之中，增加文章的时效性与吸引力。

### 4.软文收尾：余音绕梁的召唤

软文收尾部分应简洁有力，既总结全文要点，又引导读者采取行动。

(1)重点回顾。

简短回顾直播的核心亮点与优惠信息，加深读者印象。

(2)行动号召。

明确鼓励读者参与直播，可设置转发、点赞、评论等互动环节，增加读者参与感与黏性。同时，提供加入社群或关注账号的入口，为后续的流量运营奠定基础。

## （三）短视频推广

直播宣传的终极目标，在于构建一个"未播先热"的盛况，让粉丝在直播开启前便满怀期待地守候在直播间。短视频，作为新时代的营销利器，正以其独特的魅力为直播预热乃至整个营销过程注入无限可能。品牌需要巧妙变身内容创作者，深度融入短视频生态，精准触达用户，通过深度互动实现营销价值的最大化。从直播预告到直播落幕，短视频始终扮演着至关重要的角色，为直播宣传持续造势。短视频推广需要从主题定位、创意设计、专业拍摄、剪辑特效到精准发布等多个环节入手，全方位提升视频质量与传播效果。

### 1.精准定位视频主题，激发用户兴趣

在确定视频主题前，深入市场，洞悉用户喜好，避免冷门选题，确保内容贴近用户需求。紧密结合商品特性与定位，确保视频内容与商品宣传相辅相成。聚焦用户需求，以用户为中心设计视频主题，激发观看欲望，引导流量转化。

### 2.创意无限，短视频设计新境界

在常规内容中巧妙融入直播预告，通过悬念设置、亮点透露等方式，吸引粉丝持续关注。利用主播个人魅力，真人出镜预告直播，增强亲切感与信任度，同时设置悬念，激发用户好奇心。针对潜在用户，通过预告视频中的抽奖、赠品等利益点，提升视频吸引力，促进预约与关注。

### 3.专业拍摄，打造视觉盛宴

根据预算与需求，选用合适的拍摄设备，确保视频画质与效果。遵循策划脚本，注重视频节奏与画面美感，营造舒适的观看体验。

### 4.剪辑与特效,赋予视频灵魂

合理整合已有资源,避免版权问题,提升工作效率。通过剪辑手法,强化视频主题,确保核心信息清晰传达。精选背景音乐,与视频内容相得益彰,增强情感共鸣。审慎使用转场特效,确保视频节奏连贯,不干扰观众体验。

### 5.精准发布,优化传播效果

根据目标用户群体,选择合适的发布渠道,实现精准触达。密切关注各渠道数据反馈,分析用户行为,优化发布策略。根据市场反馈与效果评估,不断调整短视频内容与发布策略,持续提升营销效果。

## 二、付费的直播引流渠道

### (一)付费引流的作用

#### 1.精准定位,流量赋能

付费推广赋予了我们前所未有的灵活性,能够依据性别、年龄、地域乃至兴趣偏好、行为特征等多维度标签,精准锁定目标受众,为直播间输送高度契合的流量资源。这一举措不仅加速了直播间的个性化标签构建,更确保流量能转化为潜在的商业价值。

#### 2.转化提效,权重升级

付费引入的精准流量,其转化率较之于自然流量有显著提升,无论是商品成交的顺畅度、直播互动的活跃度,还是账号关注度的攀升,均得到显著增强。这一系列正向反馈,不仅直接提升了直播间的运营效率,更促使账号权重与平台评级的飞跃,为后续吸引更多免费优质流量铺平道路,形成良性循环。

#### 3.私域构建,长效运营

在精准流量的滋养下,直播间与观众之间的连接更为紧密,转化为私域流量的可能性大幅增加。主播可巧妙引导观众加入微信群、粉丝社群或关注公众号,构建起专属于自己的私域流量池。这不仅为未来的直播活动提供了稳定的观众基础,也便于实施更加精准、个性化的信息推送策略,深化与粉丝的互动关系,实现长效运营与价值变现。

## (二) 付费流量的投放渠道

### 1. DOU+

DOU+，作为抖音平台专为创作者量身打造的视频与直播间加热工具，其核心价值在于提升内容的曝光度与互动性。无论是渴望突破视频播放瓶颈的创作者，还是希望直播间人气爆棚的主播，DOU+都以其低门槛、高灵活性的特性，成为他们的得力助手。只需简单几步，在移动端设定预算与目标受众，即可启动推广计划，让优质内容触达更广泛的观众群体。

DOU+的独特之处在于其智能匹配机制，它基于账号标签精准定位兴趣相投的观众，再根据内容反馈动态调整推广策略。值得注意的是，DOU+不仅支持创作者自我推广，也鼓励用户间相互助力，无论是为自己还是为喜爱的主播"加热"直播间，都能轻松实现，展现了其强大的社交互动属性。

### 2. 巨量千川

巨量千川，作为巨量引擎旗下的电商广告平台，深度融合抖音电商生态，为商家与达人提供了一站式的营销服务。通过无缝对接抖音账号、小店及巨量千川的各类资源，实现了从商品管理到流量获取，再到交易达成的闭环营销体系，极大地简化了投放与管理流程，降低了运营成本，提升了营销效率。

在巨量千川的平台上，广告主可根据自身需求灵活选择广告投放形式，无论是追求广泛覆盖的通投广告，还是精准触达的搜索广告，都能找到最适合自己的营销策略。通投广告以其"广撒网"的方式，在账号初期的积累阶段发挥着不可替代的作用，尽管精准度稍逊，但能有效提高品牌曝光率，为后续精准营销奠定基础。而搜索广告则凭借其在用户主动搜索场景下的高相关性，实现了精准触达与高效转化，成为提升账号权重与吸引高质量粉丝的利器。两者各有千秋，共同构成了巨量千川强大的广告服务体系。

## (三) 付费流量的投放策略

付费流量的投放策略需要根据账号发展的不同阶段进行动态调整与优化。通过精准的人群画像、高效的商品与创意测试，以及科学的投放节奏控制与老客户回流计划，我们能够有效推动账号从冷启动迈向爆发期，实现商业价值的最大化。每个阶段都伴随着不同的挑战与机遇，而付费流量投放作为加速这一进程的关键手段，其策略的制定与执行显得尤为重要。以下是对各阶段付费流量的投放策略的优化与阶段性计划。

### 1. 冷启动期

在冷启动期，核心目标是积累初始数据，优化人群画像，确保系统能够准确推送至目标用户，可以采取以下两种策略优化。

(1) 自建人群包策略。

基于商品特性，设计多条人群测试路径，通过小规模投放收集反馈，形成初步人群画像。根据互动行为（如点击、停留时长、评论等）调整投放策略，不断优化人群包，提升目标用户触达精度。

(2) 相似人群包策略。

寻找同类型或相似商品的成功账号，利用其已形成的用户标签作为参考。利用巨量千川等工具，直接投放至对标账号的精准用户群体，通过互动活动（如抽奖、福利发放等）吸引用户参与，加速账号冷启动。

2. 成长期

在成长期，核心目标是测试店铺潜力货品，持续优化商品创意，提升点击率与转化率。

(1) 货品测试。

可以直接投放商品视频，观察点击率，快速筛选出有潜力的爆款候选，也可以利用直播间引流，结合电商罗盘数据，深入分析商品点击率，确保测试结果的全面性。

(2) 创意测试。

为主推商品尝试不同创意类型（如真人试用、场景展示、情感营销等），通过巨量千川测试素材效果。根据测试数据，不断优化拍摄脚本、场景及呈现方式，增加内容吸引力。

3. 爆发期

在爆发期，核心目标是引爆潜力商品，实现GMV稳步增长，同时做好老客户回流工作。

(1) 投放节奏控制。

利用巨量千川工具，根据直播间流量走势与关键数据反馈，灵活调整日限额，保持投放效果最大化。实时监控每场直播的关键数据（如观看人数、转化率、GMV等），确保投放效果稳定。

(2) 老客户回流。

针对已积累的老客户，制订专门的回流计划，通过定向投放、优惠活动等方式，重新激活其购买兴趣。加强与老客户的互动，如设置专属福利、会员日活动等，增强粉丝黏性，促进长期购买。

## 三、直播营销数据分析

### （一）直播流量数据分析

直播流量数据是一个多维度的综合评价体系，它不仅涵盖了基础而关键的指标，还深刻反映了直播活动的影响力、受众互动程度以及市场潜力，如图4-28所示。

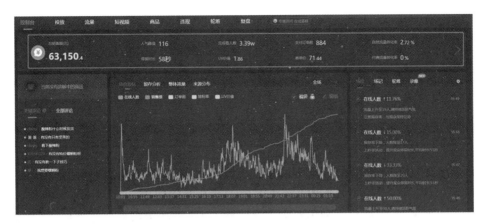

图4-28 直播间数据页面

具体来说，直播流量数据主要包括以下几个方面。

1. 观看人数（UV）

UV（unique visitor，独立访客）是衡量直播间吸引力的核心指标之一，它代表了全天内唯一进入直播间的用户总数。值得注意的是，即便同一用户多次进出直播间，其UV计数也仅算作一次，从而确保数据的真实性与代表性。UV直接反映了直播内容的覆盖广度及潜在受众规模，是评估直播影响力与曝光度的关键依据。

2. 观看人次（PV）

PV（page view，页面浏览量）作为直播间活跃度的直观体现，记录了用户每次点击进入直播间的行为。与UV不同，PV更注重访问的频次与深度，每次点击都计入总数，因此PV值往往高于UV值，尤其在高黏性用户群体中更为明显。这一数据不仅展现了直播间内用户的互动热情，也为直播内容的吸引力与用户黏性提供了量化参考。

3. 最高在线人数

最高在线人数，作为直播间实时热度的直观指标，展现了在特定时段内，来自所有渠道汇聚于直播间的最大同时观看量。这一数据不仅反映了直播活动的即时影响力，也是衡量直播间带货潜力与市场号召力的重要标尺。高在线人数意味着更高的用户关注度与参与度，为后续的停留时长、商品转化等关键环节的优化奠定了坚实基础。因此，直播团队需要将提升在线人数作为首要任务，并围绕此展开一系列策略优化，以实现直播间人气的持续攀升与商业价值的最大化。

（二）直播内容数据分析

1. 平均停留时长

平均停留时长作为衡量直播内容吸引力的关键指标，深刻反映了主播的选品智慧与观众留存能力。其背后是主播个人魅力与直播内容质量的双重作用。当用户沉浸在直播间的时间超过常规时长（如超越业界平均的30~60秒，步入2分钟以上的黄金区间），这不仅是内容优质性的直接体现，更是观众兴趣深度激发的标志。此时，平台智能推荐系统亦会敏锐捕捉到这一信号，为直播间带来更为广泛的曝光机会，其机制与短视频平台的热门推送异曲同工。

### 2. 评论互动率

评论互动率，即评论人数占总观众数的比例，是衡量直播互动氛围的重要标尺。高互动率不仅彰显直播内容的吸引力，更促进了观众之间的情感共鸣与社区凝聚力的形成。通常，低于3%的评论率视为互动不足，3%~6%为健康水平，超越6%则步入卓越之列，预示着直播内容的极高参与度与观众热情。

### 3. 转粉率

转粉率作为直播成效的核心评价指标，直接关联到主播的成长潜力与直播间的长期价值。对于初出茅庐的新人主播而言，开播初期转粉率在1%~5%区间浮动尚属正常，过低则需要反思直播内容或互动策略的有效性，过高则需要警惕可能的非自然增长风险。而对于资深主播，4%~6%的转粉率被视为稳健发展的象征，任何偏离此范围的变化都可能暗示着策略调整的必要。

### 4. 弹幕词云

弹幕词云作为观众实时反馈的直观展现，为我们揭示了观众关注的热点与潜在需求。如图4-29所示，通过对词云的细致分析，我们发现观众对于服饰尺码、颜色等具体购买信息存在广泛疑问。这启示我们，在未来的直播中，应着重优化尺码推荐信息的呈现方式，如采用更加清晰、醒目的展示手法，甚至将其标注于屏幕显眼位置，以加速观众的购买决策。同时，弹幕中的高频词也为我们提供了宝贵的市场洞察机会，助力我们提前准备，精准回应观众关切的问题，进一步提升直播质量与观众满意度。

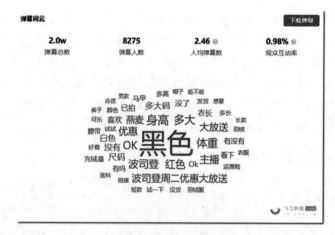

图4-29　某直播间弹幕词云

## (三)直播粉丝数据分析

深入剖析直播粉丝数据,其核心目标聚焦于两大战略维度:一是激活并扩充粉丝基础,旨在既"盘活存量"以激发现有粉丝活力,又"扩大增量"吸引新鲜血液;二是精准识别并高效解决潜在问题,持续优化运营策略。

### 1.粉丝画像

粉丝画像作为精准营销的金钥匙,通过细致梳理粉丝的年龄层、地域分布、性别比例、职业特征、兴趣偏好及行为模式,构建出立体化的粉丝模型,如图4-30所示。这些精练的标签不仅深刻洞察了粉丝的内心需求,更为定制化营销策略的制定提供了坚实的数据支撑。借助直播平台内置功能及第三方分析工具,我们能轻松获取包括粉丝年龄、性别、兴趣分布及地域占比在内的详尽用户画像,尤其是在抖音等平台,还能进一步细化至活跃粉丝、直播间观众乃至粉丝团成员的深度剖析。

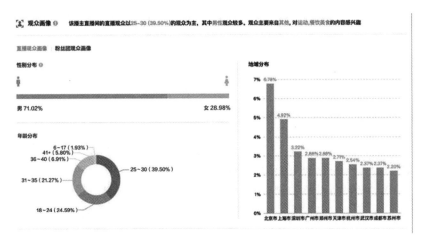

图4-30 粉丝画像数据分析

### 2.粉丝GMV

粉丝GMV作为衡量粉丝消费力的重要标尺,直观反映了粉丝群体在时间维度上的有效支付总额。通过巧妙运用主播话术,缩短心理距离,引导关注;同时,在直播过程中直观展示关注、加购、下单流程,辅以加关注送赠品、新粉专享优惠、粉丝福利券及优先发货等激励机制,有效促进粉丝转化,从而提升粉丝GMV占比,实现业绩增长。

### 3.粉丝UV占比

粉丝UV占比作为衡量直播内容与粉丝契合度的关键指标,直接反映了直播对现有粉丝的吸引力。高占比意味着直播主题精准触达粉丝兴趣点,预热与私域运营成效显著;反之,则需要重新审视直播内容与粉丝需求的匹配度,加强粉丝维护与运营,进一步激发粉丝潜力。

#### 4. 新增粉丝数

新增粉丝数作为直播平台较为看重的指标之一，直接关联着直播内容的吸引力和平台的整体权重。因此，设计吸睛的直播内容、策划互动性强的活动，成为提升新增粉丝数的关键所在。

#### 5. 粉丝回访时段分析

分析粉丝回访时间段，有助于精准定位直播开播的黄金时段，使直播活动与粉丝活跃时段高度契合，从而吸引更多粉丝驻足观看，有效提升销售转化率。

#### 6. 粉丝互动率

粉丝互动率作为评估直播活跃度的核心指标，直观反映了粉丝在直播过程中的参与热情与互动深度。高互动率不仅彰显了直播内容的吸引力，更预示着良好的销售转化潜力。因此，加强主播与粉丝间的互动交流，营造积极的直播氛围，对于提升销售转化率至关重要。

### （四）直播转化数据分析

#### 1. 商品交易总额（GMV）

GMV作为衡量直播平台核心竞争力的关键指标，其全面涵盖了直播销售活动的财务影响力。它不仅反映了已完成的交易总额，还包含了取消、拒收及退货等订单金额，为平台提供了完整的销售健康度视角。具体公式：GMV＝已完成销售额＋取消订单金额＋拒收订单金额＋退货订单金额。这一指标有效衡量了直播带动的市场活跃度和消费潜力。

#### 2. 用户人均价值（UVP）

UVP深刻揭示了单个用户在直播场景中的付费能力与消费意愿。高UVP意味着直播间能更有效地激发用户的购买热情，是评估直播营销效果和用户忠诚度的重要标尺。

#### 3. 千次观看成交额（GPM）

GPM作为衡量直播流量质量与转化效率的标尺，直接反映了每千次观众曝光所能带动的成交金额。它不仅代表了直播间的吸引力和带货能力，也是评估直播策略成功与否的关键指标。一般认为，GPM超过1000元即为良好表现，标志着较高的成交密度与市场响应度。以某款80元商品为例，GPM从1000元提升至1350元，即意味着更高的购买频次与更强的市场接受度。

4. 转化率

根据转化漏斗模型，转化率通常可以细分为进入曝光转化率、曝光点击转化率、点击生单转化率、生单成交转化率，如图4-31所示。

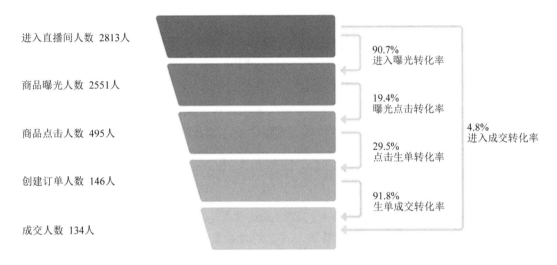

图4-31 转化漏斗模型

（1）进入曝光转化率。

进入曝光转化率用于衡量商品信息有效触达直播间用户的比例，是衡量商品展示效率与用户关注度的重要指标。理想状态下，这一比率应接近或超过80%，确保商品能够高效触达潜在买家。

（2）曝光点击转化率。

曝光点击转化率是反映商品吸引力与用户兴趣度的直接指标。高曝光点击转化率（约10%）意味着商品能够有效激发用户兴趣，引导其进一步探索购买可能性。

（3）点击生单转化率。

点击生单转化率聚焦于用户从点击商品到生成订单的初步购买意向。它不仅反映了商品介绍的有效性，也体现了用户对商品的初步认可。合格线设定为15%左右，代表直播间能够有效促进用户从兴趣到购买意向的转化。

（4）生单成交转化率。

生单成交转化率直接衡量了从订单生成到最终付款的成功率，是评估直播间促成交易完成能力的关键。通常，生单成交转化率若能达到10%～20%，则表明直播间具有较强的成交促成能力和用户支付意愿。该指标越高，代表直播间销售转化流程越顺畅，用户购买体验越佳。

## 拓展学习

## 内容营销分析

　　内容营销已进入全面繁荣时代，越来越多的消费者习惯通过内容发现新鲜事物、优质商品，商家也越来越意识到内容营销的重要性。与此同时，通过内容营销分析追踪不同阶段营销效果，分配营销预算，在营销前后有根据地查缺补漏也不容忽视。

　　内容营销分析，即对电子商务平台内和平台外其他内容渠道的发布情况统计并分析，包括内容的展示、转化、传播、推广等维度，以及内容浏览人数、内容互动次数、引导进店人数、引导付款金额及增粉人数等核心指标。借助内容营销分析，可以有效地对内容形式及推广方式等进行评估并优化。

　　一、内容营销分析作用

　　（一）比较多渠道投放、多种内容的推送效果

　　将相同的内容投放到不同渠道，可以通过数据分析出各平台的推荐量和阅读量，以此判断目标群体集中地。

　　将不同的内容投放到相同渠道，可以了解目标客户的内容偏好，以便更集中地输出和优化内容，增强客户黏性。

　　（二）找到问题所在，及时调整优化内容

　　通过数据对比，可以发现内容的问题所在，比如标题没取好、封面没有吸引力、内容不够优质、目标客户不在此平台活跃等。根据数据反馈的问题，及时作出调整，避免粉丝流失。

　　（三）能反馈内容营销效果，提供决策参考

　　数据能直观反映当前内容的运营效果和问题所在，从而为决策层提供可参考的方向、战略依据。

　　二、内容营销需要监控的数据指标

　　（一）展示数据

　　展示数据属于基础数据，是一个直观的效果反馈，用来展示内容被点击、查阅的情况。其包括覆盖人群、推荐量、阅读量、阅读次数等。

　　（二）转化数据

　　转化数据属于投入与回报数据，用于判断内容是否能够促进客户的转化，包括页面广告的点击次数、支付人数、支付金额等。

　　（三）传播数据

　　传播数据属于分享数据，用来表明内容的质量、趣味性等特征，检测数据主动转发、传播的情况。

　　（四）渠道数据

　　渠道数据用来衡量渠道投放质量、效果，它由商品的特性和受众人群定位所决定。内容可在多个平台进行推送，通过多平台的数据分析，确定目标客户集中地和喜欢的内容。

### 职业视窗

随着内容营销越来越受到重视,很多淘宝卖家也都加入了内容营销的赛道,但是展示违规内容、扰乱市场秩序、不当使用他人权利的违规行为也屡次发生,严重影响用户体验和内容生态。淘宝平台为了规范内容市场,建立优质内容生态圈,进一步修订并完善了《内容创作者管理规则》,以此约束内容创作者的行为。

其中规定,内容推行的商品如为淘宝网卖家商品须满足《淘宝网营销活动规范》,如为天猫商家商品须满足《天猫商家营销准入基础规则》,并且要同时满足各站内渠道的其他内容请求。如不再满足上述条件,平台将会取消其内容的公域展现。

针对扰乱市场秩序的行为,《天猫商家营销准入基础规则》增加了解释说明,对违背平台正常经营和推广等流程行为进行了细化,并重点强调直播的内容规范。

在淘宝上发布信息、推广商品的商家或淘宝达人,都应当遵循《内容创作者管理规则》,不得违规推广假冒商品。违反相关规则的内容创作者将被扣分,当扣分达到节点后,甚至会被清退。

## 单元四 全域流量结构评估

### 案例导入

某电商平台在快速发展的过程中,面临着流量成本高企、转化率不稳定等挑战。为了提升流量利用效率,增强市场竞争力,该平台决定开展一次全面的流量效能综合评估,涵盖流量来源、分布、转化等多个维度。

通过数据分析工具,对平台的流量来源进行了详尽的分类统计,包括搜索引擎优化(SEO)、社交媒体平台广告、付费推广(如PPC广告等)、自然搜索、合作伙伴引流等多种渠道。评估了各渠道的流量占比、增长趋势、成本效益比等关键指标,发现社交媒体平台广告和SEO是当前最重要的流量来源,但付费推广转化率相对较高。

分析了用户在平台上的行为路径,包括访问页面、停留时长、跳出率等数据,构建了用户行为热力图。发现首页、商品详情页和购物车页面是用户访问最频繁的区域,但部分商品的详情页跳出率较高,可能存在页面优化不足的问题。

通过设置转化漏斗模型,跟踪用户从浏览到最终购买的全过程,评估了不同环节的转化率。发现加入购物车环节的转化率较高，但结算环节的转化率明显下降，可能存在支付流程烦琐、信任度不足等问题。

结合上述分析，对各渠道的流量效能进行了综合评分，确定了高效与低效流量区域。提出了针对性的优化建议，如加大高效渠道的投入、优化低效渠道的策略、改善用户行为路径、简化支付流程等。

经过一段时间的实施与调整，该电商平台的流量利用效率显著提升，转化率稳步增长，同时降低了不必要的流量成本。用户满意度和忠诚度也显著提高，为平台的长期发展奠定了坚实基础。

**[案例思考]**

结合案例，请你帮助该电商平台进行分析，思考并回答以下问题。

1. 在流量来源分析中，除了成本以外，还有哪些因素应纳入考虑范畴？如何平衡不同渠道的投资回报率？

2. 在流量转化分析中，如何准确识别并解决相关问题？如何增强用户的信任度和购买意愿？

## 一、免费流量结构评估

在进行免费流量结构的深度剖析和评估时，我们聚焦于细致评估各源头渠道对网店自然流量的贡献情况，这对于提升营销效率与优化用户体验至关重要。以某农副商品网店为例，针对2022年9月这一关键时期的免费流量数据（表4-5），我们将展开一次免费流量结构分析，旨在精准把握市场脉搏，挖掘潜在增长动力。此次分析的核心在于，不仅要审视各免费流量渠道（如自助搜索、购物车、首页、收藏推荐等）的具体引流数量与占比，还需要深入剖析其质量，即这些流量如何转化为实际浏览、点击乃至成交订单，以及它们对店铺运营和可持续发展的影响。

表4-5 某农副商品网店的免费流量数据表

| 时间 | 流量来源 | 浏览量（次） | 点击量（次） | 成交订单数（份） |
|---|---|---|---|---|
| 2022年9月1日—2022年9月30日 | 自主搜索 | 12154 | 4364 | 2663 |
| 2022年9月1日—2022年9月30日 | 购物车 | 13026 | 5521 | 3095 |
| 2022年9月1日—2022年9月30日 | 其他店铺 | 11565 | 2217 | 980 |
| 2022年9月1日—2022年9月30日 | 首页 | 11966 | 6771 | 4037 |
| 2022年9月1日—2022年9月30日 | 收藏推荐 | 13932 | 3119 | 1225 |
| 2022年9月1日—2022年9月30日 | 其他免费流量 | 12481 | 3086 | 1947 |

1.选择流量来源、浏览量、点击量和成交订单数对应的数值区域

插入图形,如图4-32所示。

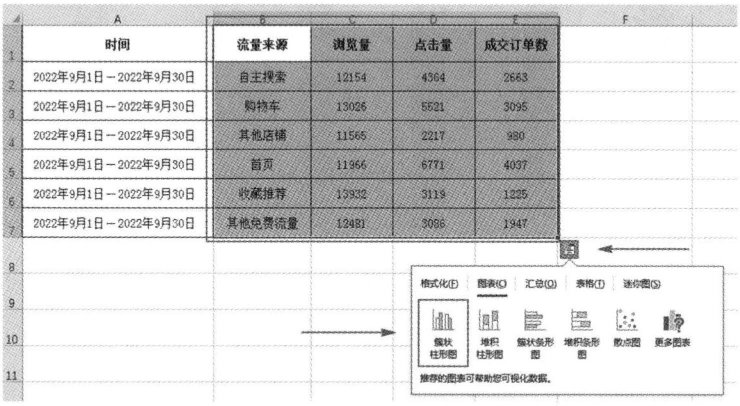

图4-32 选中数据插入图形

根据数据可视化的需要,选择合适的图形,首先插入组合图形,然后将浏览量设置为簇状柱形图、点击量和成交订单数设置为折线图。将浏览量设置为簇状柱形图是为了更好地对各个流量来源的浏览量进行比较,将点击量和成交订单数设置为折线图,是为了更清楚地看到这两个指标的变化走势。最后将浏览量设置为次坐标轴,如图4-33所示。

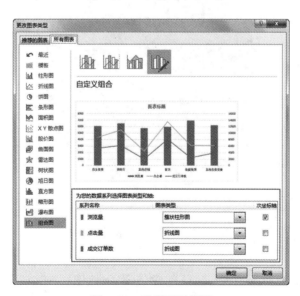

图4-33 设置图形类型

2.完成设置后,得到免费流量结构分析图1

免费流量结构分析图1,如图4-34所示。

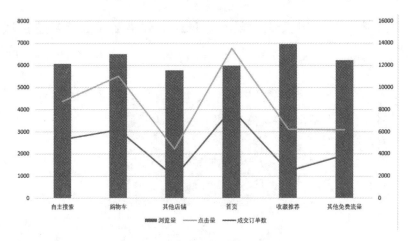

图4-34 免费流量结构分析图1

3.选中数据表中的流量来源和成交订单数,插入饼状图

将饼状图的数值显示方式设置为"百分比",得到免费流量结构分析图2,如图4-35所示。

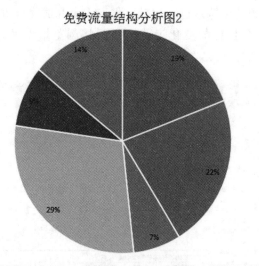

图4-35 免费流量结构分析图2

4.通过以上免费流量来源表和免费流量分析图,可以得到以下信息

(1)免费流量来源中,"首页"的点击量和成交订单数占据绝对优势,其为网店带来的点击量为6771次,成交订单数占比达到29%。

(2)免费流量来源中,"其他店铺"的各项指标表现较差,为网店仅带来浏览量11565次,成交订单数占比只有7%。

通过上述分析步骤，能够更加清晰地掌握该网店免费流量的现状与挑战，并且可以利用该分析结果，优化网店的免费推广渠道布局，为网店的持续发展奠定坚实的基础。

## 二、付费流量结构评估

在深入探讨付费流量结构时，我们的核心聚焦于精确剖析各付费推广渠道对总流量的贡献比例。现以表4-6中呈现的2022年9月某农副商品网店付费流量数据为基础，展开相关分析。这一过程不仅要求我们细致比对各渠道（如直通车、聚划算、淘宝客、超级推荐等）引入的流量，还需要进一步评估其转化效率、投入成本及成交额，以期全面洞察各渠道的价值潜力与战略地位。

表4-6  农副商品网店2022年9月付费流量数据

| 时间 | 流量来源 | 成交占比 | 投入成本（元） | 成交额（元） |
|---|---|---|---|---|
| 2022年9月1日—2022年9月30日 | 超级推荐 | 15% | 5432 | 6663 |
| 2022年9月1日—2022年9月30日 | 钻石展位 | 32% | 6334 | 5795 |
| 2022年9月1日—2022年9月30日 | 聚划算 | 27% | 4907 | 4980 |
| 2022年9月1日—2022年9月30日 | 直通车 | 20% | 4151 | 3607 |
| 2022年9月1日—2022年9月30日 | 淘宝客 | 30% | 5843 | 2280 |

### 1.首先进行投资回报率的计算

如图4-36所示，计算出各流量来源的投资回报率，计算公式如下。

投资回报率=（成交额÷投入成本）×100%

| | A | B | C | D | E | F |
|---|---|---|---|---|---|---|
| 1 | 时间 | 流量来源 | 成交占比 | 投入成本（元） | 成交额（元） | 投资回报率 |
| 2 | 2022年9月1日—2022年9月30日 | 超级推荐 | 15% | 5432 | 6663 | 123% |
| 3 | 2022年9月1日—2022年9月30日 | 钻石展位 | 32% | 6334 | 5795 | 91% |
| 4 | 2022年9月1日—2022年9月30日 | 聚划算 | 27% | 4907 | 4980 | 101% |
| 5 | 2022年9月1日—2022年9月30日 | 直通车 | 20% | 4151 | 3607 | 87% |
| 6 | 2022年9月1日—2022年9月30日 | 淘宝客 | 30% | 5843 | 2280 | 39% |

图4-36  投资回报率计算

然后选择流量来源、成交占比、投入回报率对应的数值区域，插入图形，如图4-37所示。

图 4-37 选择需要分析的数据区域

将成交占比设置为簇状柱形图、投资回报率设置为折线图，然后将成交占比设置为次坐标轴，最后得到付费流量结构分析图，如图 4-38 所示。

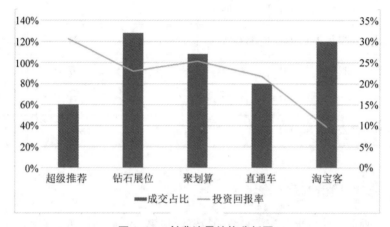

图 4-38 付费流量结构分析图

**2. 根据以上付费流量结构分析图，可以得到以下信息**

（1）付费流量来源中，钻石展位最占优势，其成交占比和投资回报率分别是 32% 和 91%。

（2）聚划算的成交占比虽然只有 27%，但投资回报率比较高，占比 101%。

（3）超级推荐的成交占比最低，但投资回报率高达 123%。

通过数据驱动的深入分析，我们能够识别出钻石展位、聚划算、超级推荐这三种付费推广渠道为高效引流且成本合理的关键渠道，为后续资源分配提供科学依据；同时，也能及时诊断并调整低效或亏损的渠道策略，避免资源浪费。

此外，还应关注市场趋势与消费者偏好的变化，灵活调整付费流量结构，确保营销策略的时效性与精准性。

总之，对付费流量结构的深度剖析，不仅是提升网店竞争力、优化营销投入产出比的重要手段，也是驱动业务持续增长、实现精细化运营管理的关键环节。

扫一扫二维码，在线观看教材配套的操作视频"流量结构分析"。

 拓展学习

## 抖音流量推送机制

抖音流量推送机制是一个复杂而精细的系统，它基于用户行为数据、内容属性以及算法优化来实现个性化推荐。以下是抖音流量推送机制的主要特点。

一、初始审核与标签化

首先，抖音平台会对新发布的视频进行初始审核，检查内容是否违规，如包含敏感词、禁止画面或营销信息等。审核通过后，视频会被打上相应的标签，这些标签反映了视频的主题、风格等关键信息。

二、初始推荐

通过标签匹配，视频会被推荐给与其内容相关的一小部分用户，形成初始流量池。这个流量池的大小通常为几百到几千不等，具体取决于账号权重、历史表现等因素。在这个阶段，系统主要关注视频的完播率、点赞、评论、转发等互动数据。

三、叠加推送与扩大流量池

如果视频在初始推荐阶段表现良好，即互动数据达到预设阈值，系统就会进行第二次推送，将视频展示给更多潜在用户。这个过程会不断重复，每次推送都会根据视频的表现扩大流量池，直至视频推送至更大的用户群体。

四、人工审核与持续推送

当视频流量达到一定规模时，抖音会引入人工审核机制，确保视频内容持续符合平台规范。如果视频在人工审核阶段仍然保持高互动率，系统将继续推送，流量池也会进一步扩大，甚至可能进入热门推荐或超级热门阶段。

五、个性化推荐与精准分发

在整个推送过程中，抖音的算法会根据用户的行为数据（如观看历史、点赞、评论等）和内容属性（如标签、关键词等）进行个性化推荐。这意味着每个用户看到的内容都是根据其个人兴趣和偏好量身定制的，从而提高了用户体验和平台黏性。

### 六、动态调整与优化

抖音流量推送机制不是一成不变的，而是会根据市场变化、用户行为变化等因素进行动态调整和优化。例如，在节假日等特殊时期，系统可能会增加与节日相关的内容推荐；在发现某些内容类型或风格受到用户追捧时，系统也会相应地调整推荐策略。

总之，抖音流量推送机制是一个高效、智能且不断优化的系统，它通过标签化、个性化推荐、叠加推送等手段将最合适的内容推送给最感兴趣的用户，从而实现了流量的最大化利用和用户体验的持续提升。

## 职业视窗

店铺流量运营过程中的职业道德是确保商业活动健康、有序进行，维护市场秩序及保障消费者权益的重要基石，涉及诚实守信、尊重用户隐私、合规运营、维护市场秩序以及持续学习与提升等多个方面。商家应自觉遵守这些职业道德规范，以诚信经营为基础，不断提升自身竞争力和市场影响力。

### 一、诚实守信

在店铺流量运营中，商家应确保宣传内容的真实性，不得夸大其词、虚假宣传或误导消费者。商家应提供准确、清晰的商品信息，包括商品的性能、规格、材质等，确保商品的质量与描述相符，以便消费者作出明智的购买决策。

### 二、尊重用户隐私

商家在收集用户信息时，应遵守相关法律法规，明确告知用户信息的收集和使用目的，不得未经用户同意擅自收集、使用或泄露用户信息。商家还应采取有效措施保护用户信息的安全，防止信息泄露、被盗用或滥用。商家应建立完善的信息安全管理制度，加强信息加密、访问控制等安全措施。

### 三、合规运营

商家在店铺流量运营过程中，应严格遵守国家法律法规、平台规则及行业规范，积极关注相关法律法规的更新变化，及时调整运营策略，确保合规运营。商家还应遵循公平竞争的原则，不得采用恶意竞争、诋毁竞争对手等不正当手段获取流量。

### 四、维护市场秩序

商家应积极参与维护市场秩序，抵制恶意刷单、虚假评价等破坏市场秩序的行为，不断关注行业发展趋势和消费者需求变化，推动行业健康发展。商家还应积极参与行业交流和合作，共同提升行业整体水平。

### 五、社会责任

商家在追求商业利益的同时，也应积极履行社会责任。这包括关注环境保护、参与公益事业、倡导绿色消费等。商家可以通过减少包装浪费、推广可循环商品等方式降低对环境的影响；同时，也可以参与社会公益活动，为社会作出贡献。

## 温故知新

### 一、单项选择题

1.网店自然搜索优化的内容不包括（　　）。
A.标题优化　　　　　　　　　B.主图优化
C.外链优化　　　　　　　　　D.详情页优化

2.关于网站自然搜索优化，下列描述有误的一项是（　　）。
A.网页标题中要尽量包含用户检索所使用的关键词
B.网页标题与网页正文内容必须具有高度相关性
C.标题字数最好控制在30个汉字即60个字符以内
D.标题关键词应该放置于标题结尾

3.某件商品类目不定期举行的活动属于（　　）类型的活动。
A.频道活动　　　　　　　　　B.行业活动
C.单品活动　　　　　　　　　D.全店活动

4.构思活动内容时，需要考量的方面不包括（　　）。
A.活动的目的　　　　　　　　B.活动的主题
C.活动的具体时间　　　　　　D.活动的复盘

5.买家可以分享自己的购物感受和经验的淘宝板块是（　　）。
A.逛逛　　　　　　　　　　　B.订阅
C.推荐　　　　　　　　　　　D.聚划算

### 二、多项选择题

1.网店自然搜索优化中标题的优化步骤包括（　　）。
A.查找和挖掘关键词　　　　　B.排除无效关键词
C.组合商品标题　　　　　　　D.调整商品标题

2.直通车关键词优化的方式有（　　）。
A.删除关键词　　　　　　　　B.拓展关键词
C.关键词涨价　　　　　　　　D.关键词降价

3.平台活动的常见类型有（　　）。
A.频道活动　　　　　　　　　B.行业活动
C.节庆活动　　　　　　　　　D.单品活动

4.电商活动的成本一般包括（　　）。
A.推广成本　　　　　　　　　B.活动奖励
C.人员成本　　　　　　　　　D.线下成本

5.进行活动可行性预估的作用有（　　）。
A.确保方案能够顺利实施
B.及时调整不合理的内容

C.预测活动效果

D.尽量减少意外状况对活动执行的干扰

### 三、判断题

1.通常来讲，商品标题的关键词越精确、商品越容易被搜索到。（　　）

2.为了提升标题点击率，可以在标题中设置"最""第一"等极限词。（　　）

3.在商品的搜索排名靠后时，想要尽可能地获取某个关键词的搜索流量，提升其排名，就可以对该关键词进行付费推广，即 SEM 推广。（　　）

4.活动目的是活动营销的核心，只有以清晰、明确的目的为导向，活动才能有序进行。（　　）

5.内容营销重在传递内容，对转化率要求不高。（　　）

## 学以致用

某时尚女装网店面临流量瓶颈，通过一系列优化策略实现显著增长。团队通过深入分析热门关键词与长尾词，结合商品特性，打造吸引眼球且高度相关的标题，如"2023新款韩版修身连衣裙女夏装"，有效提高搜索曝光率。同时，采用高质量模特实拍图，突出商品亮点，如独特设计或面料质感，并添加吸引用户点击的创意文案，如"限时特惠，最后10件"。同时，确保主图清晰无水印，加深用户第一印象，强调故事化营销，通过精美场景图搭配详细尺码表、面料说明及洗涤建议，增强用户购买信心，加入真实客户评价，以此提升转化率。另外在直通车方面，精准选取与商品高度匹配的关键词，设定合理出价，结合人群定向，提高广告投放效率。定期分析数据，调整出价与关键词组合，实现 ROI 最大化。经过这一系列优化，网店流量激增30%，转化率提升20%，成功打破流量瓶颈，实现销售额稳步增长。

结合上述案例，请你根据所学内容，帮助该时尚女装网店进一步提升流量。

**任务一：标题优化**

1.查找和挖掘关键词

通过关键词挖掘工具，能够找到热搜排名、搜索人气、点击人气、点击率、支付转化率等行业热词，并将这些热词作为优化标题的关键词。

2.排除无效关键词

通过企业或店铺对商品的定位，能够找出关键词与目标人群定位不相符，以及违反相关法律规定的违禁词并进行排除，这些词语不能出现在商品标题中。

3. 组合商品标题

企业或店铺在制作标题时，最好将商品卖点、买家需求关键词、促销关键词、评价关键词及其他关键词有效融合，方便买家搜索的同时提升消费体验。

4. 调整商品标题

通过观察商品访客流量情况，及时调整展现不精准的关键词。

### 任务二：主图优化

1. 了解买家需求

企业或店铺根据目标人群的年龄、性别、职业、消费层级和消费偏好来制作具有明确指向性的主图，这样能够收获更为精准的点击，对转化率的提升十分重要。

2. 突出商品卖点

企业或店铺通过卖点差异化展示，能够增加自身商品在同类商品中的竞争力，更有效地吸引买家的目光。

### 任务三：详情页优化

1. 目标人群定位优化

通过对企业或店铺卖家目标群体定位、目标群体画像以及商品特征的了解，能整理出完整的营销思路，并促成成交。

2. 商品展示优化

通过对企业或店铺商品展示的关注，了解到商品展示要具备一定的逻辑性和规律性，以买家购物的心理流程为基础进行优化。

3. 页面布局优化

通过对企业或店铺页面布局的了解，页面布局能够带给买家良好的视觉感受，还可以引导买家深入查看详情页信息。整体布局应该遵循统一整洁的原则，颜色和风格统一，版面整洁规范。

4. 加载速度优化

通过对企业或店铺网页加载速度的了解，网页加载速度能直接影响买家的购买体验，加载时间过长，会导致过高的跳失率。因此在制作详情页时，注意合理切图，保证流畅展现。

### 任务四：直通车优化

1. 创意优化

通过对直通车创意优化，能够了解直通车优化主要包括两个方面的内容，一是创意标题，二是创意图片。在进行标题优化时，标题内容需要覆盖核心关键词、表达商品卖点、表达促销点和具有阅读性。在优化图片时，创意图片必须清晰简洁、商品卖点提炼和目标人群需求。

## 2. 关键词优化

通过对直通车关键词进行优化,能够了解到删除关键词、拓展关键词、关键词涨价、关键词降价以及换匹配方式等关键词优化方式,关键词优化能帮助企业或店铺提高流量,降低推广成本。

# 模块五　销售绩效数据分析

## 学习目标

### ◇ 知识目标

1.理解影响客单价的关键因素，掌握多元化策略以有效提升客单价。

2.了解动销率的定义及其重要性，学会运用多种分析方法剖析动销率。

3.了解影响店铺盈利的多维度因素，包括但不限于商品成本、推广成本等，为制定盈利提升策略奠定坚实基础。

### ◇ 能力目标

1.能够熟练运用数据分析工具，基于店铺实时数据，独立完成商品客单价与动销率的深度分析，为经营决策提供数据支持。

2.能够综合考量市场趋势、成本结构、客户反馈等因素，制定并实施有效的盈利提升方案，提升店铺盈利水平。

### ◇ 素养目标

1.具备良好的法律意识，严格遵守商家数据保密、知识产权等法律法规，确保数据分析与应用的合法合规性，维护企业声誉与利益。

2.秉持公平公正公开的职业操守，诚信达成销售业绩与考核目标。

3.树立正确的义利观，平衡企业利益与社会责任，追求可持续的、有道德的商业增长。

## 学习导图

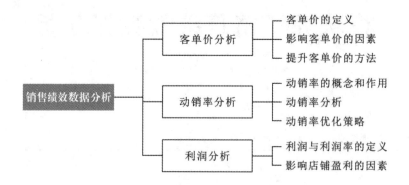

# 单元一　客单价分析

## 案例导入

小萌负责的农副商品店铺，通过操作一系列常规的运营手段，访客数直线上升。更重要的是店铺受到了访客的一致好评，回头客也相当多，短短几个月的时间，回头客就占到了购买量的51%，新访客的转化率也远高于平均水平。但是店铺的销售额却不尽如人意。

在访客量和转化率较稳定的情况下，小萌发现消费者成交的都是单件商品，客单价较低。在发现问题后，小萌决定使用关联营销的方法，为店铺商品都添加了搭配销售的套餐，套餐的推广信息除了在详情页中展示外，还安排店铺客服人员给客户主动推荐套餐，使得店铺商品的销量稳步上升，成功地提高了客单价，店铺的销售额也得到了增长。

店铺运营的最终目的就是实现店铺收益的最大化。要想实现店铺收益的最大化，店铺经营者就必须分析影响店铺销售额的因素，并且通过不断优化影响销售额的因素，提升店铺的利润收入。

[案例思考]
结合案例，思考并回答以下问题。
1.请思考影响店铺销售收益的核心因素是什么？
2.提升店铺客单价的方法有哪些？

## 一、客单价的定义

客单价即平均交易金额,是指每一位客户在一定周期内,平均购买商品的金额。

计算公式:

$$客单价=成交金额÷成交用户数$$

$$销售额=购买人数×客单价$$

例如,小萌的农副商品店铺在下午2点至3点与10位客户完成交易,销售额为1000元,其中有6位客户分别成交了1笔订单,2位客户各成交了2笔订单,2位客户各成交了3笔订单。那么,该店铺这个时间段内的客单价为平均每一位客户的交易额,即:1000元÷10位客户=100元/人。

从销售额的计算公式中可以看出,客单价是影响店铺盈利的重要因素之一。在流量相同的情况下,客单价越高,则销售额就越高。

## 二、影响客单价的因素

影响客单价的因素主要有商品定价、促销优惠、关联营销、购买数量等,如表5-1所示。

表5-1 影响客单价的因素

| 影响因素 | 具体影响 |
| --- | --- |
| 商品定价 | 商品定价的高低,基本上就决定了客单价的多少。在实际销售中,客单价一般在商品定价的一定范围内上下浮动 |
| 促销优惠 | 在大型促销优惠的过程中,客单价的高低取决于优惠的力度。除此之外,基于优惠力度的多少和包邮门槛的设置,对客单价也会产生影响。例如,店铺日常包邮门槛是299元,但在"双11"期间,设置的包邮门槛为199元,这样大部分的客户都会选择凑单,购买多件商品,这时的客单价相对于日常的客单价会有所提升 |
| 关联营销 | 关联营销起到了互相引流的作用。店铺一般会在商品详情页内推荐相关的购买套餐,同时也会加入其他商品的链接。现在的电商平台都会通过大数据的算法,在首页、搜索页、详情页、购物车页、订单页等页面中,推荐关联商品 |
| 购买数量 | 购买数量会因商品类目属性的不同而不同。不同定价的商品,客户花费的时间成本与操作成本也是不同的。所以,要想提高客单价,可以提高单个客户购物的种类,以及单个订单内商品的数量 |

## 三、提升客单价的方法

提升客单价最直接的方法就是要引导客户购买多件商品，主要方法包括为客户提供更多的附加服务、店铺促销活动、详情页关联营销和客户推荐商品。

### （一）提供更多的附加服务

通过设置一定的消费金额或是消费金额达到一定数值后，即可享受某种服务。例如，一些纪念用品可以提供"免费刻字"服务；一些需要安装的商品，可以策划"满多少金额，免费上门安装"的活动，或者"消费多少金额，提供多少日的免费维修服务"等。这些运营方式主要是通过提供更多的附加服务来吸引客户购买更多商品。

### （二）店铺促销活动

在店铺经常看到的"买1送1""2件8折、3件7折""第2件半价"等促销活动，这些都是店铺常用的促销活动形式。适当的优惠活动，容易激发客户的购买欲望，提升客单价。

例如，小萌的农副商品店铺在开展店庆活动时发布的优惠信息为，全场商品任意组合"2件9折，3件8折"，以此进行了商品活动组合数据预算，如图5-1所示。

| | A | B | C | D |
|---|---|---|---|---|
| 1 | 商品名称 | 客单价（元） | 成本（元） | 利润（元） |
| 2 | 土蜂蜜 | 99 | 29.7 | 69.3 |
| 3 | 银耳 | 119 | 35.7 | 83.3 |
| 4 | 燕窝 | 199 | 59.7 | 139.3 |
| 5 | 2件9折 | 268.2 | 89.4 | 178.8 |
| 6 | 土蜂蜜+燕窝 | | | |
| 7 | 2件9折 | 196.2 | 65.4 | 130.8 |
| 8 | 土蜂蜜+土蜂蜜 | | | |
| 9 | 2件9折 | 286.2 | 95.4 | 190.8 |
| 10 | 银耳+燕窝 | | | |
| 11 | 3件8折 | 333.6 | 125.1 | 208.5 |
| 12 | 木耳+土蜂蜜+燕窝 | | | |

图5-1 商品活动组合数据预算

通过预算数据可以看出，2件套餐和3件套餐活动大大提升了单笔订单的客单价，在提升客单价的同时，单笔订单的利润也得到了提升。

促销活动有很多种，每种促销方式可以获得的效果也会不一样，所以店铺要想通过促销活动取得好的效果，就要提前对促销活动进行选择。

例如，店铺的香菇干商品的定价为29.99元，商品成本为15元，小萌为了提升店铺的客单价，预备设置满×件包邮和第×件×折两种促销方式，现在要对两种促销方式获利的情况进行对比，确定获利最优的促销活动。

1. ×件包邮

要想通过"×件包邮"活动提升客单价，首先需要预测出店铺能承受的邮费成本和店铺能接受的最大的打折力度，还需要核算出店铺的最大客单价与客户接受度的平衡点。

例如，设置满×件包邮的促销活动，店铺能承受的邮费成本是10元/单。小萌统计了不同的促销方式与成交转化率，如图5-2所示。

| | A | B | C | D | E | F |
|---|---|---|---|---|---|---|
| 1 | 促销方式 | 人均购买笔数（笔） | 客单价（元） | 成交转化率 | 总成本（元） | 利润（元） |
| 2 | 1件包邮 | 1 | 45 | 95.16% | 33 | 12 |
| 3 | 2件包邮 | 1 | 90 | 68.23% | 56 | 34 |
| 4 | 3件包邮 | 1 | 135 | 12.49% | 79 | 56 |
| 5 | 3件以上包邮 | 1 | >180 | 9.56% | >102 | >78 |

图5-2 ×件包邮的客单价与成交转化率的关系

包邮提升客单价法最重要的是要考虑到店铺的最大客单价与成交转化率之间的关系。从图5-2中，可以作出如下分析。

2件包邮为该店铺的最大客单价与客户接受度的平衡点。除此之外，还需要考虑邮费成本问题。从店铺能承受的邮费角度来分析，客户能承担的平均邮费是10元/单，但是店铺的客户来自全国各地，而部分偏远地区，如青海、新疆、西藏等地的邮费偏高。店铺在包邮之前需要考虑偏远地区的邮费问题，不能为了提升客单价而盲目包邮促销。

2. 第×件×折

店铺为了利用多种促销方式提升人均购买笔数，又制定了另外一种促销方式，即第×件×折，第1件原价，客单价为45×1=45元；第2件8折，即两件衣服的客单价为45+45×0.8=81元，依此类推，分别求出第三件和第四件衣服的客单价，如图5-3所示。

| | A | B | C | D | E | F |
|---|---|---|---|---|---|---|
| 1 | 促销方式 | 人均购买笔数（笔） | 客单价（元） | 成交转化率 | 总成本（元） | 利润（元） |
| 2 | 第1件原价 | 1 | 45 | 41.25% | 23 | 22 |
| 3 | 第2件8折 | 1 | 81 | 82.23% | 46 | 35 |
| 4 | 第3件7.5折 | 1 | 123.75 | 18.01% | 69 | 54.75 |
| 5 | 第4件7折 | 1 | 166.5 | 6.24% | 92 | 74.5 |

图5-3 第×件×折的客单价与成交转化率的关系

从图5-2、图5-3的对比中可以得出如下结论。

（1）从客单价方面分析，包邮促销活动的客单价高于打折促销活动的客单价。

（2）从成交转化率方面分析，店铺采取"第1件原价"的促销方式时，包邮促销成交转化率高于打折促销，店铺采取"第2件8折"的促销方式时，打折促销明显高于包邮促销；

（3）从利润方面分析，店铺采取"第1件原价"的促销方式，打折促销高于包邮促销。

#### 3. 提供SKU销售套餐

在提供优惠套餐时，要根据店铺人群属性提供不同的套餐，为客户提供多种不同的选择。通过SKU销售套餐，可以有效地提高每笔单价，从而提高客单价，如图5-4所示。

图5-4　店铺为商品设计的多种套餐

### （三）详情页关联营销

适当地将互补的商品搭配起来关联销售。例如，经营服装的店铺，将衬衣和裤子搭配好进行展示，当客户在购买其中任意一种商品时，同时看到模特身上穿的关联商品，就可能对搭配商品产生兴趣。这种营销方式不仅减少了客户自主搭配的烦恼，提高了客户的购物体验，还可以提高客单价。

### （四）客服推荐商品

客服推荐商品是提高客单价的一个非常重要的方式。客服可以通过沟通来直接影响客户的购买决策，通过优质合理的推荐，提高客单价。例如，经营咖啡的店铺，客户在第一次购买商品时会很愿意倾听客服的推荐，从而主动购买更多的相关商品。

扫一扫二维码，在线观看教材配套的动画"提升客单价的方法"。

## 拓展学习

### 销售数据采集

在网店运营过程中会产生大量的销售数据，企业需要根据这些销售数据，并结合市场变化，制定销售目标和调整销售策略。

一、销售数据采集指标

网店销售数据分析的核心指标分别是订单量、销售额、成交量等交易数据，以及响应时长、咨询客户数、询单转化率等服务数据。

二、销售数据采集实施

（一）交易数据采集

结合交易数据采集需求，以及进行数据分析所需要的核心数据指标，制作网店销售数据采集表，如表5-2所示。

表5-2 网店销售数据采集表

| 订单日期 | 订单号 | 商品名称 | 商品规格 | 商品单价 | 商品数量 | 折扣率 | 实际收款 | 交易状态 | 买家ID | 收件人 | 联系电话 | 收件地址 | 快递 |
|---|---|---|---|---|---|---|---|---|---|---|---|---|---|
|  |  |  |  |  |  |  |  |  |  |  |  |  |  |
|  |  |  |  |  |  |  |  |  |  |  |  |  |  |
|  |  |  |  |  |  |  |  |  |  |  |  |  |  |
|  |  |  |  |  |  |  |  |  |  |  |  |  |  |
|  |  |  |  |  |  |  |  |  |  |  |  |  |  |

在网店后台"交易管理"板块可以查看到网店的销售数据。大部分第三方平台也提供了交易订单的下载功能，数据采集人员可以在"交易管理"板块对所需的订单信息进行下载整理。以淘宝店铺为例，登录千牛卖家工作台，在"交易"－"已卖出的宝贝"页面中，可以查看店铺的订单数据。数据采集人员可以利用订单筛选功能，筛选所需要的订单，如图5-5所示。

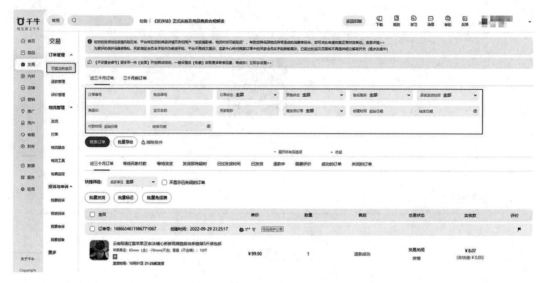

图 5-5　淘宝店铺订单交易明细

（二）服务数据采集

销售服务数据主要围绕客服岗位展开，其中响应时长数据需要平台所使用的在线咨询工具具备该数据统计功能，而咨询人数和咨询转化等数据则可以通过客服工作人员每日、每周工作报表进行采集。以淘宝的生意参谋为例，在"服务"－"核心监控"页面，可以查看客服人员的接待响应、个人销售等，可以进行平均响应时长、接待咨询人数、咨询转化率等数据采集，如图5-6所示。

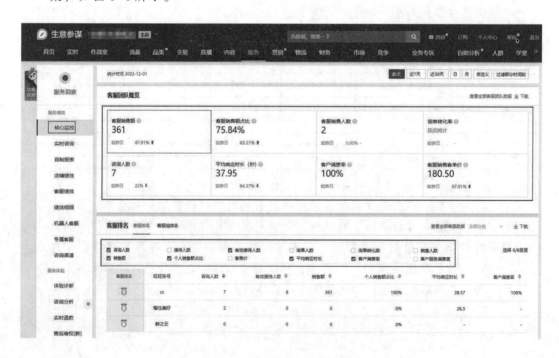

图 5-6　生意参谋客服销售数据

## 职业视窗

随着互联网技术的飞速发展,数字商务已成为现代社会经济的重要组成部分,网店作为数字商务的重要载体,其销售人员的职业道德与职业素养直接影响着企业的形象、客户满意度及市场竞争力。

一、诚信经营

诚信是商业活动的基石,对于网店销售人员而言,诚信经营意味着在商品描述、价格标示、促销活动等方面必须做到真实、准确、无误导。不夸大商品效果,不隐瞒商品缺陷,确保客户在购买前能获取全面、真实的信息。同时,在交易过程中要信守承诺,按时发货,提供优质的售后服务,以赢得客户的信任与好评。

二、客户至上

客户是网店生存与发展的根本。销售人员应始终将客户需求放在首位,积极倾听客户意见,耐心解答客户疑问,为客户提供个性化、专业化的购物建议。在处理客户投诉时,要保持耐心和同理心,迅速响应并妥善处理,确保客户满意度最大化。通过优质的服务,建立并维护良好的客户关系,促进客户的复购与口碑传播。

三、专业素养

专业素养是网店销售人员必备的能力之一。这包括深入了解所售商品的特点、功能、使用方法及行业趋势;熟悉电子商务平台的操作规则、促销策略及物流配送流程;掌握基本的营销技巧、客户服务技巧及问题解决能力。通过不断提升自己的专业知识和技能,销售人员能够更加自信地为客户提供专业建议,促进销售成交。

四、团队合作

网店销售往往是一个团队协作的过程。销售人员需要与销售部门、客服部门、物流部门等多个部门紧密合作,共同推动销售业绩的提升。因此,良好的团队合作精神是销售人员必备的素养之一。销售人员应积极参与团队活动,尊重团队成员的意见和建议,共同解决问题,为实现团队目标贡献力量。

五、保密意识

在电商领域,客户信息、交易数据等敏感信息的安全至关重要。销售人员应具备强烈的保密意识,严格遵守企业的保密制度,妥善保管客户信息,不泄露给第三方。同时,在处理敏感信息时要谨慎行事,确保信息安全。

# 单元二　动销率分析

## 案例导入

某知名连锁超市近期面临销售增长乏力的挑战，尤其是非生鲜类商品的库存积压问题日益凸显，影响了资金周转率与客户满意度。为了改善这一状况，超市管理层决定深入分析动销率，并据此制定提升策略。

首先，超市通过POS系统收集了过去三个月内所有商品的销售数据，包括销售量、销售额、库存量及上架时间等关键信息。基于收集的数据，超市计算出各类商品的动销率。通过对比，发现非生鲜类商品的动销率低于行业平均水平。

针对低动销率商品，超市进行了深入的市场调研和内部审查。发现原因主要包括商品定位与市场需求不匹配、陈列位置不佳，导致客户关注度低、促销策略缺乏吸引力，以及供应链管理上的滞后等。制定了以下策略进行优化：淘汰长期零动销或动销率极低的商品，引入更符合市场需求的新品；根据商品特性和客户购物习惯，优化商品陈列，提高客户视线触及率；针对低动销商品设计吸引客户的促销方案，如捆绑销售、限时折扣等；与供应商紧密合作，确保商品供应的时效性与多样性，减少因缺货导致的销售损失。

策略实施后，超市建立了动态监控机制，定期评估动销率变化情况，并根据反馈及时调整策略。经过三个月的努力，超市的非生鲜类商品的动销率显著提升，库存积压问题得到有效缓解，资金周转速度加快，同时客户满意度也有所提升，带动了整体销售业绩的增长。

[案例思考]

结合案例，思考并回答以下问题。

1.在动销率分析时，除了销售量和库存量，还有哪些因素应纳入考虑范畴？

2.该超市生鲜类商品和非生鲜类商品的动销率不同，如何平衡两者之间的库存管理，以避免过度依赖少数热销商品带来的风险？

## 一、动销率的概念和作用

### （一）动销率的概念

动销率是一个比值，是指店铺中有销售的商品的品种数与店铺所有商品总品种数的比率。一般按照月度进行商品动销率的评估，主要用来评估店铺经营商品的销售情况，是评价店铺经营商品结构的贡献效率的指标。

计算公式为：

$$商品动销率=动销品种数量÷店铺总品种数量×100\%$$

动销率不是看具体的某款商品的销量，而是看店铺中有多少款商品有销量。例如，店铺中有100款商品，其中20款有销量，那么店铺的动销率为20%；如果有50款商品有销量，则动销率为50%。动销率反映了商品销售品种的有效性。一般情况下，动销率越高，有效商品的种类越多；反之，则无效的商品种类相对较多。

## （二）动销率分析的重要作用

动销率分析不仅是评估商品销售效率和市场响应的关键指标，还直接关系到企业的库存优化、销售策略、经营质量以及风险管理。

### 1. 商品管理与库存优化

动销率是衡量商品销售效率和市场需求的重要标尺。通过动销率分析，企业可以了解哪些商品销售情况良好，哪些商品存在库存积压问题。基于这些数据，企业可以作出相应的库存调整策略，如增加畅销商品的进货量，减少滞销商品的库存，从而提高库存周转率，减少资金占用。

### 2. 销售策略制定

动销率分析对于销售策略的制定也至关重要。通过比较不同商品、不同时间段、不同区域的动销率，企业可以识别出销售热点和潜力市场，进而调整销售策略，如加大市场推广力度、优化商品陈列、开展促销活动等。此外，动销率分析还可以帮助企业评估促销活动的效果，从而优化未来的营销策略。

### 3. 经营质量评估

动销率的高低不仅反映了商品的畅销程度，还间接反映了企业的经营质量。一般来说，动销率越高，说明企业的商品组合和市场需求匹配度越高，销售策略越有效。因此，企业可以通过动销率分析来评估自身的经营质量，并据此制定相应的改进措施。例如，针对动销率较低的商品，企业可以通过优化商品设计、提升商品品质、加强售后服务等方式来提高其动销率。

### 4. 风险管理

动销率分析还有助于企业进行风险管理。通过监控动销率的波动情况，企业可以及时发现潜在的市场风险和经营风险。例如，当动销率突然大幅下降时，企业可能面临市场需求萎缩、竞争加剧等风险。此时，企业可以通过调整销售策略、优化库存结构等方式来应对风险，确保经营稳定。

## 二、动销率分析

商品动销率达到100%并不必然意味着经营处于最佳状态，同样，动销率未及100%也不绝对等同于商品滞销。动销率分析的结果多样，通常可归结为以下几种情景。

### （一）动销率超越100%的异象

动销率超越100%的现象揭示了在特定考察期内，实现销售的商品种类数竟超出了库存中的商品种类数，显然有悖常理。这往往指向了库存管理的疏漏，如严重缺货导致销售记录与实物库存脱节；商品因故停进停销，造成销售记录滞后；或是库存数据失真，存在所谓的"虚库存"，即实际有货而系统显示为无货，反之亦然。

### （二）动销率精准100%的表象与深因

表面上看，动销率精准100%显示了店铺商品种类的全面动销，满足了市场的广泛需求，并预示着商品结构尚有优化空间。然而，深入剖析，此现象可能隐藏了数据维护的疏忽或特定情境下的偶然。长期忽视对缺失商品种类的更新维护、热销商品持续缺货而未能及时补货，以及库存数据的虚增虚减，都是可能的原因。

### （三）动销率未及100%的常态与挑战

动销率未及100%是店铺运营中更为常见的现象，表明在特定时间段内，部分商品未能实现有效销售，即存在滞销情况。其背后原因多样，可能涉及商品结构的不合理性，如某类商品过剩而市场需求不足；同类商品间竞争激烈，未能形成差异化优势；商品引进与淘汰机制失衡，导致库存积压；以及库存数据的失真，特别是当系统显示有货而实际已售罄时，会误导销售决策。

总之，动销率作为衡量商品流通效率的重要指标，其数值变化需要结合实际情况进行深入分析，以准确诊断店铺运营中的问题，并据此采取针对性的改进措施，促进商品结构优化，提升整体运营效率。

## 三、动销率优化策略

### （一）动销率过高，或超出100%

对于动销率过高，甚至超出100%的商品类别，要加强对这些类别中商品缺货的管理，特别是一些畅销、常规商品和结构性商品的缺货管控。另外，对虚库存商品进行调整，保证数据的准确性。

## （二）动销率低于100%

当店铺的整体动销率都低于100%，而且还处于一个较低水平时，需要对店铺的滞销品进行管控和调整。

一是，加强对消费者习惯的数据分析，并进行消费心理调研，根据消费者的需求谨慎更新店铺中的新品种类。

二是，商家重新对滞销品进行分析处理，并且规划和制定新的营销策略。

三是，若确定某一类商品在数月内销量都是0，采取一定促销手段后依旧没有起色，则考虑下架该类商品。

只有积极逐个排查滞销商品，找到问题的原因并进行有效改善，才能降低商品的滞销率，提高动销率，让店铺库存商品保持快进快出的良性循环。

## 拓展学习

### 滞销品定义及分类

滞销品，顾名思义，是指那些因多重因素而未能赢得消费者青睐，从而导致销售停滞不前甚至彻底无成交记录的商品。这些商品往往承载着特定的市场挑战与库存压力，具体可分为以下几大类别。

一、长期销售低迷的淘汰型滞销品

长期销售低迷的淘汰型滞销品因市场需求持续疲软，即便经过营销策略调整仍难以焕发活力，最终面临被市场淘汰的命运。

二、更新换代下的退出型滞销品

随着技术进步或消费者偏好的快速变化，市场上涌现出性能更优、设计更新的替代品，导致原商品失去竞争力，且厂商已规划停产，进而成为滞销品。

三、新品失败遗留的积压型滞销品

企业在尝试引入新商品时，若市场调研不足、商品定位偏差或营销策略失误，可能导致新商品市场接受度低，最终转变为难以消化的滞销库存。

四、季节更迭中的过时型滞销品

季节更迭中的过时型滞销品常见于时尚、节日礼品等季节性强的商品领域，随着季节的更替，这些商品逐渐失去市场需求，成为仓库中的过时之物。

## 职业视窗

动销率作为企业运营管理中的关键绩效指标之一，是衡量商品销售效率和市场反应速度的重要工具。它反映了商品在一定时期内销售数量与库存数量的比例，直接关联到企业的库存周转率、资金占用率及最终盈利水平。为了准确、有效地进行动销率分析，需要多个部门之间的紧密合作与协同，以下是涉及的主要部门及其合作精神。

### 一、销售部门

销售部门直接面对市场，负责商品的销售和推广。他们提供的销售数据是动销率分析的基础。销售部门需要定期反馈商品销售情况，包括销量、销售额、客户反馈等，以便及时调整销售策略，提高动销率，与供应链部门沟通需求预测，与财务部门协同评估促销效果，确保销售数据与财务分析的一致性。

### 二、供应链管理部门

供应链管理部门负责库存管理、采购计划、物流配送等，直接影响商品的供应效率和库存水平。根据销售部门提供的销售数据和市场预测，调整库存结构，优化补货策略，减少滞销库存，提高库存周转率。在工作过程中，需要与销售部门紧密沟通，确保库存水平既满足销售需求又不过度积压；与物流部门协调，提高配送效率，缩短交货周期。

### 三、财务部门

财务部门主要负责成本核算、利润分析和资金管理，评估动销率对财务绩效的影响。通过财务数据分析，支持销售部门和供应链管理部门的决策，如评估促销活动的成本效益、制定库存成本优化方案等。财务部门需要与各部门共享财务信息，提供数据支持，确保资金使用的合理性和高效性，共同推动企业盈利增长。

### 四、市场部门

市场部门主要负责市场调研、品牌推广和营销策略制定，基于动销率分析结果，调整市场定位、商品策略和促销方案，提高商品的市场竞争力。市场部门需要与销售部门紧密配合，确保营销策略的有效实施，并与供应链部门沟通新商品开发计划，确保市场需求的快速响应。

### 五、信息技术部门

信息技术部门提供信息系统支持，确保数据的准确性和及时性。信息技术部门应该积极响应各部门的IT需求，提供技术支持和培训，助力企业数字化转型和智能化管理，开发或优化ERP、CRM等系统，为动销率分析提供高效的数据处理和分析工具，与其他部门合作，确保数据接口的顺畅和数据安全。

总之，动销率分析的成功实施离不开销售、供应链管理、财务、市场和信息技术等多个部门的协同合作与共同努力。各部门之间需要建立有效的沟通机制，共享信息，协调行动，共同推动企业运营效率的提升和市场竞争力的增强。

# 单元三 利润分析

## 案例导入

XYZ科技公司是一家专注于高端智能设备制造的高科技企业,近年来在全球市场上取得了显著增长。然而,随着市场竞争的加剧和原材料价格的上涨,该企业的利润率开始下滑,主要原因是成本控制不力,以及产品线单一导致的市场竞争力减弱。企业管理层意识到,必须通过创新和优化内部管理来提升利润率。

XYZ科技公司加大了研发投入,推出了多款具有行业领先技术的新产品,丰富了产品线,满足了不同客户的多样化需求。新产品凭借卓越的性能和独特的功能,迅速在市场上占据了一席之地,提升了销售额和毛利率。

XYZ科技公司对生产流程进行了全面梳理,通过引入先进的生产技术和自动化设备,降低了劳动力成本和生产过程中的损耗。同时,该企业加强了供应链管理,与供应商建立长期合作关系,确保原材料的稳定供应和价格优势。这些措施有效降低了总成本,提高了利润率。

XYZ科技公司积极开拓国内外市场,通过参加国际展会、举办产品发布会等方式提升品牌知名度。同时,加强与行业媒体和客户的沟通交流,建立了良好的品牌形象和口碑。市场拓展的成功进一步扩大了企业的销售规模,为利润率的提升提供了有力支撑。

经过一年的努力,XYZ科技公司的利润率实现了显著提升。销售额增长了30%,而总成本仅增加了15%,毛利率和净利率均实现了双位数增长。企业股价也随之上涨,市值大幅提升,吸引了更多投资者的关注。

[案例思考]

结合案例,思考并回答以下问题。

1. 在提升利润率的过程中,企业如何平衡研发投入与成本控制的关系?
2. 产品创新与品牌建设如何相互作用,共同促进企业利润率的提升?
3. 面对原材料价格波动等外部风险,企业应采取哪些措施来保障利润率的稳定性?

## 一、利润与利润率的定义

利润也称净利润或净收益,它是指包括收入与成本的差额,以及其他直接计入损益的利得和损失。如果用 $P$ 代表利润,$K$ 代表商品成本,$W$ 代表收入,那么利润的计算公式为:

$$P=W-K$$

利润率是指利润值的转化形式,是同一剩余价值量的不同计算方法。如果用 $P'$ 代表利润率,$K$ 代表商品成本,$W$ 代表收入,那么利润率的计算公式为:

$$P'=(W-K)\div K\times100\%$$

利润率分为成本利润率、销售利润率以及产值利润率,这里主要分析成本利润率。例如,小萌为了核算店铺2022年7—9月的利润,根据相关的数据指标进行了统计,如图5-7所示。

| | A | B | C | D | E | F | G |
|---|---|---|---|---|---|---|---|
| 1 | 日期 | 成交量(件) | 成交均价(元) | 成交额(元) | 总成本(元) | 利润(元) | 成本利润率 |
| 2 | 7月 | 1347 | 95.75 | 128975.25 | 21928.3 | 107046.95 | 488.17% |
| 3 | 8月 | 1210 | 96.19 | 116389.9 | 23468.1 | 92921.8 | 395.95% |
| 4 | 9月 | 1533 | 87.26 | 133769.58 | 26752.8 | 107016.78 | 400.02% |

图5-7 利润与利润率统计情况

从图5-7可以看出:在总成本变化不大的情况下,利润与成交量和成交均价相关。成本利润率越高,说明为获得相应的利润需要付出的代价越小,所以店铺要想获利更多,需要最大限度地提升成本利润率。

## 二、影响店铺盈利的因素

店铺的运营核心是盈利,影响利润的因素有两个,即总销售额和总成本。网店经营者要实现利润最大化,比较好的状态是提升总销售额、降低总成本,一般情况下经营者会通过降低总成本来增加店铺利润。

影响总成本的主要因素有商品成本、推广成本以及固定成本。下面分别对相关的影响因素进行深入分析。

### (一)商品成本

商品成本是经营总成本中的关键部分之一。企业在运营整个店铺的过程中,对成本进行预测、分析、决策和控制都是必不可少的工作内容。而在决策和控制成本时,首先需要结合店铺前期商品成本数据,对商品成本进行预测和分析。例如,小萌的店铺中80%的商品来自当地的批发市场,20%的商品从1688阿里巴巴采购批发网进货,那么店铺的商品成本构成比例,如图5-8所示。

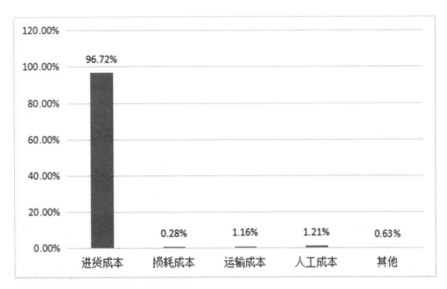

图5-8 商品成本的构成比例

该店铺最近一次的商品总成本为7938.23元,那么,两种不同的进货方式相对应的商品成本,如图5-9所示。

| | A | B | C | D | E | F |
|---|---|---|---|---|---|---|
| 1 | 进货渠道 | 进货成本（元） | 人工成本（元） | 运输成本（元） | 损耗成本（元） | 其他 |
| 2 | 当地的批发市场 | 6142.28 | 96.05 | 0 | 0 | 50.01 |
| 3 | 阿里巴巴 | 1535.57 | 0 | 92.08 | 22.23 | |

图5-9 两种不同进货方式的成本

1. 从当地的批发市场进货

（1）进货成本。
7938.23×96.72%×80%=6142.28（元）
（2）人工成本。
7938.23×1.21%=96.05（元）
（3）进货成本消耗率。
96.05÷6142.28×100%=1.56%

2. 从1688阿里巴巴采购批发网进货

（1）进货成本。
7938.23×96.72%×20%=1535.57（元）
（2）运输成本。
7938.23×1.16%=92.08（元）

(3) 损耗成本。

7938.23×0.28%=22.23（元）

(4) 进货成本消耗率。

（92.08+22.23）÷1535.57×100%=7.44%

对比两种不同的进货方式，可以总结出：从当地的批发市场进货的成本消耗率仅为1.56%，而从1688阿里巴巴采购批发网进货的成本消耗率高达7.44%。因此，企业可以减少在1688阿里巴巴采购批发网进货的比例。

## （二）推广成本

以小萌的淘宝农副商品店铺为例，最常用的付费推广方式，包括直通车、淘宝客和钻石展位。为了进行推广成本分析，小萌对店铺近30天的付费推广的成本、成交额、利润以及成本利润率等数据指标进行了统计，如图5-10所示。为了便于数据分析，小萌以成本、成本利润率为数据源，对数据进行了可视化操作，如图5-11所示。

|   | A | B | C | D | E |
|---|---|---|---|---|---|
| 1 | 推广渠道 | 成本（元） | 成交额（元） | 利润（元） | 成本利润率 |
| 2 | 直通车 | 341.53 | 579.46 | 237.93 | 69.66% |
| 3 | 淘宝客 | 155.49 | 263.15 | 107.66 | 69.23% |
| 4 | 钻石展位 | 497.86 | 572.81 | 74.95 | 15.05% |
| 5 | 其他 | 89.21 | 117.39 | 28.39 | 31.89% |

图5-10　不同推广方式的成本利润率

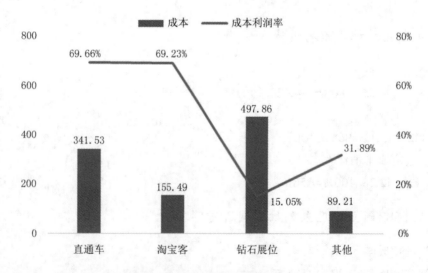

图5-11　推广成本和成本利润率

结合图5-10、图5-11，综合分析可以得出如下结论。

### 1.从成本方面分析

成本最高的是钻石展位,其次是直通车、淘宝客,最后是其他推广方式。

### 2.从成本利润率方面分析

成本最高的是钻石展位,但其成本利润率却最低;直通车和淘宝客的成本相对较低,但是成本利润率较高。

根据统计的结果,需要对店铺的推广方式进行相应的调整。首先,可以降低钻石展位的推广成本;其次,可以增加直通车和淘宝客的推广成本,重点需要关注淘宝客;最后,还可以适当地增加其他推广方式的成本。

## (三)固定成本

固定成本,也称"固定费用",成本总额在一定时期和一定业务量范围内的,不受其业务量的增减变动的影响,可以说不受其影响或影响不大。对于店铺而言,固定成本主要包括场地租金、员工工资、网络信息费以及设备折旧费。例如,店铺现有2名客服、1名美工、1名数据运营人员,管理者需要对店铺2022年7—9月的固定成本进行数据统计分析,结果如图5-12所示。

| | A | B | C | D | E | F |
|---|---|---|---|---|---|---|
| 1 | 月份 | 场地租金(元) | 员工工资(元) | 网络信息费(元) | 设备折旧费(元) | 合计(元) |
| 2 | 7月 | 6000 | 32000 | 180 | 856.38 | 39036.38 |
| 3 | 8月 | 6000 | 31600 | 180 | 370.42 | 38150.42 |
| 4 | 9月 | 6000 | 35800 | 180 | 416.66 | 42396.66 |

图5-12 店铺固定成本数据统计

根据店铺固定成本数据分析情况,可以得出如下结论。

第一,场地租金和网络信息费是基本固定不变的,员工工资和设备折旧费会有小幅度的变动。

第二,折旧设备的成本是固定成本中的基础成本之一,所以尽可能降低人为损坏率,这在一定程度上也能降低设备折旧费。

第三,员工工资与成交额紧密相关,员工工资越高表示店铺的成交额越高,所以需要充分调动员工的工作积极性,制定合理且完善的KPI绩效考核制度。

## 拓展学习

### 店铺盈利能力分析方法

店铺盈利能力分析中,常见方法包括比较分析法、趋势分析法和比率分析法。

一、比较分析法

比较分析法是将店铺的盈利能力与同行业的其他店铺进行比较，从而评估店铺的盈利能力。比较分析法的优点是简单易行，缺点是受到同行业店铺的影响，不能全面反映店铺的盈利能力。比较分析法的具体分析维度如下。

（一）横向比较分析

横向比较分析是将同一时间点的不同店铺的数据进行比较。通过横向比较不同店铺的盈利能力指标，可以了解店铺在同一时间点上相对于竞争对手的优势和劣势。

（二）纵向比较分析

纵向比较分析是将同一店铺不同时间点的数据进行比较。通过纵向比较店铺在不同年度的盈利能力指标，可以了解店铺的成长和发展情况。这种分析方法可以观察店铺盈利能力的趋势以及不同经营决策对盈利能力的影响。

二、趋势分析法

趋势分析法是将店铺的盈利能力与历史数据进行比较，从而评估店铺的盈利能力的变化趋势。趋势分析法的优点是能够反映店铺的盈利能力的变化趋势，缺点是不能反映店铺的盈利能力与同行业店铺的差异。趋势分析法的具体分析维度如下。

（一）简单趋势线分析

简单趋势线分析是通过绘制盈利能力指标随时间变化的曲线，观察曲线的趋势和变化。这可以帮助识别盈利能力的增长或下降趋势，以及是否存在周期性或季节性的波动。

（二）移动平均线分析

移动平均线分析是通过计算一段时间内盈利能力指标的平均值，来观察盈利能力的长期趋势。常用的移动平均线包括简单移动平均线（SMA）和指数移动平均线（EMA）。移动平均线分析可以平滑盈利能力指标的波动，提供更清晰的趋势判断。

（三）季节性调整分析

季节性调整分析是用于识别和排除季节性因素对盈利能力指标的影响。通过去除季节性因素，可以更准确地观察到盈利能力的长期趋势和真实的变化情况。

（四）年度增长率分析

年度增长率分析用于计算盈利能力指标在不同年度之间的增长率。这可以帮助衡量店铺盈利能力的年度增长速度，并比较不同年度之间的差异。

三、比率分析法

比率分析法是将店铺的盈利能力指标进行比较和分析，从而评估店铺的盈利能力。比率分析法具体分析的内容包括对毛利润率、净利润率、资产回报率、投资回报率等比率的分析。比率分析法的优点是能够全面反映店铺的盈利能力，缺点是需要对多个指标进行分析，比较复杂。

## 职业视窗

商家在追求经济利益（利）的同时，必须坚守道德规范和社会责任（义），实现义与利的和谐统一。这种观念不仅有助于店铺的长期稳定发展，还能提升品牌形象，赢得消费者的信任和支持。

一、义利观的核心内容

（一）见利思义

商家在经营过程中，面对利益诱惑时，应首先思考这种利益是否符合道德规范和社会责任。只有符合道义的利益，才是值得追求的。

（二）义以生利

商家应认识到，遵守道德规范和社会责任，不仅能够赢得消费者的信任，还能带来长远的经济利益。良好的商誉和品牌形象是店铺最宝贵的无形资产。

（三）诚信经营

诚信是商业活动的基石。商家应确保商品质量可靠、价格合理、服务周到，不欺诈、不虚假宣传，以诚信赢得市场。

二、店铺运营中的具体实践

（一）保证商品质量

商家应严格把控商品质量关，确保所售商品符合国家相关标准和消费者需求。对于存在质量问题的商品，应及时下架并妥善处理消费者投诉。

（二）合理定价

商家应根据商品成本、市场需求和竞争状况等因素，合理制定商品价格。避免价格欺诈和恶意竞争，维护市场秩序和消费者权益。

（三）优化服务体验

商家应不断提升服务质量，为消费者提供便捷、高效、贴心的购物体验。通过完善售后服务体系、加强员工培训等方式，提高消费者满意度和忠诚度。

（四）履行社会责任

商家应积极履行社会责任，关注环境保护、公益事业等社会问题。通过参与公益活动、推广绿色消费等方式，提升品牌形象和社会影响力。

（五）加强自律监管

商家应建立健全内部管理制度和自律机制，加强对员工行为的监管和约束。对于违反道德规范和社会责任的行为，应严肃处理并公开道歉。

总之，商家可以通过保证商品质量、合理定价、优化服务体验、履行社会责任和加强自律监管等方式来实践正确的义利观。只有这样，才能在激烈的市场竞争中立于不败之地并实现可持续发展。

## 温故知新

**一、单项选择题**

1.以下说法正确的是（　　）。

A.客服可以通过沟通来直接影响客户的购买决策，通过优质合理的推荐，提高客单价

B.客服的推荐对于客单价影响不大

C.在流量相同的情况下，客单价越低，销售额就越高

D.关联营销可以增加商品销售数量，但对客单价提升没有帮助

2.电子商务常见的数据来源渠道主要有内部数据和外部数据，以下属于外部数据的是（　　）。

A.店铺后台订单系统　　　　　　　　B.企业自己的ERP

C.360趋势　　　　　　　　　　　　D.浏览量

3.在特定考察期内，当实现销售的商品种类数超出了库存中的商品种类数时，会出现的情况是（　　）。

A.动销率超越100%　　　　　　　　B.动销率等于100%

C.动销率为50%　　　　　　　　　　D.动销率为0%

**二、多项选择题**

1.影响客单价的因素是（　　）。

A.商品定价　　　　　　　　　　　　B.促销优惠

C.商品的关联营销　　　　　　　　　D.购买数量

2.爆款商品的表现形式是（　　）。

A.高流量　　　　　　　　　　　　　B.高曝光量

C.高成交转化率　　　　　　　　　　D.高客单价

3.动销率分析不仅是评估商品销售效率和市场响应的关键指标，还直接关系到企业的（　　）。

A.库存优化　　　　　　　　　　　　B.销售策略

C.经营质量　　　　　　　　　　　　D.风险管理

4.影响店铺盈利的因素（　　）。

A.商品成本　　　　　　　　　　　　B.推广成本

C.固定成本　　　　　　　　　　　　D.总销售额

**三、判断题**

1.为了避免客户产生抵触心理，关联推荐只能选择与客户购买商品功能相似的商品。（　　）

2.消费者的消费层次是相对固定的，不会对商品的市场价格产生影响。（　　）

3.利润是指包括收入与成本的差额,以及其他直接计入损益的利得和损失。利润也被称为净利润或净收益。(    )

4.咨询转化率的变化对店铺的销售额是没有影响的。(    )

### 学以致用

某时尚女装网店,专注于中高端女性服饰销售,凭借独特的设计风格与良好的市场定位,在电商平台迅速崛起。为进一步提升经营效率与竞争力,该网店进行了全面的销售绩效分析。

通过数据分析发现,本季度平均客单价较上季度增长了15%,主要得益于新品高单价系列的热销及有效的捆绑销售策略。然而,也注意到部分低价引流商品未能有效带动高客单价商品的连带销售,未来需要优化商品组合与推荐算法,提升整体客单价水平。

转化率较上季度提升了3个百分点,达到4.5%。分析显示,提升主要源于店铺装修升级,特别是首页视觉设计的优化和商品详情页的详尽介绍,增强了客户购买欲望。同时,个性化推荐系统的引入也有效提升了用户体验,促进了转化。但移动端转化率仍低于PC端,需要继续优化移动端购物体验。

本季度商品动销率达到80%,表明大部分商品均能有效触达并吸引消费者购买。但仍有20%的商品动销率低,存在库存积压风险。针对这部分商品,计划采取促销策略、调整定价或重新定位,以激活销售。同时,加强商品生命周期管理,确保新品快速上架,老品适时退出。

综合成本与收入,本季度净利润率达到了18%,较预期高出2个百分点。利润增长主要得益于销售额的提升及成本的有效控制。特别是供应链管理的优化,降低了采购成本与物流费用。然而,营销投入的增加也压缩了部分利润空间,未来需要平衡营销投入与ROI的关系。

基于上述分析结果,网店对销售团队进行了绩效评估与调整。对表现优异的销售团队和个人给予了奖励,并分享成功经验;同时,针对转化率、动销率等关键指标不达标的团队,制定了具体的改进计划与培训方案。此外,引入了更科学的KPI考核体系,将团队业绩与个人成长紧密挂钩,激发团队整体战斗力。

结合上述案例,请你根据所学内容,讨论和思考以下问题。

### 任务一:客单价和转化率分析

1.如何进一步细化商品分类,以便更精准地提升不同类别商品的客单价与转化率?

2.在数字商务日益重要的今天,如何更有效地提升用户体验,以促进转化率的提升?

**任务二：动销率分析**

1.面对库存积压问题，除了促销策略外，还有哪些创新方法可以有效解决并预防？

2.怎样应用数字化工具提升商品动销率，其实际效果如何评估？

**任务三：销售利润和绩效考核**

1.如何平衡营销投入与效果，确保在不损害利润的前提下，达到最大化营销效果？

2.在销售团队绩效考核中，如何平衡短期销售目标与长期品牌发展之间的关系？

# 模块六　客户关系数据分析

## 学习目标

### ◇ 知识目标

1. 了解服务质量评价指标，熟悉客户服务综合素质提升的方法，认识客户服务沟通的重要性并掌握客户服务沟通技巧。
2. 了解客户特征分析的维度和作用，理解并熟悉客户特征分析的过程与方法。
3. 掌握客户价值分析的方法，特别是对RFM分析模型的理解，掌握精准识别不同价值层级客户的技巧。

### ◇ 能力目标

1. 能够根据企业实际情况，设计合理的服务质量评价标准，并有效运用这些标准对客户服务质量进行量化评估与持续改进。
2. 能够根据业务需求与市场环境，准确识别客户群体的特征，为制定有针对性的客户关系管理策略提供依据。
3. 能够熟练运用数据分析工具与方法，对客户数据进行深入挖掘与分析，精确区分客户价值层级，创新性地运用RFM分析模型设计差异化运营策略。

### ◇ 素养目标

1. 具备对数据的敏感性和洞察力，善于运用数据分析结果指导客户服务的优化与创新，实现服务质量的持续提升。
2. 具备深刻理解客户是企业生存与发展基石的意识，始终将满足客户需求、提升客户体验放在首位，通过优质的服务赢得客户的信任与忠诚。
3. 在客户数据收集、分析与应用的过程中，严格遵守相关法律法规与道德准则，确保客户数据的安全与隐私不受侵犯。

## 学习导图

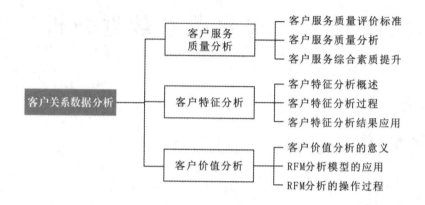

# 单元一 客户服务质量分析

## 案例导入

某水饺品牌最初凭借鲜香的口味赢得了当地居民的一致好评,迅速占领了当地的线下市场。于是,品牌创始人准备进一步拓宽市场,想要制作半成品水饺并通过电商平台销往全国各地。但是,由于一开始运作流程生疏,客户认为该品牌服务质量不佳,从而导致品牌口碑有所下滑。

为了进一步提升服务质量,使全国各地的客户都能尝到美味的水饺,感受到企业的真挚服务,该水饺品牌通过调研分析,在食品制作流程方面制定了一套严格的标准。比如,制作水饺馅料的初加工部有九道操作工序,厨房部有八道操作工序,员工在制作过程中需要及时填写馅料流程卡和半成品保质期流程卡。包饺部有十四道操作工序,每道工序均有质量检验标准,比如每个水饺须为手工制作,一张饺子皮的直径为8厘米,12个包好的饺子重量不低于240克等。同时,该品牌还对网店客户服务人员进行各项专业技能培训,并制定相应的考核标准。

通过对各项客户服务流程的不断优化完善,客户也逐渐认可该品牌产品品质及服务质量,回购率越来越高。

[案例思考]
结合案例,进行分析,并完成以下问题。
1.客户服务质量的重要性是什么?
2.如何才能提高客户服务质量?

# 一、客户服务质量评价标准

## (一) 服务质量

服务质量是指在消费过程中,客户对企业所提供的服务水平及能力的主观感受与评价。服务质量作为客户的直接感知对象,需要被客户识别,并且能够得到客户的认可。如果客户对服务的感知水平与预期一致或者高于预期,就会感到满意,并认可企业的服务质量;如果客户对服务的感知水平低于预期,就会感到失望,并对企业的服务质量感到怀疑。计算公式可以表述为:

服务质量=客户预期服务质量-客户感知服务质量

通常情况下,客户主要是从技术性与功能性两个层面来感知服务质量的。

### 1. 技术性质量

技术性质量是指对服务结果的评价,即客户从服务过程中所能得到的真实体验与感受,比如列车的整洁度、座位的舒适度等。技术性质量基本取决于客户对客观实际物体使用后的直接感受,便于客户感知与评价。一般而言,技术性质量能够满足客户基本需求的程度越高,客户对其评价也会越高;反之越低。

### 2. 功能性质量

功能性质量是指对服务过程的评价,即在服务推广过程中,客户对服务人员履行职责时的行为、态度、仪表等方面的直观感受。功能性质量主要取决于客户的主观心理体验,受到客户的个性、知识、行为方式、消费特点等多方面因素的影响,因此难以形成客观的评价。

## (二) 服务质量的评价指标

客户对服务质量进行评价时,不仅包括对服务结果的评价,而且也包括对服务过程的评价。一般而言,服务质量的评价指标主要包括以下几项内容。

### 1. 有形性

有形性是指服务被感知的部分,也就是服务传递的媒介,比如餐厅的桌椅等各类提供服务作用的设施。由于服务本身不具有实体性,难以被客户客观感知。客户对服务质量进行评价时,也通常是借助主观心理以及可感知的有形部分,以此来把握服务的实质。因此,规范服务流程,优化服务的技术性质量,在一定程度上可以提升客户享受服务的体验感,从而有利于服务质量评价的提高。

### 2. 可靠性

可靠性是指提供服务的企业能够自觉履行并落实对客户作出的各项承诺。客户能够选择某企业，说明对该企业存有基本信任。如果企业能够在合作过程中，以客户为中心，切实履行服务承诺，尽力维护客户的最大权益，这样不仅可以提升客户对企业的信赖度，使客户全面感受到企业提供的优质服务，增强客户对企业的信心，而且有利于企业良好形象的树立，可以进一步帮助企业扩大品牌影响力，提升企业经济效益。

3. 响应性

响应性是指服务效率，也就是企业面对客户反映问题的处理效率。响应性包括两方面的内容，一是处理时间的长短，二是处理结果的质量，它是客户衡量服务质量优劣的一个重要标准。当客户在消费过程中遇到问题时，企业需要具备快捷、高效的处理能力，针对客户问题及时给出明确的处理结果。客户等候服务时间越短，对处理结果的满意度越高，说明企业的服务质量越高。客户等候服务时间越长，得到的处理结果满意度越低，说明企业的服务质量越低。

4. 保证性

保证性是指服务人员专业的服务态度及处理问题的能力。服务人员的亲和力越高，服务态度越好，会让客户感到心情轻松愉悦，从而促进客户好感度上升。另外，服务人员处理问题的能力能够充分展现出自身在该领域的专业度。服务人员对该领域知识的了解程度越深，专业度越高，就能更加及时地针对客户问题提出有效处理意见。客户问题得到高效、专业的解答之后，在一定程度上可以提升客户体验感，增强客户对企业服务质量的信心。

5. 移情性

移情性是指企业及服务人员能够以客户为中心，设身处地为客户着想，竭尽全力地满足客户需求。移情性要求服务人员具备换位思考、人性关怀的职业素养，能够建立起与客户之间的情感链接，给予客户充分的包容、关注、尊重与理解，加强与客户之间的交流，深入了解客户需求及痛点，灵活应对各类突发状况，及时帮助客户处理解决问题，使客户能够充分感受到企业对他们的重视，从而使客户对企业产生信赖感、归属感。

## 二、客户服务质量分析

### （一）客户服务质量分析的价值

掌握客户服务质量评价标准，深入开展客户服务质量分析，对企业客户服务管理具有极其重要的意义。客户服务质量分析的价值主要体现为以下几点。

1. 增强客户服务，提升客户体验

对客户服务人员服务质量进行分析评价，有利于企业进一步优化客户服务质量。提升客户服务体验，可以帮助企业有针对性地优化并完善营销方案。

### 2. 助力客服KPI考核,加强内部运营管理

根据企业运营需求,合理制定客户服务人员考核标准,对客户服务人员的行为规范作出考核评价,可以有效提升客户服务人员的专业技能素养,激发客户服务人员工作的热情,从而有利于企业服务质量的全面提升,推动企业良性发展。

### 3. 获得有价值的信息,支撑客户服务建设

通过对客户服务质量的全面分析,企业可以及时掌握服务过程中存在的不足,从而有针对性地采取有效优化措施,不断完善客户服务体系。另外,通过客户服务质量分析,企业也可以从中发现客户的新需求,从而可以及时制定应对策略,进一步提升客户服务质量,提高客户满意度。

## (二)客户服务质量分析的流程

以下以某淘宝店铺为例,阐述客户服务质量分析的流程。

### 1. 查看近期店铺服务情况数据

某淘宝店铺近30天的服务数据如图6-1所示,其中近30天纠纷率为0.02%,高于行业均值,淘宝介入处理退款8笔,占总退款2.90%。

| 店铺30天内服务情况 | 本店值 | | 行业均值 |
|---|---|---|---|
| 平均退款速度: | 1.81天 | 小于 | 3.14天 |
| 近30天退款率: | 3.40% | 小于 | 8.03% |
| 近30天纠纷率: | 0.02% | 大于 | 0.01% |
| 近30天处罚数: | 0次 | 小于 | 1.02次 |

近30天纠纷退款1笔
- 淘宝介入处理退款8笔,占总退款2.90%
- 淘宝介入处理且判买家责任的退款7笔
- 淘宝介入处理且判卖家责任的退款1笔

纠纷退款:淘宝介入处理且判为卖家责任的退款。

图6-1 某淘宝店铺30天内服务情况

### 2. 对异常数据指标进行采集处理

该店铺针对网店纠纷率出现原因进行了数据化统计,其中售后服务环节出现纠纷率高达97.25%,如图6-2所示。

### 3. 异常数据分析

该店铺继续对售后服务环节出现纠纷的原因进行了统计分析,结果显示:客服态度是引起纠纷的主要原因,纠纷率占32.39%;其次是宝贝包装磨损严重和物流太慢,纠纷率分别占20.14%和17.71%,具体情况如图6-3所示。

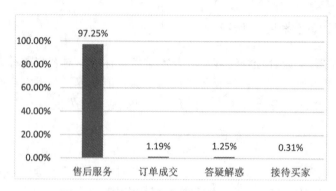

图6-2　某淘宝店铺纠纷率出现原因统计图

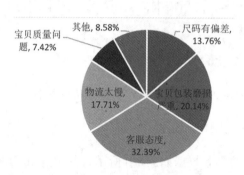

图6-3　售后服务环节出现纠纷的原因统计图

**4.提出建议**

针对分析结果，该店铺一是加大对客户服务人员的培训和考核，利用科学合理的数据量化客服的工作，不断提升网店客户服务人员的综合能力，二是根据产品的属性和运输要求量身定制包装材料；三是引入了多家性价比高、口碑相对较好的物流公司作为物流合作伙伴，针对不同区域、不同物流时效要求的客户选择不同的物流公司。

## 三、客户服务综合素质提升

### （一）客户服务的基本原则

**1.尊重原则**

尊重是良好沟通的前提与基础。在客户服务的过程中，客户服务人员需要以友善、诚恳的态度与客户之间平等交流，尊重客户人格，尊重客户的生活习惯、消费习惯等，尊重客户的选择，不能以玩笑或其他任何形式伤害客户的尊严。

**2.规范原则**

客户服务人员需要依据企业制定的服务流程及服务准则进行规范化操作，自觉遵守并执行客户服务人员行为准则，严格规范自己的言谈举止。在客户服务过程中，需要做到行动不出格、言语不失礼，符合社交礼仪规范要求，给客户留下良好的印象。

### 3.适度原则

与客户进行沟通交流时，客户服务人员需要合理把握尺度，既要以热情友好的态度接待客户，及时主动地了解客户需求，又要自尊自爱，不卑不亢，与客户之间保持平等交流的姿态，凭借自己专业的服务意识与服务技能，帮助客户高效解决问题。

### 4.互动原则

要想与客户之间建立起良好的合作关系，就需要主动、积极地与客户进行交流互动，深入调研客户新需求，了解客户对企业服务的意见或建议，从而采取有效的优化措施。同时，加强与客户之间的互动，有利于激发客户活力，增强客户对企业的依赖感、归属感。

## （二）客户服务综合素质提升

### 1.技能素质

技能素质提升主要包括以下几点。

（1）良好的语言表达能力。

掌握一定的语言沟通技巧，不断提高自己的语言表达能力，逻辑清楚地向客户传达重点信息。这样可以提高与客户沟通的效率，带给客户良好的体验。

（2）丰富的行业知识经验。

客户服务人员只有对行业有了深入的了解，对行业知识经验有了丰富的储备，这样才有可能帮助客户及时解决各种问题。同时，丰富的行业知识经验可以让客户服务人员的言行更有说服力，使客户更加信赖。

（3）熟练的专业技能。

不断提高自己的专业技能水平，可以使客户服务人员在处理问题的时候更加得心应手，工作效率也会随之提高。这样，客户服务人员在面对客户提问时，不仅可以更加从容不迫，而且可以培养自身高效解决问题的能力，也会使客户满意度得到提升。

（4）思维敏捷，具有敏锐的洞察力。

了解客户的心理活动是做好客户服务工作的关键所在。在与客户进行沟通交流时，客户服务人员需要具备敏锐的洞察力，及时察觉客户心理活动的变化，并根据情况灵活作出应对。

（5）学会倾听。

客户服务人员工作的核心是为客户解决问题，因此，学会倾听，明确客户需求是最关键也是最基本的要求。在倾听客户诉求的过程中，客户服务人员需要抓住客户需要解决的核心问题，帮助客户解决根本问题。

### 2. 心理素质

心理素质提升主要包括以下几点。

（1）处变不惊的应变能力。

作为客户服务人员，需要面对形形色色的客户，应对各类突发状况。处变不惊的应变能力要求客户服务人员无论遇到什么状况，首先需要保持沉着冷静，然后迅速梳理事件脉络，并妥善、有效地解决问题。

（2）挫折打击的承受能力。

由于客户服务工作本就存在自身的复杂性，受到客户性格、习惯、沟通方式等多方面因素的影响。客户服务人员在工作中难免会遇到挫折，受到打击，这时，客户服务人员需要理性看待问题，提高自己的心理承受能力，积极面对困难。

（3）情绪的自我掌控和调节能力。

客户服务工作对客户服务人员的心理素质有着较高的要求。作为服务工作者，客户服务人员需要具备快速调节情绪的能力，学会掌控自己的情绪，以热情积极的态度为客户服务，不能将自己的负面情绪传递给客户。

（4）积极进取、热情服务的良好心态。

面对客户提问时，保持热情友好的态度，全心全意为客户服务，客户也会感受到企业的真诚，从而对企业产生好感。另外，即使在与客户沟通时出现问题，也要保持积极的态度，不怕挫折，冷静地分析问题、解决问题。

### 3. 品格素质

品格素质提升主要包括以下几点。

（1）忍耐与宽容。

作为服务工作者，需要具有极大的耐心和包容心。在遇到问题时，客户难免会产生焦虑的情绪，希望问题可以得到快速解决。这时，客户服务人员需要理解并包容客户，耐心询问客户的根本诉求，并帮助客户解决问题。

（2）严格遵守承诺。

诚信是企业长远发展的立足之本。客户服务人员在工作中应该遵守各项工作规章制度，不要轻易向客户允诺，一旦对客户作出承诺就应竭尽全力去兑现，保证言行一致，否则就会丧失客户的信任，严重影响企业声誉。

（3）勇于承担责任。

在工作中，每个人难免会出现疏漏。如果因为自身原因导致问题出现时，客户服务人员需要自觉承担起责任，并想方设法解决问题，将影响降到最低。

（4）真诚待人。

拥有一颗博爱之心，真诚对待每一位客户，关注并尽力解决每一位客户的诉求，这样的行为方式会让客户感受到企业对自己的重视，可以有效提高客户满意度，增强客户信赖度。

（5）谦虚。

谦虚是一种美德。客户服务人员应该时刻以谦虚的心态去处理各种客户问题，不能因为自己的专业知识丰富而向客户夸耀，抬高自己的姿态，否则会让客户产生不被尊重的感觉，从而影响企业口碑。

（6）强烈的集体荣誉感。

团队凝聚力是影响客户服务质量的重要因素。只有每一位客户服务人员尽心尽力做好自己的本职工作，积极帮助客户解决问题，这样才有可能使整个企业的服务质量得到认可。

扫一扫二维码，在线观看教材配套的微课"客户服务综合素质提升"。

拓展学习

## 客户满意度的衡量指标

客户满意度衡量指标通常包括：美誉度、知名度、回头率、抱怨率、销售力。

一、美誉度

美誉度基本等同于好评率，是指客户对企业产品或服务感到满意，并对其作出好评的程度。产品评价是客户了解产品品质及服务的一个重要渠道，当产品的好评越多，美誉度越高，就能从一定程度上证明该企业的产品及服务可靠、有保障，会给客户留下良好的印象，增强客户的信赖感，从而促成交易。另外，美誉度也是企业对外宣传的一种途径，可以直接体现出客户对企业产品及服务的满意度，有利于扩大品牌影响力。

二、知名度

知名度是指企业品牌影响力的程度。客户购买某品牌的产品之后，若是产品品质及服务质量都能使客户满意，客户就会对该品牌逐渐产生信赖感。等到品牌口碑累积到一定程度之后，客户不仅会在消费过程中自主选择该品牌的产品或服务，使企业经营利润得到提升，而且品牌影响力的扩大，会降低企业的推广成本，并且能够使企业在激烈的市场竞争中占据优势地位。

三、回头率

回头率也称复购率，是指客户对购买的产品或服务质量感到满意，并且再次购买的比率。客户回头率越高，说明该企业所提供的产品或服务更贴合目标人群的消费需求，并且容易得到客户认可，使客户感到满意。提升客户回头率，有利于增强客户对企业的忠诚度，促进客单价的增加，从而使企业利润得到增长。

### 四、抱怨率

抱怨率是指客户对购买的产品或服务质量感到不满，并产生埋怨心理，给出差评的人数比率。客户抱怨在一定程度上能够反映出企业运营管理中存在的本质问题，会对企业或品牌形象产生较大的影响，企业运营者应当及时关注客户诉求，并对产品及服务管理策略作出优化升级，从而使客户满意度得到有效提升。

### 五、销售力

销售力是指企业所提供的产品或服务受到客户欢迎的程度，通常表现为销量、浏览量、好评等。一般而言，能够满足客户消费需求、物美价廉、服务有保障的产品，客户满意度普遍较高，其销售力也越强。反之，企业提供的产品或服务若是不能满足客户消费需求，客户满意度较低，那么其销售力也就越弱。

 **职业视窗**

客户服务质量不仅关乎企业的业绩和市场竞争力，更直接影响到企业的声誉和长期发展。只有具备高尚的职业道德和坚定的职业精神，企业和员工才能在激烈的市场竞争中立于不败之地，赢得客户的信任和忠诚。

在客户服务过程中，企业和员工必须保持高度的诚信，确保所提供的信息和服务真实可靠，不夸大其词，不隐瞒重要信息。例如，在宣传产品或服务时，应确保所有承诺都能兑现，避免误导客户。

企业和员工应始终以客户为中心，将客户的利益放在首位。对于客户的需求和问题，应积极主动地去解决，不推诿、不敷衍。对待客户应始终保持尊重与礼貌的态度，无论客户的身份、背景或需求如何。

在处理客户投诉、纠纷或利益分配时，企业和员工应坚持公正公平的原则，不偏袒任何一方。通过客观、理性的态度解决问题，确保客户的权益得到保障。通过加强部门间的沟通与协作，形成合力，共同解决客户问题，提升客户满意度和忠诚度。

客户的隐私是其个人权利的重要组成部分。在管理和服务的过程中，企业应建立健全隐私保护机制，确保客户的个人信息不被泄露或滥用。员工也应严格遵守保密协议，不将客户隐私用于非授权目的。

随着市场的不断变化和客户需求的日益多样化，企业和员工需要不断学习和更新知识，以适应新的环境。通过参加培训、阅读专业书籍等方式，提升自己的专业技能和服务水平，以更好地满足客户的需求。

# 单元二 客户特征分析

## 案例导入

小萌负责的农副商品店铺,经营初期效益良好,但随着业务规模的扩大,出现了业绩增长乏力的状况。虽然小萌加大了店铺的推广力度,但仍未有太大起色。为了优化推广效果,小萌决定对客户特征和客户价值进行分析,通过分析结果将客户分类,然后有针对性地优化推广策略。

小萌采集90天内客户购买频次、购买金额等指标并进行分析后,将客户分为老客户、新客户、VIP客户、潜在客户、流失客户五个类型。其中老客户是购买过店铺商品2次及以上的客户,新客户是购买过店铺商品1次的客户,VIP客户是90天内消费金额超过500元的客户,流失客户是90天内未发生购买行为的客户,潜在客户是收藏了店铺但没有发生购买行为的客户。

小萌针对不同的客户类型,制定了相应的推广策略,如表6-1所示。

表6-1 不同类型的客户策略

| 客户类型 | 策略 |
| --- | --- |
| 老客户 | 宣传VIP客户特权,刺激老客户成为VIP客户 |
| 新客户 | 定期推送与上次购买产品相关的其他产品或优惠信息,刺激其二次购买 |
| VIP客户 | 为VIP客户定期赠送食品小样并享受优先发货等特权 |
| 潜在客户 | 推出满减优惠券,促使其产生首次购买行为 |
| 流失客户 | 定期推送优惠信息与上新产品信息,必要时寄送食品小样 |

小萌按照新的推广策略开展客户营销推广后,客户订单量得到了很大提升,而且不同层级客户的类型也发生了转化,比如很多老客户转化为了VIP客户,潜在客户转化为了新客户等,店铺经营效益大幅提升。

[案例思考]

结合案例,回答以下问题。

1.请思考小萌为什么要进行客户分类?

2.小萌如何采用数据分析的思维对客户进行分类?

# 一、客户特征分析概述

## （一）客户特征分析的维度

客户特征分析，是指针对客户的多个维度进行分析，然后总结出客户全貌的过程。客户特征分析不仅能够形成客户画像，还能帮助企业了解客户的群体特征。

常见的客户特征分析维度包括购买次数、购买能力、客户性别、客户地域、客户年龄、客户终端等，如图6-4所示。

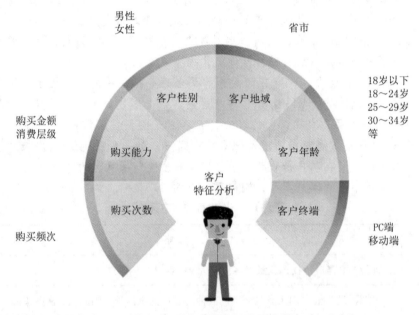

图6-4 客户特征分析常见维度

## （二）客户特征分析的作用

对于电商企业来说，进行客户特征分析能够让企业从整体上了解客户，结合客户特征，定位品牌形象、打造企业理念、确定经营策略（选品策略、营销策略等）。从整体来看，客户特征分析的作用主要包括以下三点内容。

### 1.精准营销

精准营销是客户特征分析最直接的价值体现。企业在开展营销活动前，需要对客户特征进行分析，通过了解客户的年龄、爱好、性格等信息，制定有针对性的营销策略，选择合适的营销平台，创作能引起共鸣的营销内容等，以便更好地达成营销目标。

### 2.助力产品销售

满足客户需求是产品实现销售的前提条件,客户特征分析能够帮助企业了解客户购买产品的心理动机。企业结合点击率、留存时间、客户购买数量等数据信息,综合分析客户购买情况,有效优化产品营销策略,从而使产品销量得到提升。

### 3.服务客户研究

对客户特征进行分析,能够帮助企业搭建客户研究体系。通过该研究体系,企业能够洞察客户消费趋势,从而优化运营策略和经营方向。比如对客户消费偏好、区域客户消费差异等进行分析,企业可以了解不同年龄段客户的消费变化情况和不同地区客户的消费水平,有针对性地优化产品结构和区域产品结构,从而更好地满足用户的消费需求。

## 二、客户特征分析过程

### (一)明确营销需求

企业进行客户特征分析的目的是制定有效的营销方案,不断完善产品及服务质量,因此在分析之前需要明确企业的营销需求,然后选择合适的维度和核心数据指标开展分析活动,这样才能为企业提供正确的、有价值的客户特征分析结果,使企业能够利用有限的内部资源,展开有针对性的营销活动,从而获得更多的目标客户。

企业在电商营销过程中,需要考虑的核心营销需求包括四种,分别是流量、转化、复购率和客单价。

#### 1.流量

流量是电商企业变现的基础,流量越大,成交数据才有可能越好。吸引流量的关键就是了解客户特征,需要知道客户是谁、客户在哪儿,然后将客户感兴趣的内容或商品推送到对应客户面前,并吸引其点击浏览。因此,电商企业需要先针对客户地域、年龄、消费层级、购买时间等进行分析,再进行精准引流。

#### 2.转化

转化即让浏览产品的客户购买产品,实现流量变现。想要提升店铺转化率,前提是能够为客户推送符合客户需求和偏好的产品,即做到"千人千面"。实现精准推送之后,接着需要在产品介绍页面突出产品卖点或者以精美的产品图吸引用户视觉注意,使客户看到产品的使用价值并产生购买兴趣,从而实现流量转化。

#### 3.复购率

复购率分析是为了解决让客户再次购买的问题。解决这类问题则需要企业首先了解哪些客户复购的概率大,然后在大概率复购的客户群体基础上,进行客户特征分析。

**4.客单价**

客单价是为了解决让客户多购买的问题,即提高产品连带率。首先需要了解客户喜欢购买哪些价位的产品,以及哪些客户会多购买产品等问题,然后匹配合适价位的产品推送至客户。对此,企业需要对客户购买频次、客户消费层级等内容进行分析。

### (二)开展多维度客户特征分析

**1.客户地域与年龄分析**

企业通过对客户地域和年龄的分析,能够明确客户的主要来源地和年龄段,便于企业对其有针对性地推送产品和开展营销活动。

客户地域分析,是指从空间角度分析客户的来源。例如,客户来自哪个国家、哪个省份、哪座城市等。客户年龄分析,是指分析客户群的年龄分布情况。不同年龄段的客户,性格、爱好、财务状况等方面也会不同。

小萌从店铺近3个月的客户数据中,筛选出了8个省份不同年龄段的客户销售额数据,如表6-2所示。以这组数据为例对该店铺的客户展开分析。

表6-2 不同省份和不同年龄段的客户销售额统计数据

| 客户地域分布 | 客户年龄分布 | 客户数(人) | 销售额(元) |
| --- | --- | --- | --- |
| 北京 | 25岁及以下 | 6763 | 47046 |
| | 26~35岁 | 5801 | 74894 |
| | 36~45岁 | 7524 | 67218 |
| | 45岁以上 | 1752 | 15068 |
| 西藏 | 25岁及以下 | 5588 | 69300 |
| | 26~35岁 | 5755 | 25385 |
| | 36~45岁 | 1136 | 22973 |
| 上海 | 25岁及以下 | 3306 | 22734 |
| | 26~35岁 | 3765 | 73364 |
| | 36~45岁 | 1938 | 21486 |
| | 45岁以上 | 1637 | 12625 |
| 贵州 | 25岁及以下 | 11057 | 102761 |

续表

| 客户地域分布 | 客户年龄分布 | 客户数（人） | 销售额（元） |
|---|---|---|---|
| | 36～45岁 | 1160 | 56717 |
| | 45岁以上 | 7831 | 64672 |
| 湖南 | 25岁及以下 | 1086 | 17664 |
| | 36～45岁 | 5005 | 31867 |
| | 45岁以上 | 1174 | 57738 |
| 陕西 | 25岁及以下 | 8605 | 49011 |
| | 26～35岁 | 2819 | 52851 |
| | 36～45岁 | 1658 | 25773 |
| 青海 | 25岁及以下 | 2505 | 25177 |
| | 36～45岁 | 1124 | 15818 |
| | 45岁以上 | 1163 | 16651 |
| 深圳 | 25岁及以下 | 1156 | 38765 |
| | 26～35岁 | 1561 | 11281 |
| | 36～45岁 | 8844 | 112145 |
| | 45岁以上 | 4515 | 38444 |

利用数据透视图，分析不同省份、不同年龄段客户的销售额情况，将"客户地域分布"拖动到行，"客户年龄分布"拖动到列，得到数据透视表，如图6-5所示。

| 求和项:销售额（元） | 客户年龄分布 | | | | |
|---|---|---|---|---|---|
| 客户地域分布 | 25岁及以下 | 26～35岁 | 36～45岁 | 45岁以上 | 总计 |
| 北京 | 47046 | 74894 | 67218 | 15068 | 204226 |
| 贵州 | 102761 | | 56717 | 64672 | 224150 |
| 陕西 | 49011 | 52851 | 25773 | | 127635 |
| 上海 | 22734 | 73364 | 21486 | 12625 | 130209 |
| 深圳 | 38765 | 11281 | 112145 | 38444 | 200635 |
| 西藏 | 69300 | 25385 | 22973 | | 117658 |
| 湖南 | 17664 | | 31867 | 57738 | 107269 |
| 青海 | 25177 | | 15818 | 16651 | 57646 |
| 总计 | 372458 | 237775 | 353997 | 205198 | 1169428 |

图6-5 客户地域和年龄分析的销售额数据透视表截图

为了更直观地展示客户地域与客户年龄的数据分析结果，需要选中数据透视表数据区域并插入簇状柱形图，得到不同地域、不同年龄的销售额可视化结果，如图6-6所示。

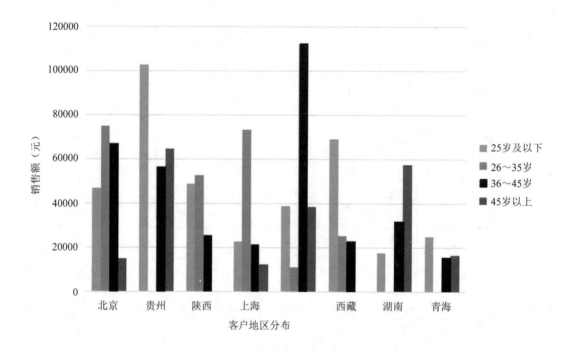

图6-6 不同地域、不同年龄的销售额可视化结果

根据以上分析图表，可以得到以下信息。

（1）整体消费情况最好的年龄段是25岁及以下，总计消费372458元；整体消费情况最差的年龄段是45岁以上，总计消费205198元。

（2）各年龄段的客户在各省份的消费能力有所差异，消费能力最强的地域是贵州，消费能力最弱的地域是青海。

结合以上分析结果，该店铺可以优化各地域产品的分配，并明确营销活动的首要目标客户群。此外，还可以对客户地域中的具体指标进行分析。例如，可以对不同区域成交客户数、客户转化率、客单价等进行分析，让客户地域分析结果更为全面、精确。

将店铺不同区域的客户数据制作成饼状图，如图6-7所示。通过该图形，可以看到该店铺在北京、贵州、深圳的成交客户数占比排前三，三个区域总占比超过总客户数的一半，青海、湖南、上海的成交客户数占比排后三。小萌可以根据该分析结果调整其推广策略。例如，可以对成交占比少的区域，结合这些区域客户的特征进行定向推广，调动这些区域客户的购买积极性。

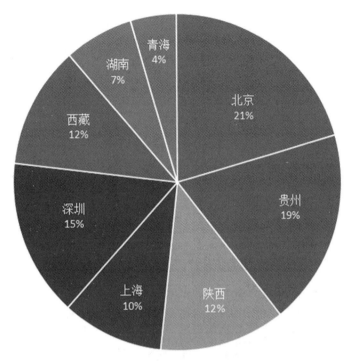

图 6-7　该店铺各区域成交客户数占比

2.客户消费层级分析

消费层级是对客户某一时间单位内的消费金额进行分析。该店铺通过客户消费层级分析，能够了解该时间段内客户的普遍消费能力，然后根据客户消费能力调整产品结构。

首先统计店铺 2022 年 9 月产品订单成交数据，如图 6-8 所示。然后对其进行客户消费层级分析。

在进行客户消费层级分析时，先要结合产品价格对消费层级分组，这里将消费层级依次分为 10～20 元、20～30 元、30～40 元、40～50 元、50～60 元、60～70 元、70～80 元、80～90 元，对应分组下限分别是 10 元、20 元、30 元、40 元、50 元、60 元、70 元、80 元。消费层级分组完成后，使用 VLOOKUP 函数，即 "=VLOOKUP（查找值，数据表，列序数，[精确匹配/模糊匹配]）"，首先将 B2 单元格的价格分配到对应的消费层级中，然后快速完成自动分组，数据结果如图 6-9 所示。

| 商品名称 | 产品价格（元） | 订单数（笔） |
|---|---|---|
| 古田银耳 孕妇有机银耳干货白木耳出胶小银耳 银耳羹非雪耳 | 59.98 | 2394 |
| 精选秋耳100g特产人工精选古田秋耳肉质肥厚 | 29.86 | 1529 |
| 精选竹荪120g干货古田特产竹笙新鲜无硫食用菌菇煲汤食材 | 45.74 | 1675 |
| 精选香菇300g古田特产干货食用菌菇 肉厚无根煲汤烹饪食材 | 36.33 | 3272 |
| 有机黑木耳300g东北木耳干货秋木耳肉厚菌菇非野生特级 | 43.31 | 1886 |
| 羊肚菌干货120g云南羊肚菌特产干货非野生菌菇营养煲汤炖汤 | 60.35 | 2726 |
| 精选红枣300g自然吊干皮薄肉厚干煮粥煲汤泡水蜜饯果干零食 | 45.76 | 1225 |
| 精选莲子350g白莲干货新鲜莲子去芯通心磨皮白莲子 | 26.18 | 5223 |
| 精选桂圆干300g肉厚核小龙眼干桂圆肉干红枣泡茶煲汤配料 | 12.78 | 3316 |
| 雪梨干片300g无硫大片饱满泡水喝非特级煲汤材料水果 | 24.53 | 2753 |
| 精选鹿茸菇300g干货鹿茸菌无硫新鲜煲汤食材食用菌菇 | 46.83 | 2261 |
| 元贝干货瑶柱干贝海鲜干货干贝礼盒250g日本北海道元贝礼盒 | 47.30 | 1645 |
| 普通茶树菇散装1斤500g开伞菌菇小吃老鸭汤配料农副产品 | 38.66 | 1287 |
| 散装玉竹切片1斤(500g)小吃炖罐汤料可配北沙参麦冬 | 17.68 | 3279 |
| 白玉木耳干货散装鲁山明鲜农副产品销售部辣椒炒肉食材无根兔耳菌 | 61.13 | 2730 |
| 灰树花干货500g特产新鲜舞茸菌菇蘑菇类栗蘑灰树菇菇类煲汤 | 76.50 | 1333 |
| 淡干金钩海米海鲜干货特级开洋虾仁虾皮250g无盐即食 | 42.54 | 2602 |
| 鲍鱼干50g黄金鲍盆菜佛跳墙海鲜水产干货约10只 | 52.57 | 2875 |
| 干海带500g 昆布海带 海带丝海带头海藻海鲜水产干货 | 27.38 | 3722 |
| 鹿茸菇干货500g包邮特级鹿茸菌无硫新鲜煲汤古田脆脆菇蘑菇干香菇 | 84.61 | 1551 |
| 花菇干货肉厚特级香菇冬菇野生蘑菇食材菌类木耳小花姑干500g | 73.60 | 1236 |
| 银耳干货500g包邮古田大面花新鲜无硫雪耳糯干白木耳非丑耳莲子羹 | 46.35 | 3181 |
| 椴木小银耳新货特级干货天然无硫白木耳丑耳出胶快糯银耳泡发雪耳 | 57.84 | 2175 |
| 羊肚菌干货50g野生菌羊肚菇土特产新鲜菌蘑菇特级汤料包煲汤食材 | 18.57 | 3118 |

图6-8 农副商品店铺2022年9月商品订单成交数据

| A | B | C | D |
|---|---|---|---|
| 商品名称 | 产品价格（元） | 订单数（笔） | 消费层级 |
| 古田银耳 孕妇有机银耳干货白木耳出胶小银耳 银耳羹非雪耳 | 59.98 | 2394 | 50～60 |
| 精选秋耳100g特产人工精选古田秋耳肉质肥厚 | 29.86 | 1529 | 20～30 |
| 精选竹荪120g干货古田特产竹笙新鲜无硫食用菌菇煲汤食材 | 45.74 | 1675 | 40～50 |
| 精选香菇300g古田特产干货食用菌菇 肉厚无根煲汤烹饪食材 | 36.33 | 3272 | 30～40 |
| 有机黑木耳300g东北木耳干货秋木耳肉厚菌菇非野生特级 | 43.31 | 1886 | 40～50 |
| 羊肚菌干货120g云南羊肚菌特产干货非野生菌菇营养煲汤炖汤 | 60.35 | 2726 | 60～70 |
| 精选红枣300g自然吊干皮薄肉厚干煮粥煲汤泡水蜜饯果干零食 | 45.76 | 1225 | 40～50 |
| 精选莲子350g白莲干货新鲜莲子去芯通心磨皮白莲子 | 26.18 | 5223 | 20～30 |
| 精选桂圆干300g肉厚核小龙眼干桂圆肉干红枣泡茶煲汤配料 | 12.78 | 3316 | 10～20 |
| 雪梨干片300g无硫大片饱满泡水喝非特级煲汤材料水果 | 24.53 | 2753 | 20～30 |
| 精选鹿茸菇300g干货鹿茸菌无硫新鲜煲汤食材食用菌菇 | 46.83 | 2261 | 40～50 |
| 元贝干货瑶柱干贝海鲜干货干贝礼盒250g日本北海道元贝礼盒 | 47.30 | 1645 | 40～50 |
| 普通茶树菇散装1斤500g开伞菌菇小吃老鸭汤配料农副产品 | 38.66 | 1287 | 30～40 |
| 散装玉竹切片1斤(500g)小吃炖罐汤料可配北沙参麦冬 | 17.68 | 3279 | 10～20 |
| 白玉木耳干货散装鲁山明鲜农副产品销售部辣椒炒肉食材无根兔耳菌 | 61.13 | 2730 | 60～70 |
| 灰树花干货500g特产新鲜舞茸菌菇蘑菇类栗蘑灰树菇菇类煲汤 | 76.50 | 1333 | 70～80 |
| 淡干金钩海米海鲜干货特级开洋虾仁虾皮250g无盐即食 | 42.54 | 2602 | 40～50 |
| 鲍鱼干50g黄金鲍盆菜佛跳墙海鲜水产干货约10只 | 52.57 | 2875 | 50～60 |
| 干海带500g 昆布海带 海带丝海带头海藻海鲜水产干货 | 27.38 | 3722 | 20～30 |
| 鹿茸菇干货500g包邮特级鹿茸菌无硫新鲜煲汤古田脆脆菇蘑菇干香菇 | 84.61 | 1551 | 80～90 |
| 花菇干货肉厚特级香菇冬菇野生蘑菇食材菌类木耳小花姑干500g | 73.60 | 1236 | 70～80 |
| 银耳干货500g包邮古田大面花新鲜无硫雪耳糯干白木耳非丑耳莲子羹 | 46.35 | 3181 | 40～50 |
| 椴木小银耳新货特级干货天然无硫白木耳丑耳出胶快糯银耳泡发雪耳 | 57.84 | 2175 | 50～60 |
| 羊肚菌干货50g野生菌羊肚菇土特产新鲜菌蘑菇特级汤料包煲汤食材 | 18.57 | 3118 | 10～20 |

图6-9 价格分组

自动分组完成后，以订单数和消费层级为数据源，插入数据透视图，制作出每个消费层级中对应客户订单量的透视表，如图6-10所示。其自动生成的客户消费层级分析图，如图6-11所示。

| 消费层级 | 求和项:订单数 |
|---|---|
| 10～20 | 9713 |
| 20～30 | 13227 |
| 30～40 | 4559 |
| 40～50 | 14475 |
| 50～60 | 7444 |
| 60～70 | 5456 |
| 70～80 | 2569 |
| 80～90 | 1551 |
| **总计** | **58994** |

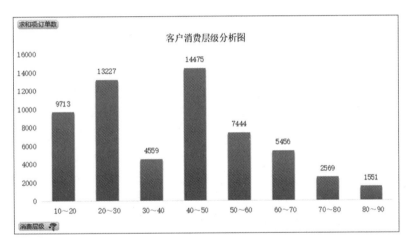

**图6-10　各消费层级中的订单量透视表截图**

**图6-11　客户消费层级分析图**

根据以上分析图表，可以得到以下信息。

（1）客户消费层级排名前三的依次是40～50元、20～30元、10～20元，对应订单数量分别是14475笔、13227笔、9713笔。

（2）客户消费层级排名后三位的依次是80～90元、70～80元、30～40元，对应订单数量分别是1551笔、2569笔、4559笔。

分析结果表明，该店铺在2022年9月，客户的消费水平中等偏低，订单消费主要集中在40～50元和20～30元，共计27702笔订单，高消费层级的客户订单量极少，仅有1551笔订单在80元以上。

小萌根据以上分析结果，需要对店铺的产品结构进行调整，多上架价格在40～50元和20～30元区间的产品，尽量减少高于80元产品的上架。

### 3.客户性别分析

性别不同，客户的产品偏好、行为偏好、购买动机等也会不同。男性在购物时更加冷静和理智，选择的产品多为高质量的功能性产品，较少考虑价格因素；女性在购物时更冲动和随机，影响产品选择的因素多样，较多考虑价格因素、产品外观因素和产品质量因素。

进行客户性别分析，需要采集订单及其对应客户的性别数据。由于订单数量庞大，这里采集店铺2022年9月消费金额排名前100位的客户性别统计情况，如图6-12所示。以这组数据为基础对该店铺客户性别进行分析。

| | A | B | C | D | E | F | G | H | I | J |
|---|---|---|---|---|---|---|---|---|---|---|
| 1 | 订单编号 | 客户性别 | 订单编号 | 客户性别 | 订单编号 | 客户性别 | 订单编号 | 客户性别 | 订单编号 | 客户性别 |
| 2 | 001 | 男 | 021 | 女 | 041 | 男 | 061 | 女 | 081 | 男 |
| 3 | 002 | 女 | 022 | 男 | 042 | 男 | 062 | 女 | 082 | 男 |
| 4 | 003 | 女 | 023 | 男 | 043 | 女 | 063 | 男 | 083 | 男 |
| 5 | 004 | 男 | 024 | 女 | 044 | 女 | 064 | 男 | 084 | 女 |
| 6 | 005 | 女 | 025 | 女 | 045 | 男 | 065 | 男 | 085 | 女 |
| 7 | 006 | 女 | 026 | 男 | 046 | 女 | 066 | 男 | 086 | 女 |
| 8 | 007 | 女 | 027 | 男 | 047 | 女 | 067 | 男 | 087 | 女 |
| 9 | 008 | 女 | 028 | 男 | 048 | 女 | 068 | 男 | 088 | 女 |
| 10 | 009 | 男 | 029 | 女 | 049 | 男 | 069 | 女 | 089 | 女 |
| 11 | 010 | 女 | 030 | 女 | 050 | 女 | 070 | 男 | 090 | 女 |
| 12 | 011 | 女 | 031 | 女 | 051 | 女 | 071 | 男 | 091 | 男 |
| 13 | 012 | 男 | 032 | 女 | 052 | 男 | 072 | 女 | 092 | 男 |
| 14 | 013 | 男 | 033 | 女 | 053 | 男 | 073 | 女 | 093 | 女 |
| 15 | 014 | 女 | 034 | 男 | 054 | 女 | 074 | 男 | 094 | 女 |
| 16 | 015 | 女 | 035 | 男 | 055 | 男 | 075 | 女 | 095 | 女 |
| 17 | 016 | 女 | 036 | 男 | 056 | 女 | 076 | 男 | 096 | 女 |
| 18 | 017 | 女 | 037 | 女 | 057 | 男 | 077 | 男 | 097 | 女 |
| 19 | 018 | 女 | 038 | 女 | 058 | 女 | 078 | 女 | 098 | 男 |
| 20 | 019 | 男 | 039 | 女 | 059 | 男 | 079 | 女 | 099 | 女 |
| 21 | 020 | 男 | 040 | 女 | 060 | 女 | 080 | 男 | 100 | 女 |

**图6-12　2022年9月消费排名前100位的客户性别统计情况**

整理数据，计算男、女客户各自的总数量，可以发现店铺2022年9月消费前100位客户中，女性客户占比56%，男性客户占比44%，可见该店铺的主要客户群为女性。因此，在今后运营过程中，需要充分考虑女性客户的性格特点、购物偏好等。这里需要注意的是，因若店铺男女比例差距不太大，可以结合订单金额再次分析店铺的男、女性别比例。

**4. 客户访问时间分析**

客户访问时间分析，是从时间维度分析客户情况。通过分析，企业能够了解客户访问时间规律。例如，哪些时间段是客户访问高峰期、哪些时间段是客户下单高峰期等。在具体分析时，可以从不同维度进行客户访问时间分析。例如，PC端客户访问时间分析、移动端客户访问时间分析。

采集该店铺2022年10月20日移动端的访客数据统计表，如图6-13所示。以该组数据为基础对该店铺的客户访问时间进行分析。

| | A | B | C | D |
|---|---|---|---|---|
| 1 | 时间 | 访问数(个) | 时间 | 访问数(人) |
| 2 | 1点 | 921 | 13点 | 436 |
| 3 | 2点 | 273 | 14点 | 678 |
| 4 | 3点 | 285 | 15点 | 616 |
| 5 | 4点 | 281 | 16点 | 315 |
| 6 | 5点 | 584 | 17点 | 565 |
| 7 | 6点 | 807 | 18点 | 759 |
| 8 | 7点 | 832 | 19点 | 463 |
| 9 | 8点 | 98 | 20点 | 533 |
| 10 | 9点 | 614 | 21点 | 658 |
| 11 | 10点 | 394 | 22点 | 721 |
| 12 | 11点 | 183 | 23点 | 865 |
| 13 | 12点 | 912 | 24点 | 913 |

图6-13 客户访问时间数据

选中时间、访客数对应的区域，插入折线图，可以得到该店铺的访客时间分布曲线，如图6-14所示。通过分析，可以得知其客户访问时间的最高峰为1点、12点和24点，因此店铺可以选择在这几个时间段上新产品或投放产品广告。

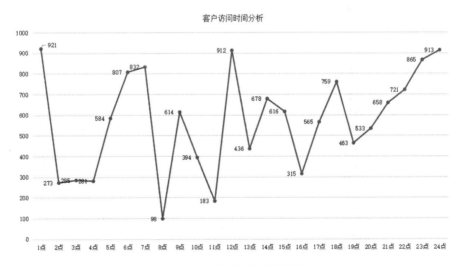

图6-14 客户访问时间分析

## 5.客户偏好分析

客户偏好分析是指对客户的产品偏好、营销偏好、包装偏好、邮寄方式偏好等进行分析，企业可以根据分析结果，优化对应的内容。

若企业在进行店铺流量来源分析时,通过分析该店铺的客户大部分从平台聚划算活动而来,则营销偏好是聚划算。因此店铺可以在后续营销时,选择参加聚划算。

除了以上维度以外,还可以根据企业营销需求从其他客户特征维度进行分析。只要分析维度贴合企业的精准营销需求,就可以根据这些维度进行客户特征分析,如客户职业分析、客户来源分析等。

**6. 客户使用的终端分析**

随着移动互联网技术的发展和移动智能终端的普及,越来越多的客户选择在移动端购买产品。对不同终端的客户进行分析,有利于企业了解各终端各数据的占比情况。例如,了解访客数、客户转化率、成交客户数、成交金额、客单价等数据的占比情况。

在进行分析前,需要采集移动端、PC端相应的数据展开分析。以店铺2021年各终端的访客数为例进行客户特征分析,如图6-15所示。

|  | A | B | C |
|---|---|---|---|
| 1 | 日期 | 访客数(移动端) | 访客数(PC端) |
| 2 | 2021年1月 | 17337 | 5568 |
| 3 | 2021年2月 | 17665 | 1194 |
| 4 | 2021年3月 | 11288 | 1200 |
| 5 | 2021年4月 | 18876 | 4527 |
| 6 | 2021年5月 | 17336 | 6500 |
| 7 | 2021年6月 | 17688 | 5849 |
| 8 | 2021年7月 | 17505 | 6712 |
| 9 | 2021年8月 | 14775 | 6721 |
| 10 | 2021年9月 | 19663 | 5358 |
| 11 | 2021年10月 | 16843 | 3053 |
| 12 | 2021年11月 | 10474 | 8521 |
| 13 | 2021年12月 | 14262 | 9848 |

图6-15 采集各终端的访客数并计算访客总数

为了直观地展示移动端、PC端的访客数占比情况,需要插入堆积柱形图,如图6-16所示。

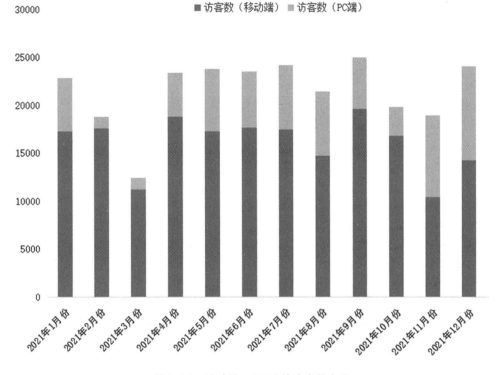

图 6-16 移动端、PC 端的访客数占比

从图 6-16 中可以看出，店铺 2021 年整年移动端访客数均过半，无论是在销售旺季还是在销售淡季，移动端的访客数始终高于 PC 端，这主要得益于移动端的便利和店铺对移动端的运营。那么，在今后的运营期间，仍然要重视移动端的运营，包括店铺的装修设计、产品视觉设计和推广营销等。

利用相同的分析方法，可以采集客户转化率、成交客户数、成交金额、客单价等数据，生成对应的图形，店铺就可以了解对应指标在移动端与 PC 端的占比情况，为今后经营决策提供指导。

## 三、客户特征分析结果应用

客户特征分析能够连接客户与企业沟通的桥梁，利用数据分析，将复杂的客户特征信息汇总起来，使企业在清楚客户特征的基础上，有针对性地作出运营决策。完成客户特征分析后，企业可以根据客户特征分析的结果，进行营销优化和产品结果优化。

### （一）营销优化

企业可以在客户特征分析的基础上，有针对性地进行店铺产品推广和多渠道的客户引流。在实际的店铺推广操作时，可以根据自身客户特征选择合适的内容，向特定人群展开营销，为客户推荐其更感兴趣的产品和营销内容，从而增加店铺流量，最终达到客户转化率提升的目的。

## （二）产品结构优化

客户特征分析除了可以指导营销优化以外，还可以指导店铺的产品结构优化，使原本的"上架什么产品，客户购买什么产品"转变为"客户需要什么产品，上架什么产品"。

根据客户特征分析的结果，企业可以优化产品定价和产品选择，为客户推广更受其青睐的产品，以提升店铺产品销量和产品连带率。例如，通过客户特征分析了解到客户群的年龄特征、消费层级特征、性别特征等后，可以根据这些情况上架符合客户性别、年龄、消费层偏好的产品。

拓展学习

## 客户分类

客户分类的维度主要有：按购买地域划分、按购买数量划分、按购买状态划分、按购买行为划分、按客户属性划分。

一、按购买地域划分

根据地域分布可以将客户划归到不同的区域，比如华北客户群、西北客户群、东南客户群等。这样分类的好处，一是方便企业对客户进行管理，可以由专人负责对应区域的客户；二是方便对客户群体特征进行分析，因为同一区域的客户，在整体消费偏好上具有共性。

二、按购买数量划分

根据购买数量，可以将客户分为普通客户、会员客户、超级会员客户等。每个会员等级对应不同的购买数量门槛，客户只有达到既定的购买数量，才能获得相应的会员资格并享有会员等级特权。通过会员等级特权，能够刺激客户的购买欲望，有效拉动企业的产品销量。

三、按购买状态划分

根据购买状态，可以将客户划分为收藏客户、加购客户、成交客户等。比如，淘宝平台对收藏客户的定义是30天内有收藏但没有支付的客户，对加购客户的定义是30天内有加购但没有支付的客户。按购买状态划分客户能够帮助企业了解其客户构成情况，对有收藏或加购但没有支付的客户可以采取催付的方式以增加企业成交量。

四、按购买行为划分

按购买行为划分是指按照客户购买数量、购买频次，将客户分为新客户、流失客户、活跃客户、回流客户。

1. 新客户

新客户是指首次访问企业网站/网店，或者首次使用企业服务的客户。新客户是电子商务企业客户构成的重要部分,新客户的加入,意味着企业新购买力的注入,尤其是具有较大潜能新客户的加入,能够直接影响企业的营业收入。新客户加入后,企业需要维护与新客户的关系,将其发展成为活跃客户,为企业创造价值。

**2. 流失客户**

流失客户是指曾经访问过企业网站/网店,但由于对网站/网店失去兴趣而彻底脱离网站/网店的客户。客户流失率是判断客户流失的主要指标,直接反映了网店经营与管理的现状。企业在运营过程中,需要确保产品/服务质量,提升产品附加值,保持与客户的联系,以减少客户流失,避免因客户流失给企业运作造成不利影响。

**3. 活跃客户**

活跃客户是指经常光顾企业网站/网店,并为网站/网店带来一定价值的客户。活跃客户数是指在一定时期(30天、60天等)内,有消费或者登录行为的客户总数。通过活跃客户数,可以了解客户的整体活跃率,一般随着时间周期的加长,客户活跃率会出现逐渐下降的现象。如果经过一个生命周期(3个月或半年),客户的活跃率还能稳定保持在5%~10%,则是比较好的客户活跃表现。

**4. 回流客户**

回流客户是指原流失客户经过一段时间后重新回归企业的客户。回流客户经过引导有可能成为企业的活跃客户,为企业创造价值。因此企业需要重视回流客户的维护,使其由不稳定客户转化为忠实客户。

**五、按客户属性划分**

每一位客户都具有一定的属性,比如在家庭中的属性可以是外祖父母、父母、子女等;在工作领域的属性可以是学生、教师、企业职员等。电子商务企业在进行客户分类时,可以依照不同的属性对客户群体进行划分。常见的客户属性维度有客户基础属性、客户产品偏好属性。

**1. 客户基础属性**

根据客户基础属性,企业可以将客户分为不同的类型,如表6-3所示。例如,按照性别分为男客户、女客户;按照职业分为企业白领客户、学生客户等。

表6-3 常见的客户基础属性

| | |
|---|---|
| 性别 | 男、女 |
| 年龄 | 18岁以下、18~24岁、25~29岁、30~34岁、35~39岁、40~49岁、50岁及以上 |

续表

| 职业 | 公务员、医护人员、白领、教职工、蓝领、学生、媒体从业者、科研人员、金融从业者等 |
|---|---|
| 婚恋阶段 | 单身、恋爱、筹备婚礼、已婚未育、已婚已育 |
| 地域 | 一级城市、二级城市、三级城市等 |
| 月均消费水平 | 300元及以下、300～499元、500～599元等 |
| 天气偏好 | 阴天、晴天、雪天等 |

2.客户产品偏好属性

企业可以根据客户产品偏好属性，将客户分为不同的类型，如表6-4所示。例如，按照风格分为偏好复古风客户、偏好时尚风客户等；按照口味分为偏好酸口味客户、偏好甜口味客户等。

表6-4　常见的客户产品偏好属性

| 款式 | 基本款、创意款等 |
|---|---|
| 适用场景 | 日用、商用、送礼等 |
| 品质 | 高、中、低 |
| 风格 | 时尚、复古、个性等 |
| 工艺 | 手工、机器加工等 |
| 口味 | 酸、甜、苦、辣、咸等 |
| 图案 | 花色、纯色、卡通、水墨等 |
| 功能 | 功能A、功能B、功能C等 |
| 材质 | 木质、玻璃制品、硅胶、石材、金属等 |
| 适用空间 | 室内、户外、卧室、车载等 |
| 价格 | 高、中、低 |

### 职业视窗

企业在从事电商活动的过程中，必须坚持以客户为中心的思想，将客户的信息安全放在第一位。为维护数据安全，《中华人民共和国电子商务法》中关于制约大数据滥用的法律条文规定如下。

第十八条 电子商务经营者根据消费者的兴趣爱好、消费习惯等特征向其提供商品或者服务的搜索结果的，应当同时向该消费者提供不针对其个人特征的选项，尊重和平等保护消费者合法权益。

电子商务经营者向消费者发送广告的，应当遵守《中华人民共和国广告法》的有关规定。

企业应严格限制信息收集范围，即仅收集与提供产品或服务有关的必要信息，且在收集信息之前或之时明确说明收集目的，信息收集需要在客户知情同意与自愿提供的情况下进行。

企业应建立健全客户隐私保护制度，采取严密的控制措施，确保在未征得客户本人同意的情况下避免将客户隐私用于营销目的。同时企业需要通过提升硬、软件质量，增强设备保护能力，加强网络信息安全建设，重点防范，主动保护，并对企业客户信息保护情况进行检查，确保相关信息保护的政策或制度执行到位。

# 单元三　客户价值分析

## 案例导入

某大型电商平台（以下简称XYZ平台）拥有数百万活跃用户，销售涵盖日用品、电子产品、服饰鞋帽等多个品类。随着市场竞争的加剧，XYZ平台意识到单纯依靠产品丰富度和价格优势已难以满足多样化的市场需求，提升客户体验、增强客户忠诚度并挖掘高价值客户成为其发展的关键。为此，XYZ平台决定开展一次全面的客户价值数据分析项目，以数据为驱动，制定更加精准的营销策略。

首先，进行客户数据收集，包括客户基本信息（如注册时间、年龄、性别、地理位置等）、交易数据（如购买产品种类、金额、频率、复购率等）、行为数据（如浏览记录、搜索关键词、停留时间、购物车操作等）、反馈与评价（如客户评价、投诉及建议等）。

其次，运用RFM分析模型进行客户价值分析，根据最近购买时间（recency）、购买频率（frequency）和消费金额（monetary）三个维度，将客户分为不同的价值群组（如高价值、低频率购买者、潜在流失客户等）。结合客户基本信息与行为数据，采用K-means等聚类算法识别出具有相似购买偏好和行为模式的客户群体。分析购买行为间的关联性，如"购买A产品后，客户更倾向于购买B产品"的购物路径。利用自然语言处理技术分析客户评价，评估产品满意度及客户情感倾向。

最后，根据分析结果制定精准营销策略：对于高价值客户，提供专属客服、定制化礼品、会员日专享折扣等增值服务，增强客户黏性；对于低频率客户，通过邮件或App推送个性化推荐，基于其历史浏览和购买记录，激发购买欲望；对于潜在流失客户，分析流失原因，发放挽留优惠券或专属优惠活动信息，重新激活其购买兴趣。

[案例思考]

结合案例，思考并回答以下问题。

1. 客户价值分析的过程中，如何平衡数据隐私保护与个性化营销的需求？
2. 除了RFM分析模型外，还有哪些模型或方法可以有效识别客户价值？
3. 如何建立长期、持续的客户价值增长机制？

## 一、客户价值分析的意义

客户价值分析是以客户为中心，从客户需求出发的一种分析方法，其意义在于以下几个方面。

### （一）精准营销

通过对客户价值的分析，企业可以识别出不同价值的客户群体，从而制定出更具针对性的营销策略。高价值客户可以得到更优质的服务和更多的关注，而低价值客户则可以通过成本效益分析来合理调整营销策略，避免资源的浪费。

### （二）提升客户满意度与忠诚度

了解客户的真实需求和偏好，有助于企业提供更加符合客户期望的产品和服务，从而提升客户满意度。同时，个性化的服务体验也能增强客户的忠诚度，使客户更愿意与企业建立长期关系。

### （三）优化资源配置

客户价值分析可以帮助企业了解不同客户群体的贡献度，从而合理配置资源。对于高价值客户，企业可以投入更多的资源来维护关系；而对于低价值客户，则可以采取适当的策略来优化资源使用效率。

### (四) 市场细分与定位

通过客户价值分析，企业可以对市场进行更细致的划分，并针对不同细分市场的客户需求制定相应的市场定位和营销策略。这有助于企业更好地满足客户需求，提升市场竞争力。

### (五) 数据驱动决策

客户价值分析依赖于大量客户数据，这些数据为企业的决策提供了有力支持。通过数据分析，企业可以更加科学地制定战略和计划，降低决策的盲目性和主观性。

## 二、RFM分析模型的应用

RFM分析模型是衡量客户价值的重要工具和手段。在RFM分析模型中，R（recency）表示客户最近一次购买产品或服务的时间有多远，F（frequency）表示客户在最近一段时间内购买产品或服务的次数，M（monetary）表示客户在最近一段时间内购买产品或服务的金额，即最近一次购买时间、消费频率和消费金额，通过这三个维度可以评估客户的订单活跃价值。

### (一) RFM分析模型介绍

RFM分析模型基于一个固定时间点来做模型分析，由于每一位客户在不同的时间节点所得到的数据不同，所以在不同的时间节点所做的RFM分析，得到结果也会不一样。

1. 最近一次购买时间（R）

最近一次购买时间是指客户最近一次消费距离现在的时间，最近一次购买时间间隔上一次购买时间离得越近，则客户价值越高；反之，离得越远，则客户价值越低。

2. 消费频率（F）

消费频率是指客户在限定的期间内所购买的次数。消费频率越高，则客户价值和忠诚度越高。反之，消费频率越低，则客户价值越低。

3. 消费金额（M）

消费金额是指客户在最近一段时间内购买产品或服务的金额，消费金额越高，则客户价值越高。

### (二) 利用RFM分析模型进行客户分类

可以把$R$、$F$、$M$这3个指标按价值从低到高排序，并把这3个指标作为X、Y、Z三个坐标轴，就可以把空间分为8个部分，如图6-17所示。

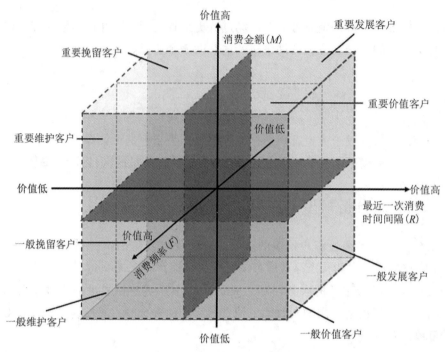

图 6-17　RFM 分析模型

根据图 6-10 划分出的 8 个部分，将 RFM 分析模型的三项指标价值，按照高低划分汇总到下表中，即可完成客户分类，如表 6-5 所示。

表 6-5　客户分类

| 客户分类 | $R$ 值 | $F$ 值 | $M$ 值 |
| --- | --- | --- | --- |
| 重要价值客户 | 高 | 高 | 高 |
| 重要发展客户 | 高 | 低 | 高 |
| 重要维护客户 | 低 | 高 | 高 |
| 重要挽留客户 | 低 | 低 | 高 |
| 一般价值客户 | 高 | 高 | 低 |
| 一般发展客户 | 高 | 低 | 低 |
| 一般维护客户 | 低 | 高 | 低 |
| 一般挽留客户 | 低 | 低 | 低 |

### 1. 重要价值客户

重要价值客户的 $R$、$F$、$M$ 三个指标的价值都很高,说明这类客户距离最近一次消费时间较近、消费频率较高,且消费金额较大。一方面可以向该类客户密集传递店铺的促销信息和热卖产品,保障促销信息有效触达,并引导客户产生复购行为;另一方面可以向该类客户传递店铺的会员权益信息,为店铺提供长远的价值。

### 2. 重要发展客户

重要发展客户虽然消费频率低,但 $R$ 和 $M$ 两个价值很高,需要运营人员密集推送促销信息,并加大优惠力度,引导客户访问店铺,产生下单行为并提高消费频率。

### 3. 重要维护客户

重要维护客户虽然最近未产生过消费,但消费频次和消费金额较高,需要运营人员长期进行客户维护,推送品牌活动、会员权益、折扣促销等信息,提供VIP服务,从而建立长远合作关系,提高客户的购买积极性。

### 4. 重要挽留客户

重要挽留客户虽然最近未产生过消费,而且消费频率较低,但消费金额高。这类客户可能属于新客户,即客户在首次购买后对产品产生疑虑,短时间内未复购,运营人员需要排查产品或服务等问题,并想办法挽回客户。

### 5. 一般价值客户

一般价值客户虽然距离最近一次购买时间间隔较近,且消费频率高,但单次购买金额较小。需要运营人员向这类客户推送会员权益、促销活动等信息,保持其消费频率的同时,提高单次购买金额。

### 6. 一般发展客户

一般发展客户虽然消费频率低,而且消费金额较少,但距离上一次购买时间间隔较近。这类客户可能属于流失客户或即将流失的客户,运营人员需要分析客户购买的产品是新品还是促销产品,尝试向其推送相关产品,可以适当减少信息推送频率。

### 7. 一般维护客户

一般维护客户虽然消费频率较高,但近期未产生过购买行为,而且历史消费金额也较低。运营人员需要向其推送促销信息、折扣信息等,保持客户消费频率的同时增提高购买金额。

### 8. 一般挽留客户

一般挽留客户可能是新客，不仅近期内未产生过购买行为，而且消费频率较低以及消费金额较小。运营人员可以向客户密集地推送促销信息，并提升优惠力度。提高客户购买欲望的同时，争取把新客转化成回头客。

### （三）基于RFM分析模型的客户精细化运营策略

RFM分析模型的作用在于基于客户的差异化运营，企业通过对客户群体进行价值分类，可以有针对性地制定运营策略，并能够让有限的产品资源发挥其最大的价值效果，这也是企业在运营期间精细化运营的方向。

通过RFM分析模型，对客户进行精细化运营，不断将客户转化成重要价值的客户，如表6-6所示。这里需要注意的是，在具体实施过程中，还需要结合客户的特征分析，有针对性地营销。

表6-6 客户精细化运营策略表

| 客户分类 | $R$值 | $F$值 | $M$值 | 精细化运营策略 |
| --- | --- | --- | --- | --- |
| 重要价值客户 | 高 | 高 | 高 | 密集推送品牌活动、热卖产品、传递会员权益信息，提高复购率 |
| 重要发展客户 | 高 | 低 | 高 | 推送促销信息或品牌活动、热卖产品等信息 |
| 重要维护客户 | 低 | 高 | 高 | 传递会员权益信息、VIP服务、热卖产品、品牌活动等 |
| 重要挽留客户 | 低 | 低 | 高 | 传递促销信息、推送热卖产品、品牌活动 |
| 一般价值客户 | 高 | 高 | 低 | 传递会员权益信息、促销信息等 |
| 一般发展客户 | 高 | 低 | 低 | 传递促销信息、新品活动等 |
| 一般维护客户 | 低 | 高 | 低 | 密集推送促销信息、传递会员权益信息 |
| 一般挽留客户 | 低 | 低 | 低 | 密集传递促销信息、提升优惠力度 |

## 三、RFM分析的操作过程

在RFM分析的过程中，需要采集一段时间内$R$、$F$、$M$三个指标的数据。以小萌的淘宝新店铺2022年9—11月的订单数据为例，进行RFM分析模型的讲解，订单数据包含订单编号、买家会员ID、实际支付金额和订单付款时间，如图6-18所示。

| | A | B | F | G |
|---|---|---|---|---|
| 1 | 订单编号 | 买家会员ID | 实际支付金额 | 订单付款时间 |
| 2 | 52************47 | 析晓兰1126 | 372.89 | 2022/9/3 |
| 3 | 56************55 | 尘缘若梦79 | 174.17 | 2022/9/3 |
| 4 | 53************41 | 骆听云901230 | 197.91 | 2022/9/3 |
| 5 | 56************64 | 析晓兰1126 | 96.18 | 2022/9/6 |
| 6 | 69************23 | 首多qxve | 185.42 | 2022/9/9 |
| 7 | 67************73 | 归半香289513 | 167.64 | 2022/9/10 |
| 8 | 65************41 | hunghjng | 227.71 | 2022/9/11 |
| 9 | 66************40 | 骆听云901230 | 244.29 | 2022/9/19 |
| 10 | 52************56 | 双子座131 | 115.02 | 2022/9/20 |
| 11 | 52************21 | 傅建娜 | 227.45 | 2022/9/21 |
| 12 | 65************03 | 追求更好98 | 137.13 | 2022/9/25 |
| 13 | 63************75 | 翠园76 | 77.63 | 2022/10/1 |
| 14 | 56************43 | 归半香289513 | 192.17 | 2022/10/2 |
| 15 | 61************47 | 卫卫4007 | 189.38 | 2022/10/3 |
| 16 | 60************63 | 达代巧 | 210.68 | 2022/10/14 |
| 17 | 65************35 | 归半香289513 | 79.13 | 2022/10/16 |
| 18 | 61************82 | vndbyhv6642 | 219.79 | 2022/10/17 |
| 19 | 66************52 | 析晓兰1126 | 122.91 | 2022/10/18 |
| 20 | 63************71 | 栗文1391 | 133.54 | 2022/10/21 |
| 21 | 53************70 | wee_trjkt | 125.15 | 2022/10/22 |
| 22 | 53************47 | wc1517829 | 71.25 | 2022/11/7 |
| 23 | 52************38 | 沈边徐月华沈燕 | 161.48 | 2022/11/9 |
| 24 | 52************57 | 练明清 | 62.55 | 2022/11/12 |
| 25 | 58************77 | 爱相随— | 82.85 | 2022/11/13 |
| 26 | 60************23 | 骆听云901230 | 121.63 | 2022/11/14 |
| 27 | 55************46 | 达代巧 | 87.31 | 2022/11/15 |
| 28 | 65************53 | 顾沛柔nm | 276.16 | 2022/11/18 |
| 29 | 50************41 | 骆听云901230 | 83.33 | 2022/11/20 |
| 30 | 54************36 | 归半香289513 | 235.58 | 2022/11/24 |
| 31 | 67************35 | 心心相印7890814 | 61.67 | 2022/11/28 |

**图 6-18　2022 年 9—11 月的订单的数据**

## （一）数据处理

新增4个辅助列，表头分别为"R""F""M"和"截止日期"，确定分析截止日期，本次数据的截止日期是2022年11月30日。

"R"是每个订单的距离天数，可以用DATEIF函数计算，"=DATEDIF（B2，E2，"d"）"。

"F"是消费频率，可以用COUNTIF函数计算，"=COUNTIF（B:B，B2）"。

"M"是消费金额，计算该客户在一段时间内的消费总金额。

R值、F值、M值的计算结果，如图6-19所示。表格中需要隐藏重复数据，以及"实际支付金额""订单付款时间""截止日期"三列数据，得到最后结果，如图6-20所示。

| | A | B | C | D | E | F | G | H |
|---|---|---|---|---|---|---|---|---|
| 1 | 订单编号 | 买家会员ID | R | F | M | 实际支付金额 | 订单付款时间 | 截止日期 |
| 2 | 52************47 | 析晓兰1126 | 88 | 3 | 591.98 | 372.89 | 2022/9/3 | 2022/11/30 |
| 3 | 56************55 | 尘缘若梦79 | 88 | 1 | 174.17 | 174.17 | 2022/9/3 | 2022/11/30 |
| 4 | 53************41 | 骆听云901230 | 88 | 4 | 647.16 | 197.91 | 2022/9/3 | 2022/11/30 |
| 5 | 56************64 | 析晓兰1126 | 85 | 3 | 591.98 | 96.18 | 2022/9/6 | 2022/11/30 |
| 6 | 69************23 | 首多qxve | 82 | 1 | 185.42 | 185.42 | 2022/9/9 | 2022/11/30 |
| 7 | 67************73 | 归半香289513 | 81 | 4 | 674.52 | 167.64 | 2022/9/10 | 2022/11/30 |
| 8 | 65************41 | hunghjng | 80 | 1 | 227.71 | 227.71 | 2022/9/11 | 2022/11/30 |
| 9 | 66************40 | 骆听云901230 | 72 | 4 | 647.16 | 244.29 | 2022/9/19 | 2022/11/30 |
| 10 | 52************56 | 双子座131 | 71 | 1 | 115.02 | 115.02 | 2022/9/20 | 2022/11/30 |
| 11 | 52************21 | 傅建娜 | 70 | 1 | 227.45 | 227.45 | 2022/9/21 | 2022/11/30 |
| 12 | 65************03 | 追求更好98 | 66 | 1 | 137.13 | 137.13 | 2022/9/25 | 2022/11/30 |
| 13 | 63************75 | 翠园76 | 60 | 1 | 77.63 | 77.63 | 2022/10/1 | 2022/11/30 |
| 14 | 56************43 | 归半香289513 | 59 | 4 | 674.52 | 192.17 | 2022/10/2 | 2022/11/30 |
| 15 | 61************47 | 卫卫4007 | 58 | 1 | 189.38 | 189.38 | 2022/10/3 | 2022/11/30 |
| 16 | 60************63 | 达代巧 | 47 | 2 | 297.99 | 210.68 | 2022/10/14 | 2022/11/30 |
| 17 | 65************35 | 归半香289513 | 45 | 4 | 674.52 | 79.13 | 2022/10/16 | 2022/11/30 |
| 18 | 61************82 | vndbyhv6642 | 44 | 1 | 219.79 | 219.79 | 2022/10/17 | 2022/11/30 |
| 19 | 66************52 | 析晓兰1126 | 43 | 3 | 591.98 | 122.91 | 2022/10/18 | 2022/11/30 |
| 20 | 63************71 | 栗文1391 | 40 | 1 | 133.54 | 133.54 | 2022/10/21 | 2022/11/30 |
| 21 | 53************70 | wee_trjkt | 39 | 1 | 125.15 | 125.15 | 2022/10/22 | 2022/11/30 |
| 22 | 53************47 | wc1517829 | 23 | 1 | 71.25 | 71.25 | 2022/11/7 | 2022/11/30 |
| 23 | 52************38 | 沈边徐月华沈燕 | 21 | 1 | 161.48 | 161.48 | 2022/11/9 | 2022/11/30 |
| 24 | 52************57 | 练明清 | 18 | 1 | 62.55 | 62.55 | 2022/11/12 | 2022/11/30 |
| 25 | 58************77 | 爱相随一 | 17 | 1 | 82.85 | 82.85 | 2022/11/13 | 2022/11/30 |
| 26 | 60************23 | 骆听云901230 | 16 | 4 | 647.16 | 121.63 | 2022/11/14 | 2022/11/30 |
| 27 | 55************46 | 达代巧 | 15 | 2 | 297.99 | 87.31 | 2022/11/15 | 2022/11/30 |
| 28 | 65************53 | 顾沛柔nm | 12 | 1 | 276.16 | 276.16 | 2022/11/18 | 2022/11/30 |
| 29 | 50************41 | 骆听云901230 | 10 | 4 | 647.16 | 83.33 | 2022/11/20 | 2022/11/30 |
| 30 | 54************36 | 归半香289513 | 6 | 4 | 674.52 | 235.58 | 2022/11/24 | 2022/11/30 |
| 31 | 67************35 | 心心相印789081477 | 2 | 1 | 61.67 | 61.67 | 2022/11/28 | 2022/11/30 |

图6-19 R值、F值、M值的计算结果

| | A | B | C | D | E |
|---|---|---|---|---|---|
| 1 | 订单编号 | 买家会员ID | R | F | M |
| 11 | 56**********55 | 尘缘若梦79 | 88 | 1 | 174.17 |
| 12 | 69**********23 | 首多qxve | 82 | 1 | 185.42 |
| 13 | 65**********41 | hunghjng | 80 | 1 | 227.71 |
| 14 | 52**********56 | 双子座131 | 71 | 1 | 115.02 |
| 15 | 52**********21 | 傅建娜 | 70 | 1 | 227.45 |
| 16 | 65**********03 | 追求更好98 | 66 | 1 | 137.13 |
| 17 | 63**********75 | 翠园76 | 60 | 1 | 77.63 |
| 18 | 61**********47 | 卫卫4007 | 58 | 1 | 189.38 |
| 19 | 61**********82 | vndbyhv6642 | 44 | 1 | 219.79 |
| 20 | 66**********52 | 析晓兰1126 | 43 | 3 | 591.98 |
| 21 | 63**********71 | 栗文1391 | 40 | 1 | 133.54 |
| 22 | 53**********70 | wee_trjkt | 39 | 1 | 125.15 |
| 23 | 53**********47 | wc1517829 | 23 | 1 | 71.25 |
| 24 | 52**********38 | 沈边徐月华沈燕 | 21 | 1 | 161.48 |
| 25 | 52**********57 | 练明清 | 18 | 1 | 62.55 |
| 26 | 58**********77 | 爱相随一 | 17 | 1 | 82.85 |
| 27 | 55**********46 | 达代巧 | 15 | 2 | 224.44 |
| 28 | 65**********53 | 顾沛柔nm | 12 | 1 | 276.16 |
| 29 | 50**********41 | 骆听云901230 | 10 | 4 | 647.16 |
| 30 | 54**********36 | 归半香289513 | 6 | 4 | 674.52 |
| 31 | 67**********35 | 心心相印789081477 | 2 | 1 | 61.67 |

图 6-20 隐藏重复数据和不需要的字段

## (二) 分配权重

增加字段"R值打分""F值打分""M值打分",将R、F、M指标分别按价值从小到大打分,为1~5分,如图6-21所示。

"R"订单的距离天数越近,值越大,大于70天打1分,50~69天打2分,30~49天打3分,10~29天打4分,9天以内打5分。

"F"消费频率越高,值越大,1次打1分,2次打1分,3次打3分,4天打5分。

"M"消费金额越高,值越大,100元以内打1分,100~199元打2分,200~299元打3分,300~399元打4分,400元以上打5分。

| | A | B | C | D | E | I | J | K |
|---|---|---|---|---|---|---|---|---|
| 1 | 订单编号 | 买家会员ID | R | F | M | R值打分 | F值打分 | M值打分 |
| 11 | 58**********77 | 爱相随一 | 17 | 1 | 82.85 | 4 | 2 | 1 |
| 12 | 63**********75 | 翠园76 | 60 | 1 | 77.63 | 2 | 2 | 1 |
| 13 | 53**********47 | wc1517829 | 23 | 1 | 71.25 | 4 | 2 | 1 |
| 14 | 52**********57 | 练明青 | 18 | 1 | 62.55 | 4 | 2 | 1 |
| 15 | 67**********35 | 心心相印789081477 | 2 | 1 | 61.67 | 5 | 2 | 1 |
| 16 | 65**********53 | 颢沛柔nm | 12 | 1 | 276.16 | 4 | 2 | 3 |
| 17 | 65**********41 | hunghjng | 80 | 1 | 227.71 | 1 | 2 | 3 |
| 18 | 52**********21 | 傅建娜 | 70 | 1 | 227.45 | 1 | 2 | 3 |
| 19 | 61**********82 | vndbyhv6642 | 44 | 1 | 219.79 | 3 | 2 | 2 |
| 20 | 61**********47 | 卫卫4007 | 58 | 1 | 189.38 | 2 | 2 | 2 |
| 21 | 69**********23 | 首多qxve | 82 | 1 | 185.42 | 1 | 2 | 2 |
| 22 | 56**********55 | 尘缘若梦79 | 88 | 1 | 174.17 | 1 | 2 | 2 |
| 23 | 52**********38 | 沈边徐月华沈燕 | 21 | 1 | 161.48 | 4 | 2 | 2 |
| 24 | 65**********03 | 追求更好98 | 66 | 1 | 137.13 | 2 | 2 | 2 |
| 25 | 63**********71 | 栗文1391 | 40 | 1 | 133.54 | 3 | 2 | 2 |
| 26 | 53**********70 | wee_trjkt | 39 | 1 | 125.15 | 3 | 2 | 2 |
| 27 | 52**********56 | 双子座131 | 71 | 1 | 115.02 | 1 | 2 | 2 |
| 28 | 54**********36 | 归半香289513 | 6 | 4 | 674.52 | 5 | 5 | 5 |
| 29 | 50**********41 | 骆听云901230 | 10 | 4 | 647.16 | 5 | 5 | 5 |
| 30 | 66**********52 | 析晓兰1126 | 43 | 3 | 591.98 | 3 | 4 | 5 |
| 31 | 55**********46 | 达代巧 | 15 | 2 | 276.69 | 4 | 3 | 3 |

图 6-21　客户 R、F、M 得分

## （三）识别客户类型

分别求出"I列R值打分、J列F值打分、K列M值打分"的平均值：R值打分（ave）=2.95；F值打分（ave）=1.43；M值打分（ave）=2.43。然后将每一位客户的R、F、M值打分与平均值分别进行比较，高于平均值则标记为高，低于平均值则标记为低，计算出三个指标的高低值，如图6-22所示。

| | A | B | C | D | E | I | J | K | L | M | N |
|---|---|---|---|---|---|---|---|---|---|---|---|
| 1 | 订单编号 | 买家会员ID | R | F | M | R值打分 | F值打分 | M值打分 | R高低值 | F高低值 | M高低值 |
| 11 | 58**********77 | 爱相随一 | 17 | 1 | 82.85 | 4 | 1 | 1 | 高 | 低 | 低 |
| 12 | 63**********75 | 翠园76 | 60 | 1 | 77.63 | 2 | 1 | 1 | 低 | 低 | 低 |
| 13 | 53**********47 | wc1517829 | 23 | 1 | 71.25 | 4 | 1 | 1 | 高 | 低 | 低 |
| 14 | 52**********57 | 练明青 | 18 | 1 | 62.55 | 4 | 1 | 1 | 高 | 低 | 低 |
| 15 | 67**********35 | 心心相印789081477 | 2 | 1 | 61.67 | 5 | 1 | 1 | 高 | 低 | 低 |
| 16 | 65**********53 | 颢沛柔nm | 12 | 1 | 276.16 | 4 | 1 | 3 | 高 | 低 | 高 |
| 17 | 65**********41 | hunghjng | 80 | 1 | 227.71 | 1 | 1 | 3 | 低 | 低 | 高 |
| 18 | 52**********21 | 傅建娜 | 70 | 1 | 227.45 | 1 | 1 | 3 | 低 | 低 | 高 |
| 19 | 61**********82 | vndbyhv6642 | 44 | 1 | 219.79 | 3 | 1 | 3 | 高 | 低 | 高 |
| 20 | 61**********47 | 卫卫4007 | 58 | 1 | 189.38 | 2 | 1 | 2 | 低 | 低 | 低 |
| 21 | 69**********23 | 首多qxve | 82 | 1 | 185.42 | 1 | 1 | 2 | 低 | 低 | 低 |
| 22 | 56**********55 | 尘缘若梦79 | 88 | 1 | 174.17 | 1 | 1 | 2 | 低 | 低 | 低 |
| 23 | 52**********38 | 沈边徐月华沈燕 | 21 | 1 | 161.48 | 4 | 1 | 2 | 高 | 低 | 低 |
| 24 | 65**********03 | 追求更好98 | 66 | 1 | 137.13 | 2 | 1 | 2 | 低 | 低 | 低 |
| 25 | 63**********71 | 栗文1391 | 40 | 1 | 133.54 | 3 | 1 | 2 | 高 | 低 | 低 |
| 26 | 53**********70 | wee_trjkt | 39 | 1 | 125.15 | 3 | 1 | 2 | 高 | 低 | 低 |
| 27 | 52**********56 | 双子座131 | 71 | 1 | 115.02 | 1 | 1 | 2 | 低 | 低 | 低 |
| 28 | 54**********36 | 归半香289513 | 6 | 4 | 674.52 | 5 | 4 | 5 | 高 | 高 | 高 |
| 29 | 50**********41 | 骆听云901230 | 10 | 4 | 647.16 | 5 | 4 | 5 | 高 | 高 | 高 |
| 30 | 66**********52 | 析晓兰1126 | 43 | 3 | 591.98 | 3 | 3 | 5 | 高 | 高 | 高 |
| 31 | 55**********46 | 达代巧 | 15 | 2 | 276.69 | 4 | 2 | 3 | 高 | 高 | 高 |
| 32 | 平均值 | | | | | 2.95 | 1.43 | 2.43 | | | |

图 6-22　R、F、M 高低值统计

最后结合表6-5，划分客户类型，对客户进行细分之后，即可针对不同人群，制定出详细的营销策略，如图6-23所示。

| | A | B | L | M | N | O |
|---|---|---|---|---|---|---|
| 1 | 订单编号 | 买家会员ID | R高低值 | F高低值 | M高低值 | 客户类型 |
| 11 | 58\*\*\*\*\*\*\*\*\*\*\*\*\*77 | 爱相随一 | 高 | 低 | 低 | 一般发展客户 |
| 12 | 63\*\*\*\*\*\*\*\*\*\*\*\*\*75 | 翠园76 | 低 | 低 | 低 | 一般挽留客户 |
| 13 | 53\*\*\*\*\*\*\*\*\*\*\*\*\*47 | wc1517829 | 高 | 低 | 低 | 一般发展客户 |
| 14 | 52\*\*\*\*\*\*\*\*\*\*\*\*\*57 | 练明清 | 高 | 低 | 低 | 一般发展客户 |
| 15 | 67\*\*\*\*\*\*\*\*\*\*\*\*\*35 | 心心相印789081477 | 高 | 低 | 低 | 一般发展客户 |
| 16 | 65\*\*\*\*\*\*\*\*\*\*\*\*\*53 | 顾沛柔nm | 高 | 低 | 高 | 重要发展客户 |
| 17 | 65\*\*\*\*\*\*\*\*\*\*\*\*\*41 | hunghjng | 低 | 低 | 高 | 重要挽留客户 |
| 18 | 52\*\*\*\*\*\*\*\*\*\*\*\*\*21 | 傅建郦 | 低 | 低 | 高 | 重要挽留客户 |
| 19 | 61\*\*\*\*\*\*\*\*\*\*\*\*\*82 | vndbyhv6642 | 高 | 低 | 高 | 重要发展客户 |
| 20 | 61\*\*\*\*\*\*\*\*\*\*\*\*\*47 | 卫卫4007 | 低 | 低 | 低 | 一般挽留客户 |
| 21 | 69\*\*\*\*\*\*\*\*\*\*\*\*\*23 | 首多qxve | 低 | 低 | 低 | 一般挽留客户 |
| 22 | 56\*\*\*\*\*\*\*\*\*\*\*\*\*55 | 尘缘若梦79 | 低 | 低 | 低 | 一般挽留客户 |
| 23 | 52\*\*\*\*\*\*\*\*\*\*\*\*\*38 | 沈边徐月华沈燕 | 高 | 低 | 低 | 一般发展客户 |
| 24 | 65\*\*\*\*\*\*\*\*\*\*\*\*\*03 | 追求更好98 | 低 | 低 | 低 | 一般挽留客户 |
| 25 | 63\*\*\*\*\*\*\*\*\*\*\*\*\*71 | 栗文1391 | 高 | 低 | 低 | 一般发展客户 |
| 26 | 53\*\*\*\*\*\*\*\*\*\*\*\*\*70 | wee_trjkt | 高 | 低 | 低 | 一般发展客户 |
| 27 | 52\*\*\*\*\*\*\*\*\*\*\*\*\*56 | 双子座131 | 低 | 低 | 低 | 一般挽留客户 |
| 28 | 54\*\*\*\*\*\*\*\*\*\*\*\*\*36 | 归半香289513 | 高 | 高 | 高 | 重要价值客户 |
| 29 | 50\*\*\*\*\*\*\*\*\*\*\*\*\*41 | 骆听云901230 | 高 | 高 | 高 | 重要价值客户 |
| 30 | 66\*\*\*\*\*\*\*\*\*\*\*\*\*52 | 析晓兰1126 | 高 | 高 | 高 | 重要价值客户 |
| 31 | 55\*\*\*\*\*\*\*\*\*\*\*\*\*46 | 达代巧 | 高 | 高 | 高 | 重要价值客户 |

图6-23 客户类型统计

> 拓展学习

### RFE分析模型

RFE分析模型基于用户的普通行为（非转化或交易行为）产生，企业可以用来分析未发生登录、注册等匿名行为的客户价值分析，也可以做实名客户分析。

RFE模型是根据会员最近一次访问时间R（recency）、访问频率F（frequency）、页面互动度E（engagements）计算得出的RFE得分。

一、R（recency）

R即最近一次访问时间，是指会员最近一次访问或到达网站的时间。

## 二、F (frequency)

F即访问频率，是指客户在特定时间周期内访问或到达的频率。

## 三、E (engagements)

E即页面互动度，是指互动度的定义可以根据不同企业的交互情况而定。例如，可以定义为页面浏览量、下载量、视频播放数量等。

**职业视窗**

客户价值分析不仅关乎企业的市场策略和盈利模式，还涉及一系列法律法规的遵守。以下是一些与客户价值分析密切相关的法律法规。

### 一、个人信息保护法

根据《中华人民共和国个人信息保护法》，任何组织和个人在收集、使用个人信息时，必须采取合法、正当的方式，并经过信息主体的明确同意。在进行客户价值分析时，如果涉及客户个人信息的收集和使用，必须遵循《中华人民共和国个人信息保护法》的规定，确保数据的合法收集和使用。评估客户忠诚度或购买行为时，不得非法获取或滥用客户的个人信息。

### 二、反歧视法

相关法律法规禁止基于种族、性别、年龄、宗教信仰等歧视性因素对客户进行不同对待，应该确保所有客户都能公平地获得服务和权益保障。在评估客户价值时，建立公平、公正的客户价值评估体系，确保每一位客户都能得到应有的尊重和权益保障，必须避免基于歧视性因素进行不公平的评估或分类。

### 三、合同法

合同应当基于双方自愿、平等、诚实信用的原则订立。合同内容应当明确、具体，符合法律法规和公序良俗。合同双方应当按照约定全面履行自己的义务。在与客户建立合同关系时，必须确保合同内容合法、明确，并符合双方的真实意愿。在评估客户价值时，应考虑到合同履行情况对客户价值的影响，如客户的履约能力、信用状况等。

### 四、消费者权益保护法

消费者享有知悉其购买、使用的产品或者接受的服务的真实情况的权利。消费者还享有自主选择产品或者服务的权利。消费者在购买产品或者接受服务时，有权获得质量保障、价格合理、计量正确等公平交易条件。在提供产品或服务时，应确保客户享有充分的知情权，了解产品或服务的真实情况。在评估客户价值时，应考虑到客户对产品或服务的满意度和忠诚度，这与客户的公平交易权密切相关。

五、竞争法

相关法律法规禁止采取虚假宣传、商业贿赂、侵犯商业秘密等不正当竞争手段，鼓励企业通过提高产品质量、优化服务等正当手段进行竞争。在进行客户价值分析时，应确保分析过程和方法合法合规，不得采用不正当竞争手段获取客户信息或进行虚假宣传。在制定市场策略时，应遵守竞争法规定，通过正当手段提高客户价值和满意度。

## 温故知新

### 一、单项选择题

1.（　　）是指提供服务的企业能自觉履行并落实对客户作出的各项承诺。
A.有形性　　　　　　　　B.可靠性
C.响应性　　　　　　　　D.移情性

2.（　　）是指最先提出问题、发出沟通交流信号的人，也就是信息发出的源头。
A.发起者　　　　　　　　B.信息接收者
C.目标　　　　　　　　　D.媒介

3.下列不能作为网店客户服务人员与客户实时沟通工具的是（　　）。
A.发邮件　　　　　　　　B.宣传海报
C.打电话　　　　　　　　D.网络聊天

4.（　　）是指客户对购买产品或服务质量感到满意，并再次购买的比率。
A.美誉度　　　　　　　　B.知名度
C.回头率　　　　　　　　D.销售力

### 二、多项选择题

1.客户服务的基本原则包括（　　）。
A.尊重原则　　　　　　　B.规范原则
C.适度原则　　　　　　　D.互动原则

2.下列属于客户服务人员心理素质提升的是（　　）。
A.处变不惊的应变能力　　B.严格遵守承诺
C.挫折打击的承受能力　　D.情绪的自我掌控和调节能力

3.下列属于有效倾听的是（　　）。
A.不随意打断客户发言　　B.全神贯注地听客户的问题
C.不断向客户陈述自己的观点　　D.极力向客户推荐热销产品

4.客户价值分析是以客户为中心，从客户需求出发的一种分析方法，其意义在于（　　）。
A.精准营销　　　　　　　B.提升客户满意度与忠诚度
C.优化资源配置　　　　　D.数据驱动决策

## 三、判断题

1. 功能性质量是指在服务推广的过程中，客户对客户服务人员履行职责时的行为、态度、仪表等方面的直观感受。（　　）

2. 客户服务人员凭借自己专业的服务素质及处理问题的能力，增强了客户对企业服务质量的信心，这属于有形性服务质量评价指标的内容。（　　）

3. 背景是指沟通双方进行交流互动的具体环境，包括心理背景、物理背景、社会背景、文化背景等。（　　）

4. 对于电商企业来说，进行客户特征分析能够让企业从整体上了解客户，结合客户特征，定位品牌形象、打造企业理念、确定经营策略。（　　）

5. RFM分析模型是衡量客户价值的重要工具和手段。（　　）

## 学以致用

某大型零售连锁企业（以下简称XYZ公司），致力于通过卓越的客户服务质量、精准的客户画像和客户价值评估，提升客户满意度与忠诚度。

XYZ公司制定了详细的客户服务标准，包括接待礼仪、产品咨询、售后服务等各个环节，确保每一位客户都能享受到一致且优质的服务。XYZ公司定期为员工提供客户服务培训，包括产品知识、沟通技巧和应急处理能力等，并设立"服务之星"评选机制，激励员工提供更高质量的服务。除了传统的店面服务外，XYZ公司还开通了在线客服、社交媒体平台客服等渠道，确保客户能随时随地获得帮助。

通过定期收集客户反馈，XYZ公司了解到客户对产品、价格、服务等各方面的需求，并据此调整经营策略。XYZ公司推出会员制度，提供积分累积、会员专享优惠、生日礼遇等福利，增强客户黏性，并基于大数据分析，为客户提供个性化的产品推荐和服务，如生日礼物推荐、购物清单提醒等。

通过线上购物记录、会员注册信息、社交媒体平台互动等多种渠道收集客户数据，运用大数据分析技术，对客户的基本属性（如年龄、性别等）、消费行为（如消费频率、消费金额等）、兴趣爱好等进行深入分析。基于分析结果，构建出不同客户群体的画像，如年轻职场人、家庭主妇、老年养生族等。

采用R、F、M三个维度对客户进行价值评估。同时，运用LRFMC分析模型，增加客户关系长度（L）和折扣系数的平均值（C），更全面地评估客户价值。根据RFM和LRFMC分析模型的结果，将客户细分为高价值、中价值、低价值等不同群体。XYZ公司通过客户价值数据分析，发现高价值客户群体主要集中于年轻职场人和家庭主妇，于是针对这两个群体推出了一系列专属优惠和增值服务，如优先预约新品体验、专属客服团队等，有效提升了客户满意度和忠诚度。

总之，XYZ公司成功地将客户服务质量、客户满意度与忠诚度、客户画像及客户价值分析融为一体，实现了客户体验的全面升级和企业竞争力的显著提升。在未来的经营中，XYZ公司将继续优化服务流程、深化数据分析、精准营销，为客户提供更加优质的产品和服务。

结合上述案例，请你根据所学内容，在客户运营实践中思考以下问题。

### 任务一：客户服务质量设计

1. 如何评估服务流程是否得到有效执行？
2. 哪些因素严重影响客户服务人员的服务质量，如何持续改进？
3. 定制化服务是否对提升客户满意度有显著作用？如何量化评估？

### 任务二：客户特征分析和画像构建

1. 如何确保数据采集的合法性和隐私保护？
2. 客户画像如何帮助企业精准营销，提升销售转化率？

### 任务三：客户价值分析和评估

1. 如何确保客户价值分析结果的准确性和时效性？
2. 针对不同价值的客户群体，企业应如何制定差异化的营销策略？

# 模块七　供应链管理数据分析

## 学习目标

◇ **知识目标**

1.了解采购定义、原则、模式及采购的基本流程，掌握采购数据分析的主要内容。

2.了解库存管理的定义及库存管理的方法，掌握库存数据分析的主要内容。

3.了解物流的定义、模式分类、模式选择原则及物流服务提升策略，掌握物流数据分析的主要内容。

◇ **能力目标**

1.能够根据收集到的采购数据信息，完成采购需求计划、采购成本、采购绩效等方面的数据分析。

2.能够根据收集到的库存数据信息，完成库存结构、库存数量及库存健康度等方面的数据分析。

3.能够根据收集到的物流数据信息，完成物流运费、物流订单时效以及异常物流等方面的数据分析。

◇ **素养目标**

1.具备数据信息安全意识，尊重公民信息隐私，遵守职业道德，遵守《中华人民共和国民法典》等相关法律法规。

2.具备创新意识和科技素养，激发推动供应链管理不断进步的创造力和探索精神。

3.具备环保意识，养成节约资源的习惯，为构建绿色供应链贡献力量。

## 学习导图

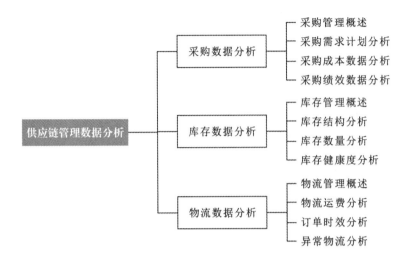

# 单元一 采购数据分析

## 案例导入

某车企作为汽车行业的佼佼者,在全球范围内具有很大的影响力。该车企在产品开发、维持供应基础和管理采购职能等方面所做的努力,表面上似乎与其他大多数汽车制造商没什么不同,但结果是该车企取得的成绩往往更为卓越。据统计,过去18年中,该车企在客户忠诚度方面一直排名第一。

该车企十分具有"挑战性"精神,即"保持国际化特点,努力在合理的价格水平上提供高效率的产品,以满足世界各地客户的要求"。该车企还十分善于整合各种资源,在选择供应商时,对建立合作关系非常重视,期望与供应商达成长期合作关系,并在与供应商关系的发展上付出了很多时间和精力。

该车企建立了一个核心"成本研究"小组,由24个具有专业产品知识的专家组成,小组成员与供应商进行合作,深入研究竞争对手的汽车,然后与自产的汽车进行对比分析,最终建立起一套属于自己的精确成本模型。除此之外,该车企在一些项目的开发初期,就邀请供应商参与到产品的设计过程中,以此获得供应商的最新技术支持,并且保证将它整合运用到汽车生产上。如此,不仅使得汽车零部件的产量几乎翻倍,从每小时生产63个部件增加到每小时生产125个部件，而且还提升了零部件的使用寿命，减少了损耗，从而削减了绝大部分成本。

如今，该车企在全球的不同市场上都形成了自己独特的发展优势，将销售、产品开发和运作本土化，使之与每一个地区当地客户的期望和能力相一致，以此寻求较高的客户满意度。该车企通过与众多供应商建立和维护良好的商业伙伴关系，实现了与供应商的合作共赢，还使其采购能力获得了全球的尊重和认同。

**[案例思考]**
请你通过阅读案例内容，分析并回答以下问题。
1. 该车企是如何形成自己独特的发展优势的？
2. 请分析说明该车企的采购策略。

# 一、采购管理概述

## （一）采购的定义

采购是指一整套购买产品和服务的商业流程，是供应链管理必不可少的环节。

采购数据分析是优化供应链和采购决策的核心大脑，具有极其重要的战略意义。一般来说，采购数据分析的内容主要包括采购需求计划分析、采购成本数据分析和采购策略分析。

## （二）采购原则

经人们长期的摸索与总结，提出了"5R"原则用以指导采购活动，取得了良好的效果。采购应遵循的"5R"原则分别是指适价原则、适质原则、适量原则、适地原则及适时原则。

### 1. 适价原则

适价原则是指在保证采购同等品质物资的情况下，价格不高于同类物资的价格。价格永远是采购活动的核心，这就要求采购者应当及时了解所处行业的市场情况，尽可能多地获取相关资料。

### 2. 适质原则

适质原则是指所采购的物资的质量应是有保证的，是符合相关要求的。采购质量对企业的成本以及信誉都有着至关重要的影响。因此，采购者应该在日常的采购工作中安排部分时间去推动供应商改善、稳定物料品质，只有采购的质量得到保证，才有可能提高企业的经营质量。

### 3. 适量原则

适量原则是指采购的物资的数量应是适当的。采购的数量应根据资金的周转率、储存成本、物料需求计划等综合计算出最经济的采购量。物料采购量过大会造成过高的存货储备成本与资金积压,而物料采购量过小,则会增加采购次数,提高采购成本。因此,采购者控制适当的采购量(即适量)是非常有必要的。

### 4. 适地原则

适地原则是指企业应选择地理位置距离合适的物资供应商。企业在选择供应商时还应考虑地理位置的远近,供应商离企业越近,所需的运输费用就越低,机动性就越高,协调沟通就越方便,成本自然也就越低;反之,所需的运输费用就越高,机动性就越低,协调沟通就越不便,成本自然也就越高。

### 5. 适时原则

适时原则是指所采购物资的时间应是合适的,是符合企业生产计划的,且供应商应在预定时间内交付物资。采购者若提前太多时间将物资采买回来,会造成物资积压,占用大量的采购资金;若延期采购,则会导致企业不能按时出货,引起客户的强烈不满。因此,采购者应根据企业的生产计划合理安排采购时间,并在采购过程中协调和促使供应商按预定时间交货。

## (三)采购模式

采购模式在企业的运营活动中占据重要地位,正确的采购模式可以提高企业的采购效率、规范企业的采购操作以及控制企业的采购成本。常见的采购模式包括MRP采购、JIT采购、订货点采购、招标采购、战略采购、全球采购。

### 1. MRP采购

MRP(material requirement planning),即物资需求计划,是生产企业用来制订物料需求计划、进行生产管理的一种应用软件。它根据总生产进度计划中规定的最终产品的交货日期,编制构成最终产品的装配件、部件、零件的生产进度计划、对外采购计划、对内生产计划。MRP采购主要运用于生产企业,是一种以需求分析为依据、以满足库存为目的的采购模式。

### 2. JIT采购

JIT(just in time)采购,即准时化采购,是一种完全以满足需求为目的的准时化采购模式,即需求方根据自己的需要,向供应商订货,令供应商在指定的时间,将指定的品种、指定的数量送到指定的地点。JIT采购的基本思想是,只在需要的时候,按需要的量,生产所需的产品。这样可以最大限度地降低库存、减少浪费。

### 3. 订货点采购

订货点是指仓库物资达到了必须订货的警戒点，到了订货点就必须订货，否则就会出现缺货。因此，订货点也就是订货的启动控制点，是仓库发出订货的时机。订货点采购是指由采购人员根据各个品种的需求量和订货提前期的长短，确定每个品种的订货点、订货批量及最高库存水准等，然后建立起一种库存检查机制，当发现货物已到达订货点时，就要检查库存，发出订货申请，订货批量的大小由规定的标准确定。当需求量或完成周期存在不确定性的时候，须使用合适的安全库存来缓冲或补偿不确定因素。

### 4. 招标采购

招标采购是招标人发出招标公告或投标邀请函，说明采购的产品名称、规格、数量及其他条件，邀请投标人前来投标，然后由招标人按既定标准选择条件最优的投标人，并与其签订采购合同的整个过程。招标采购具有公开性、公平性和竞争性等特点。

### 5. 战略采购

战略采购又称双赢采购，是一种在新兴的合作关系和竞争性关系之间寻求平衡的采购模式。战略采购是计划、评估、实施、控制战略性和操作性采购决策的过程，目的是指导采购部门的所有活动都围绕提高企业竞争力展开，以实现企业的长期目标。战略采购是一个系统化的过程，能够促进采购人员计划、管理和发展一个供应商群，以保证企业的战略目标得以实现，并通过战略采购能够将所有具有竞争力的供应商整合到企业长期运作的流程中。

### 6. 全球采购

全球采购又称国外采购或国际采购，是指企业利用全球的资源，在全世界范围内去寻找供应商，寻找质量较好、价格合理的产品。全球采购是在全球背景下以及资源配置进行优化组合的趋势下，整合配置产生的。全球企业进行资源配置，销售体系、采购体系、供应体系都形成了全球化供应的格局。企业在采购产品时，有时国内市场的商品在性能或者质量上不能满足其要求，或者相同的产品从国外进口价格比在国内购买更便宜，这时就要进行全球采购。虽然全球采购具有流程烦琐、风险较高的不足，但是其具有的优势使其仍然是一种重要的采购模式。

## 二、采购需求计划分析

在供应链领域，可以将需求定义为"销售需求"，需求计划也称"需求预测"。采购需求计划分析是基于实际销售数据，对未来的需求预测进行评估，通常分为如下步骤。

一是，对过去的销量进行数据统计，得出以SKU为颗粒度的销量统计表。

二是，分别对日常销量和活动销量进行预判，得出需求预测。

三是，基于时间维度进行需求预测汇总。

四是，结合市场和销售策略，定期对所有需求进行符合事实的更新。

例如，某店铺的连衣裙在往期销量的基础上，初步进行了日常需求预测和活动需求预测，如表7-1、表7-2所示。

表7-1　某店铺的连衣裙日常需求预测

| 月份 | 汇总数量（件） | 短袖S码（件） | 短袖M码（件） | 短袖L码（件） |
| --- | --- | --- | --- | --- |
| 1 | 112 | 34 | 44 | 34 |
| 2 | 163 | 47 | 62 | 54 |
| 3 | 171 | 50 | 64 | 57 |
| 4 | 277 | 82 | 107 | 88 |
| 5 | 8130 | 2780 | 2850 | 2500 |
| 6 | 10670 | 3870 | 3600 | 3200 |

表7-2　某店铺的连衣裙活动需求预测

| 月份 | 汇总数量（件） | 短袖S码（件） | 短袖M码（件） | 短袖L码（件） |
| --- | --- | --- | --- | --- |
| 1 | — | — | — | — |
| 2 | — | — | — | — |
| 3 | 601 | 207 | 240 | 154 |
| 4 | 1463 | 462 | 515 | 486 |
| 5 | 4016 | 1425 | 1365 | 1226 |
| 6 | 6695 | 2802 | 2305 | 1588 |

根据公式：

$$需求总预测 = 日常需求预测 + 活动需求预测$$

对表7-1、表7-2进行汇总，得到表7-3中的数据。

表7-3　某店铺的连衣裙需求预测汇总

| 月份 | 汇总数量（件） | 短袖S码（件） | 短袖M码（件） | 短袖L码（件） |
| --- | --- | --- | --- | --- |
| 1 | 112 | 34 | 44 | 34 |
| 2 | 163 | 47 | 62 | 54 |

续表

| 月份 | 汇总数量（件） | 短袖S码（件） | 短袖M码（件） | 短袖L码（件） |
|---|---|---|---|---|
| 3 | 772 | 257 | 304 | 211 |
| 4 | 1740 | 544 | 622 | 574 |
| 5 | 12146 | 4205 | 4215 | 3726 |
| 6 | 17365 | 6672 | 5905 | 4788 |

在此基础之上，为了显示出需求变化规律以规划其他运营资源，可以将表7-3中的数据结果转化为柱状图，如图7-1所示。

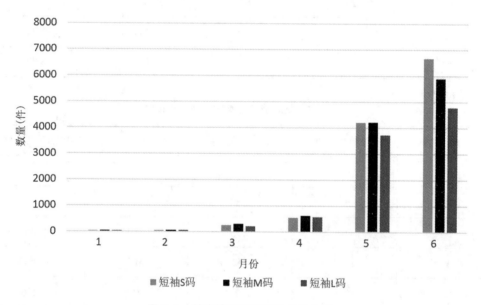

图7-1　某店铺的连衣裙需求总分析

经过一系列分析，得出1—6月的需求情况。1—4月因为气候原因，连衣裙整体需求量小，尽管3月、4月进行了活动推广，需求量仍然不大；5—6月连衣裙的需求量飙升，并且S码占比逐步增大。

综上所述，产品采购通常受到一些可预测因素的影响，不同时期的需求都发生着变化。这些变化包括季节性因素（如空调、羽绒服等季节性产品）和非季节性因素（如促销活动和产品普及率），它们都可能导致原先采购需求计划出现变化，产生可以预测的增加或减少。

应根据可预测的需求波动及时修改采购需求计划，避免产品需求的变化给供应链带来一系列的连锁问题，如：在需求旺季，大量缺货供不应求；在需求淡季，库存过多，造成产品积压及库存成本上升。

## 三、采购成本数据分析

作为电商经营者,想要获得更多利润,就必须考虑前期的资金投入。其中,占比较大的是产品采购成本,通过对采购成本进行相应的分析,得出科学的依据,以制定或采取措施,从而有效控制采购成本。

### (一)采购成本走势分析

在进行产品采购时,产品的价格会受到各种因素的影响,如交通、气候等,可以选择在产品价格走低时进行大量采购,节省成本,赚取更大差价,从而获得更多利润。

分析价格走势,一般都是根据已有数据构成的走势折线来分析,如图7-2所示。

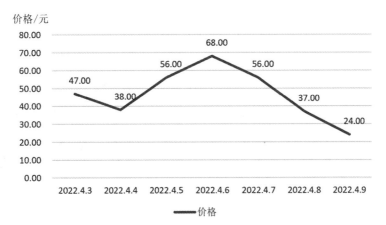

图7-2 近一周产品价格走势

### (二)不同渠道采购成本分析

店铺产品的供货商,不一定完全来自同一家,有时甚至来自多家。这不仅取决于供货商相关产品的有无,而且也会顾虑到采购成本。当多家供应商都可以提供产品时,可以根据已采购产品的价格数据来判定哪家供货商的进货成本更加低廉或划算,从而进行取舍。对于这样的采购成本比较,无须对数据进行一对一的比价或计算,用对比折线图就可以轻松展现,如图7-3所示。

### (三)采购平均价分析

产品采购价格变动是常有的事情,怎样在变动的采购单价中发现最佳采购时机,较大程度地降低投入成本,是很多卖家都希望掌握的方法和技能。因为,这样可以让自己处于更有利的地位,无论是在开展促销活动或让利活动等方面,都有获利的空间,同时还能有可观的利润。将波动价格与平均价格进行划分和对比,即可分析和发现最佳采购时机,如图7-4所示。

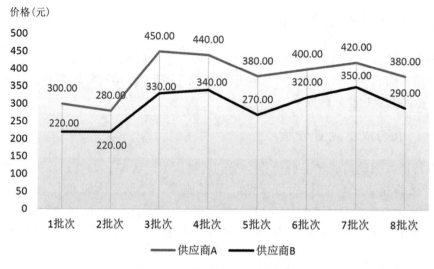

图 7-3　不同商家采购价格对比

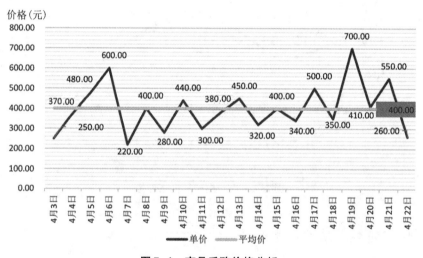

图 7-4　产品采购价格分析

## 四、采购绩效数据分析

采购绩效数据分析是对企业采购活动的效果进行量化评估和分析的过程。通过对采购数据的深入分析,企业可以了解采购过程中的供应商表现、采购周期、订单履行、质量合格以及采购策略等方面的绩效情况,进而为采购决策和优化提供依据,提升企业的采购管理水平和经济效益。

### (一)供应商评价

供应商评价是对供应商在采购过程中的表现进行量化评估的过程。评价指标可以包括供应商的交货准时率、产品质量、服务态度、价格水平等。通过对供应商的评价,企业可以了解供应商的综合实力和服务水平,为后续的供应商选择和管理提供依据。

## （二）采购周期效率

采购周期效率是指从采购需求产生到物料入库所需的时间长度。通过分析采购周期，企业可以了解采购流程的效率，发现流程中的瓶颈和延误点，并采取措施缩短采购周期，提高采购效率。

## （三）订单履行率

订单履行率是指供应商按照合同或订单要求按时、按量、按质完成交货的比例。订单履行率是评估供应商可靠性和履约能力的重要指标。通过对订单履行率的分析，企业可以了解供应商的交货能力和履约水平，为后续的订单分配和供应商管理提供依据。

## （四）质量合格率

质量合格率是指采购物料经过质量检验后符合质量要求的比例。质量合格率是评估供应商产品质量水平的重要指标。通过对质量合格率的分析，企业可以了解供应商的产品质量状况，为后续的质量控制和供应商管理提供依据。

## （五）采购策略效果评估

采购策略效果评估是对企业采购策略实施效果的评价。采购策略可以包括集中采购、长期合作协议、多元化供应等。通过对采购策略效果的分析，企业可以了解采购策略的实施效果，评估策略的适应性和有效性，并根据分析结果对策略进行调整和优化。

扫一扫二维码，在线观看教材配套的微课"采购数据分析"。

## 拓展学习

### 采购的基本流程

采购流程通常是指有需求的采购方实施采购工作的具体过程，主要包括确定采购需求、制订采购计划、选择供应商、签订采购合同、发出采购订单、订单跟踪与催货、货物验收入库等。

一、确定采购需求

采购需求是采购工作的任务来源。任何采购都产生于企业中某个部门的确切需求。负责具体业务活动的人应该清楚地知道本部门独特的需求：需要什么、需要多少、何时需要。这样，采购部门就会收到这个部门发出的物料需求单，然后采购部门把所要采购的物料进行汇总，再分配到各个采购员，给各个采购员下达采购任务单。

二、制订采购计划

采购员在接到采购任务单后，要制订具体的采购计划。首先是进行资源市场调查，包括对产品、价格、供应商的调查分析；其次是选定供应商；最后是确定采购方法、采购日程计划、运输方法及货款支付方法等。

三、选择供应商

根据确定的采购需求，企业一般会优先考虑已有的、与自己有长期良好合作的供应商群体。但是，企业不能完全依赖已有的供应商群体，一旦他们不能满足新的采购需求，就必须到社会上重新进行选择。企业可通过出差、电话、电子邮件和招标等方式选择能够供应所需产品且信誉良好的供应商。

四、签订采购合同

选定供应商之后，采购方一般要通过与供应商进行反复的磋商和谈判，讨论包装、运输、价格、质量、送货、服务及风险赔偿等各种限制条件，最后签订正式的采购合同。

五、发出采购订单

当签订了采购合同之后，就要准备订货了。对于小型的采购，采购方签订了合同就相当于下了订单，而对于大型的采购或有长期合作的供应商，采购方要选择在适当的时候发出采购订单。

六、订单跟踪与催货

采购订单发给供应商之后，为了确保货物符合规定并按时进库，采购部门应对订单进行跟踪和催货。企业在采购订单发出时，同时会确定相应的跟踪催货日期。在一些企业中，甚至会设有一些专职的跟踪和催货人员。

七、货物验收入库

按照订单条款，采购方对收到的货物要进行验收。首先要核对发货单，看货物种类、数量、品质是否与合同相符；其次要检查各类单据是否齐备，如装箱单、发票等；最后检查外包装是否完好，入库时是否需要再另行包装。以上几项检查无误后就可以卸货、清点、入库，同时由仓储部门经办人填写货物入库单或将该信息输入仓储管理信息系统。

### 职业视窗

采购是现代社会中最常见的经济活动。采购作为生产经营活动的初始环节，对企业的产、供、销各个环节影响极大，成为构成企业核心竞争力的重要内容。它不仅能保证企业生产正常运转，也会为企业降低成本、增加盈利创造有利条件。

采购管理是为了保质、保量、经济、及时地供应生产经营所需的各种物品，对采购、库存、仓储、运输、配送、订单处理等一系列供应过程包括对供应商、内部成员以及终端客户进行计划、组织、协调与控制，以确保企业经营目标实现的活动过程。概括来说，采购管理是指对采购过程的计划、组织、协调和控制。由于采购业务的复杂性和重要性，企业对采购人员的职业素质提出了更高的要求，优秀的采购人员应具备以下职业素养。

一、责任心

采购人员对自己的工作负责，具有对他人、组织承担责任和履行义务的自觉态度，自觉承担相应的责任并履行义务，不推卸责任。

二、诚实守信

采购人员以诚实、善良的态度行使企业赋予的权利和履行自己的义务，不受个人利益、好恶或具体情况的影响，信守承诺。

三、敬业精神

采购人员应具有强烈的事业心、专业的工作态度、积极的进取意识，能自觉地调整自己的行为，利用各种资源使工作成果最大化。

四、客户意识

采购人员要关注内部客户与外部客户不断变化的需求和期望，尽力帮助和服务客户，满足客户的要求和意愿。

# 单元二　库存数据分析

 **案例导入**

某企业借鉴国内外物流公司的先进经验，并结合自身的优势，制定了自己的仓储物流改革方案。

一是，成立了仓储调度中心，对全国市场区域的仓储活动进行重新规划，对产品的仓储、转库实行统一管理和控制。由提供单一的仓储服务到对产成品的市场区域分布、流通时间等全面的调整、平衡和控制，仓储调度成为销售过程中降低成本、增加效益的重要一环。

二是，注册成立物流有限公司，引进现代物流理念和技术，并按照市场机制运作。物流公司能够确保按规定要求，以最短的时间、最少的投入和最经济的运送方式，将产品送至目的地。

三是，筹建了技术中心，运用建立在互联网信息传输基础上的ERP系统，将物流、信息流、资金流全面统一在计算机网络的智能化管理之下，建立起各分公司与总公司之间的快速信息通道，及时掌握各地最新的市场库存、货物和资金流动情况。

通过这一系列的改革，首先，该企业的仓库面积由7万多平方米缩至不足3万平方米，产成品平均库存量由12000吨下降到6000吨。其次，企业产品物流实现了环环相扣，销售部门根据各地销售情况制订销售计划，仓储部门依据销售计划和库存向生产企业传递要货信息，生产企业有针对性地组织生产，物流公司则及时调度运力，确保交货质量和交货期。最后，销售代理商在有了稳定的货源供应后，从人、财、物等方面进一步降低销售成本、增加效益。

经过一年多的运转，该企业的物流网取得了阶段性成果。实践证明，现代物流管理体系的建立，提高了该企业的整体营销水平和市场竞争力。

**[案例思考]**
请你通过阅读案例内容，分析并回答以下问题。
1. 该企业仓储管理的特点是什么？
2. 从本案例中，你能得到哪些启示？

# 一、库存管理概述

## （一）库存的定义

在电子商务环境中，库存是指为有形产品提供存放场所并对存放物进行保管、存取与控制的过程。库存管理是供应链管理不可或缺的一环，更是供应链管理的核心环节之一。从供应商、制造商、批发商到零售商，库存存在于供应链的各个环节，也是各个环节联系的纽带。

库存的存在是为解决供给与需求之间的不匹配，库存影响供应链持有的资产、所发生的成本以及提供的响应性。高水平的库存会降低运输成本，但增加了库存成本；低水平的库存会提高库存周转率，但供不应求会降低响应性。零库存、供应商管理库存、联合库存等是供应链环境下常用的库存管理方法。企业管理者应做好相关数据分析，制定行之有效的库存决策。

## （二）库存的分类

企业可以依据库存的功能及其在生产流程中的角色，对库存进行细致分类。

**1. 按库存作用分类**

（1）周转库存。

周转库存旨在优化物流成本与生产成本，通过实施批量采购、运输及生产方式形成。此类库存随日常消耗逐步减少，需要适时补充以确保持续运营。

（2）安全库存。

安全库存是为应对不确定性因素（如供货延误、需求激增等）而设立的缓冲库存。其规模依据库存安全系数或服务水平灵活调整，以保障供应链的稳定性。

（3）调节库存。

调节库存主要用于平衡需求与供应、生产速度与外部供给速度，以及生产各阶段的产出差异，实现生产流程的顺畅与高效。

（4）在途库存。

在途库存是指处于运输途中或暂存于运输节点间的货物，包括相邻作业点或组织之间的在途物资。其规模直接受运输时长及期间平均需求量的影响。

**2. 按生产过程分类**

（1）原材料库存。

原材料库存是指企业已采购但尚未投入生产流程的原材料及零部件库存，是生产活动的物质基础。

（2）在制品库存。

在制品库存是指处于生产过程中的半成品存货，即已经经过部分加工处理，但尚未达到最终成品状态的中间产品。

（3）产成品库存。

产成品库存是指已完成全部生产流程，符合质量标准并等待发货的成品存货。这些产成品已准备好进入市场销售或满足客户需求。

## （三）库存的功能

库存作为企业资源管理的核心组成部分，其重要作用不言而喻。库存的功能主要体现在以下几方面，通过多维度的效益显著提升了企业的运营效率与成本控制能力。

首先，库存促进了区域生产的专业化布局。鉴于原材料、能源、劳动力等资源的地域差异性，企业巧妙利用库存系统，将复杂产品的各个部件分散至最优生产区域进行专业化生产。随后，通过内部库存流转，高效集成各部件至最终装配点，既优化了资源配置，又显著降低了制造成本。

其次，库存是实现高效生产流程的关键。在生产环节中，适当储存半成品使得原本串行的工序得以并行处理，极大提升了作业灵活性与效率。同时，产成品库存的存在，使得企业能灵活应对市场需求波动,以经济批量进行生产,既降低了单位成本,又确保了产品供应的连续性与规模效应。

再次,库存是生产经营连续性的坚强后盾。面对供应链中不可避免的时间滞后问题,如采购、生产、物流等环节的等待期,库存如同缓冲垫,确保了生产活动的不间断进行,尤其对于季节性需求旺盛的产品,库存的调节作用更是不可或缺。

复次,库存还是应对不确定性的重要手段。市场风云变幻,需求波动、供货延误等不可预见因素时有发生,合理的安全库存设置为企业筑起了一道防护墙,有效抵御了缺货风险,维护了生产经营的稳定性与客户满意度。

最后,库存促进了经济订货批量的实施,通过集中采购与配送,降低了单位产品的物流成本,实现了整体运营成本的进一步优化。

## 二、库存结构分析

库存结构分析主要是通过分析库存产品的占比情况,以了解产品结构是否符合市场需求,从而及时调整销售策略。例如,某企业某半年的库存情况如表7-4所示。

表7-4 某企业1—6月产品库存数量表

| 月份 | 运动包(个) | 帆布包(个) | 旅行包(个) |
|---|---|---|---|
| 1月 | 560 | 587 | 482 |
| 2月 | 450 | 442 | 385 |
| 3月 | 360 | 598 | 573 |
| 4月 | 385 | 358 | 408 |
| 5月 | 462 | 572 | 446 |
| 6月 | 493 | 447 | 497 |

为了直观地表现出各产品的结构关系,可以将表7-4中的数据转化为三维饼状图,设置数据标签格式为"百分比",位置为"数据标签外",如图7-5所示。通过"图表筛选器"继续查看2月及其他月份的库存占比,如图7-6所示,可以初步判断产品库存结构完善。

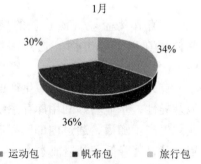

图7-5 1月产品库存占比情况

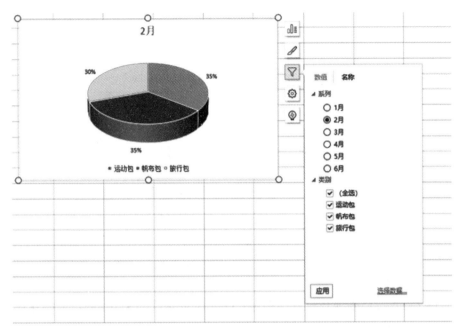

图 7-6　2 月产品库存占比情况

## 三、库存数量分析

在电商运营过程中，产品库存数量要保持适中，既要保证产品供应充足，满足日常销售所需，又不能有太多积压，产生较多仓储成本，因此需要对库存数量进行分析，为下次入库数量提供数据支持。例如，某企业的产品出入库记录如表 7-5 所示。

表 7-5　某企业的产品出入库记录表

| 产品型号 | 入库时间 | 期初数量（个） | 入库数量（个） | 出库数量（个） | 结存数量（个） | 库存标准量（个） |
| --- | --- | --- | --- | --- | --- | --- |
| GTS1101 | 2022/10/10 | 42 | 55 | 78 | 19 | 23 |
| GTS1102 | 2022/10/10 | 36 | 56 | 68 | 24 | 34 |
| GTS1103 | 2022/10/10 | 37 | 54 | 74 | 17 | 36 |
| GTS1104 | 2022/10/10 | 37 | 51 | 45 | 43 | 24 |
| GTS1105 | 2022/10/10 | 48 | 53 | 39 | 62 | 27 |

为了直观地判断是否需要进行补货，可以将表 7-5 中"结存数量"与"库存标准量"的数据转化为簇状柱形图，如图 7-7 所示。

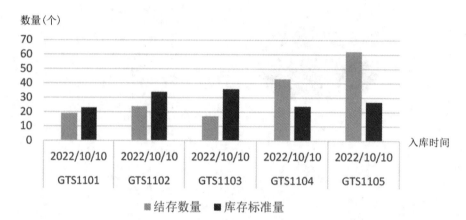

图 7-7 结存数量与库存标准量分析图

通过图 7-7 可以清晰地观察到,型号 GTS1101 和型号 GTS1102 的产品结存数量与库存标准量差距不大,库存量适中;其余三款则差距较大,其中型号 GTS1103 需要补货,而型号 GTS1104 和型号 GTS1105 的产品则结存数量过多。

## 四、库存健康度分析

库存健康度分析是针对库存的实际情况,以一定的指标进行测验,以判断库存是否处于健康水平,是否存在经济损失的风险。

库存健康度分析主要通过以下四个方面进行衡量。

(1)库存周转一般在目标库存的 80% 以上,同时在目标库存的 1.5 倍以下,可以被称为健康的周转水平。

(2)近效期库存(存在失效报废风险),通常将仅剩一半及以下效期的产品控制为 0。

(3)残次品库存及时处理,控制为 0。

(4)其他不良库存控制为 0。

扫一扫二维码,在线观看教材配套的微课"仓储数据分析"。

## 拓展学习

### 库存管理方法

在供应链管理中,零库存、供应商管理库存及联合库存管理是常用的库存管理方法。

一、零库存

零库存的核心在于"动态周转",即物料在采购、生产、销售、配送等环节快速流动,而非静态存储。其实现形式多样,包括如下几点。

(一)委托保管

企业将库存交由第三方专业仓储企业管理,省去自建仓库的成本,集中资源于核心业务。

(二)协作分包

供应链核心企业分包业务,通过协同运作减少整体库存,分包企业灵活生产,确保物料准时交付。

(三)轮动方式

各环节紧密协调,确保物料无缝流转,实现真正的零库存状态。

二、供应商管理库存

供应商管理库存(VMI)是一种集成化运作模式,通过赋予供应商库存决策权,实现供需双方成本最低化。VMI的优势在于提升核心生产能力、降低管理成本与服务费用,并有效减少缺货与库存积压风险。其系统由两大部分构成。

(一)需求预测计划

需求预测计划是指提供精准预测,助力供应商精准决策。

(二)配销计划

配销计划是指根据实际订单和运输情况,优化配送,确保客户满意度与成本控制。

三、联合库存管理

联合库存管理(JMI)则强调供应链各节点的协同与信息共享,共同管理库存,实现利益共享与风险共担。JMI的优势在于信息畅通、成本降低、物流优化及构建稳固的战略联盟,增强企业间的协作与竞争力。其特点包括以下两点。

(一)集中库存

将分散库存集中于核心企业,实行小批量、多频次配送,降低总库存成本。

(二)无库存模式

供应商直接向核心企业生产线补货,实现准时化生产,进一步提升效率与节约成本。

### 职业视窗

物流业是国民经济的动脉，是联系生产和消费、联系城市和乡村的纽带，已成为国民经济发展的基础产业，是社会发展和人民生活水平提高的基础条件，也是衡量一个国家现代化程度的重要标志之一。仓储是现代物流的一个重要组成部分，且仓储活动是推动生产发展、满足市场供应不可缺少的一个环节，随着物流业的不断发展，仓储合同也越来越引起人们的高度重视。

易燃、易爆、有毒、有腐蚀性、有放射性等危险物品或者易变质物品若储存不当，极易导致重大事故。因此，在存放危险物品和易变质物品的时候，存货人需要提供相关的材料，并且说明物品的性质，保管人应当按照约定对入库的仓储物进行验收，并出具仓单、入库单等相关凭证。《中华人民共和国民法典》对仓储合同也进行了相关规定。

《中华人民共和国民法典》第九百零六条 储存易燃、易爆、有毒、有腐蚀性、有放射性等危险物品或者易变质物品的，存货人应当说明该物品的性质，提供有关资料。

存货人违反前款规定的，保管人可以拒收仓储物，也可以采取相应措施以避免损失的发生，因此产生的费用由存货人负担。

保管人储存易燃、易爆、有毒、有腐蚀性、有放射性等危险物品的，应当具备相应的保管条件。

# 单元三　物流数据分析

### 案例导入

快递改变了人们的生活方式，虽然它给人们带来了便利，但也带来了垃圾。随着快递行业的迅速发展，快递的过度包装也带来了许多的问题，如过度包装、使用材料不环保、包装物难以回收再利用等。

一件快递包含运单、封套、塑料袋、胶带等多种包装物，有的还要套上纸箱、编织袋并装填缓冲材料，可谓层层叠加。这些材料不仅会消耗大量资源，直接丢弃后还会造成严重的环境污染。有关调查发现，全国每年因快递包装过度而浪费的瓦楞纸板大约有18.2万吨，相当于毁掉1547公顷森林。

为了有效降低快递包装的垃圾数量，实现快递包装绿色环保、循环共享，《邮件快件包装管理办法》明文规定，寄递企业禁止使用不符合法律、行政法规以及国家有关规定的材料包装邮件快件，应优先采用可重复使用、易回收利用的包装物。一些企业开始尝试使用的循环快递箱，采用魔术贴、卡扣、拉链等方式封装，实现零胶带封装，不仅使用方便、成本低廉，而且绿色环保。

当前的环保要求和政策导向对包装行业的绿色发展提出了更高的要求，绿色包装越来越受到人们的重视，随着印刷技术不断升级，以及环保理念日益深入人心，绿色包装将成为未来包装行业发展的重要方向。当前的产业环境促进国内绿色包装领域快速发展。

**[案例思考]**

请你通过阅读案例内容，分析并回答以下问题。

1. 目前产品物流包装存在哪些问题？
2. 如何推动产品物流包装的绿色可循环发展？

## 一、物流管理概述

物流作为物品从供应源头顺畅流向接收终端的动态过程，是电子商务生态系统中至关重要的桥梁。它不仅确保了产品流动的连续性与高效性，更直接关联着店铺在动态评分系统（DSR）中的物流服务评分，成为衡量客户满意度与忠诚度的关键标尺。客户在决定是否下单时，物流服务的质量与效率往往成为他们重要的考量因素。

在电子商务蓬勃发展的今天，物流活动已深度融合于数据管理的精细网络之中。物流数据分析，这一核心环节，聚焦于三大核心领域：物流运费优化分析、订单时效精准监控以及异常物流高效诊断。通过深度剖析这些数据，电商企业能够实现对物流订单的实时追踪与动态管理，精准把握订单处理与配送的时效性，并迅速响应物流过程中的异常情况，做到防患于未然。

这一系列的数据驱动举措，不仅有效预防了因物流延误、丢失或损坏等问题导致的客户不满与投诉，还极大地降低了潜在的客户流失风险，使电商企业能够主动出击，掌握市场主动权，而非被动接受不利后果。因此，物流数据分析不仅是提升物流服务质量的利器，更是电商企业在竞争激烈的市场环境中保持竞争优势、促进可持续发展的关键策略之一。

## 二、物流运费分析

物流运费涵盖产品从商家出库至客户签收全过程中的各项成本。深入分析物流运费，不仅可洞察同一地域内不同快递服务商的收费差异，便于我们优选性价比高的物流伙伴，有效削减物流成本。同时，这一过程也有助于清晰呈现店铺产品的成本结构，进而精准调整价格策略，确保盈利能力最大化。

针对网上店铺广泛覆盖的消费者群体，地域差异导致的运费变化成为挑战。淘宝的运费模板功能为此提供了高效解决方案，允许商家灵活设定各地区快递费用，并自动应用于产品展示中，让客户在购物初期即能清晰知晓自身需要承担的运费，提升购物体验。

运费模板还极大简化了运费管理流程，支持批量调整价格，节省了时间与人力成本。除非产品特性极端差异化，对于大多数体积重量相近的产品，推荐启用运费模板功能，以实现运费的标准化与自动化管理，让商家更专注于核心经营活动。

## 三、订单时效分析

订单时效分析是指客户从完成订单支付开始，到完成产品签收的时间跨度，换句话说，就是客户付款到签收货物的时长。通过对订单时效的分析，企业可以找出影响订单时效的因素以及不同物流公司之间的送货差距，从而有针对性地进行流程优化，以达到更高的效率。

订单时效分析的指标主要包括平均发货—揽收时长、平均揽收—签收时长、揽收包裹数和签收成功率。

### （一）平均发货—揽收时长

平均发货—揽收时长是指商家从发货到物流公司揽收的平均时长。

### （二）平均揽收—签收时长

平均揽收—签收时长是指物流公司揽收产品到客户签收的平均时长。

### （三）揽收包裹数

揽收包裹数是指物流公司回传揽收信息的包裹数。

### （四）签收成功率

签收成功率是指客户签收成功包裹的数量占总配送包裹数量的比值。其计算方式为：

$$签收成功率 = 签收成功包裹数 \div （签收成功包裹数 + 拒签包裹数）$$

某企业将实际订单中不同物流公司的相关指标进行对比，如图7-8、图7-9所示，以找出最优方案。

| 物流公司 | | | | | | | |
|---|---|---|---|---|---|---|---|
| 全部 | 圆通速递 | 韵达快递 | 百世物流 | 中通快递 | 顺丰速运 | | |
| 中通供应链管理有限公司 | | | | | | | |
| 收货地 | 揽收包裹数 | (占比) | 平均发货-揽收时长（小时） | 平均揽收-签收时长（小时） | 签收成功率 | 操作 |
| 中国全部 | 806 | (9.40%) | 4.93小时 | 48.65小时 | 100.00% | 趋势 |
| 广东省 | 120 | (1.40%) | 8.05小时 | 50.57小时 | 100.00% | 趋势 |
| 浙江省 | 115 | (1.34%) | 5.80小时 | 50.40小时 | 100.00% | 趋势 |
| 江苏省 | 114 | (1.33%) | 4.02小时 | 43.60小时 | 100.00% | 趋势 |
| 上海 | 88 | (1.03%) | 3.11小时 | 45.73小时 | 100.00% | 趋势 |
| 湖北省 | 67 | (0.78%) | 4.89小时 | 42.86小时 | 100.00% | 趋势 |
| 山东省 | 56 | (0.65%) | 3.08小时 | 41.92小时 | 100.00% | 趋势 |
| 安徽省 | 55 | (0.64%) | 2.13小时 | 43.86小时 | 100.00% | 趋势 |
| 江西省 | 45 | (0.53%) | 0.46小时 | 41.65小时 | 100.00% | 趋势 |
| 湖南省 | 37 | (0.43%) | 9.56小时 | 52.67小时 | 100.00% | 趋势 |

图7-8 韵达快递的订单时效指标（部分）

图 7-9　中通快递的订单时效指标（部分）

观察以上数据，揽收包裹数足够支持数据分析，可以代表该快递公司在不同区域的运送效果。很明显，中通快递在各地区的平均发货—揽收时长均小于韵达快递。然后，以平均揽收—签收时长指标为重点分析对象，对以上数据进行整理，结果如表 7-6 所示。

表 7-6　韵达快递与中通快递平均揽收—签收时长对比

| 收货地 | 韵达快递（小时） | 中通快递（小时） |
| --- | --- | --- |
| 广东省 | 50.57 | 47.95 |
| 浙江省 | 50.40 | 46.06 |
| 江苏省 | 43.60 | 45.55 |
| 上海 | 45.73 | 47.32 |
| 湖北省 | 42.86 | 39.07 |
| 山东省 | 41.92 | 46.51 |
| 安徽省 | 43.86 | 48.01 |
| 江西省 | 41.65 | 49.31 |
| 湖南省 | 52.67 | 48.02 |
| 四川省 | 56.93 | 40.03 |
| 河南省 | 46.43 | 37.34 |
| 吉林省 | 53.29 | 65.58 |
| 福建省 | 48.01 | 52.63 |

续表

| 收货地 | 韵达快递（小时） | 中通快递（小时） |
| --- | --- | --- |
| 辽宁省 | 70.46 | 60.54 |
| 北京 | 51.91 | 43.80 |
| 青海省 | 68.83 | 56.97 |
| 云南省 | 50.99 | 55.68 |
| 贵州省 | 69.64 | 48.04 |
| 重庆 | 45.58 | 40.38 |
| 广西壮族自治区 | 99.56 | 56.60 |
| 山西省 | 43.83 | 40.26 |

为了更直观地展示数据分析的结果，可以插入簇状柱形图，如图7-10所示，两大快递在不同地区的平均揽收—签收时长便一目了然了，在不考虑运费的情况下，商家可根据对比图选择更高效的快递。此外，商家还可根据以上方法，加入其他快递公司共同进行比较分析。

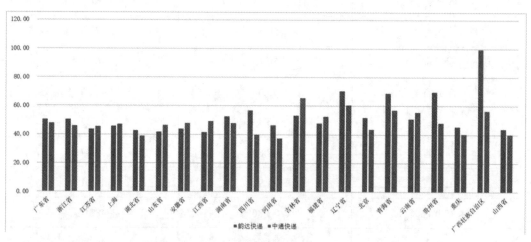

图7-10　韵达快递、中通快递平均揽收—签收时长对比图

### 四、异常物流分析

异常物流是指在企业发货后到客户签收过程中物流出现的问题，包括发货异常、揽收异常、派送异常、签收异常等。通过对异常物流的分析，企业可以找到造成物流异常的原因，从而有针对性地进行优化，将出现此类问题的概率降到最低（表7-7）。

表 7-7　异常物流分析详表

| 异常物流分类 | 具体表现 | 主要原因 |
| --- | --- | --- |
| 发货异常 | 客户下单完成支付后 24 小时仍未发货的包裹 | 缺货；<br>出货量大，不能及时发货；<br>订单被遗漏等 |
| 揽收异常 | 产品发货后超过 24 小时后仍未揽收的包裹 | 物流公司原因；<br>物流信息未及时上传 |
| 派送异常 | 物流揽收后停滞超 24 小时仍未派送的包裹 | 物流运输原因；<br>物流信息未及时上传 |
| 签收异常 | 当日派件，但在次日还没有签收的包裹 | 快递原因导致未妥投，如货物破损等；<br>客户原因导致未妥投，如客户拒签、改签等；<br>节假日、恶劣天气等导致未妥投 |

某电商企业 2022 年 11 月 3 日的异常物流统计数据，如图 7-11 所示。接下来我们对该企业当日的异常物流数据进行分析。

| | A | B | C | D | E | F | G |
| --- | --- | --- | --- | --- | --- | --- | --- |
| 1 | 统计时间 | 订单编号 | 买原会员名称 | 订单创建时间 | 物流公司 | 运单号 | 异常物流原因 |
| 2 | 2022/11/3 | 55\*\*\*\*\*\*\*\*\*\*\*\*\*53 | 小猪配齐 | 2022/10/31 12:45 | — | — | 超48小时未发货 |
| 3 | 2022/11/3 | 54\*\*\*\*\*\*\*\*\*\*\*\*\*45 | (0 c0)ajoin. | 2022/10/27 18:42 | 中通 | 23\*\*\*\*\*\*\*\*\*\*21 | 超72小时揽收 |
| 4 | 2022/11/3 | 61\*\*\*\*\*\*\*\*\*\*\*\*\*38 | 天黑闭眼 | 2022/20/20 16:35 | 中通 | 75\*\*\*\*\*\*\*\*\*\*81 | 物流停滞超48小时 |
| 5 | 2022/11/3 | 48\*\*\*\*\*\*\*\*\*\*\*\*\*08 | 购物狂ing | 2022/10/21 19:47 | 顺丰 | 78\*\*\*\*\*\*\*\*\*\*47 | 物流停滞超48小时 |
| 6 | 2022/11/3 | 64\*\*\*\*\*\*\*\*\*\*\*\*\*54 | 唱视gzB | 2022/10/22 10:32 | 中通 | 23\*\*\*\*\*\*\*\*\*\*64 | 物流停滞超48小时 |
| 7 | 2022/11/3 | 57\*\*\*\*\*\*\*\*\*\*\*\*\*31 | hei__babylore | 2022/10/22 21:08 | 中通 | 78\*\*\*\*\*\*\*\*\*\*12 | 超24小时揽收 |
| 8 | 2022/11/3 | 55\*\*\*\*\*\*\*\*\*\*\*\*\*87 | 林嫌钱妹的眼泪 | 2022/10/31 22:23 | — | — | 超48小时未发货 |
| 9 | 2022/11/3 | 65\*\*\*\*\*\*\*\*\*\*\*\*\*46 | 名字不方便告诉 | 2022/10/31 20:53 | — | — | 超48小时未发货 |
| 10 | 2022/11/3 | 04\*\*\*\*\*\*\*\*\*\*\*\*\*41 | 007的速度 | 2022/11/1 10:45 | — | — | 超48小时未发货 |
| 11 | 2022/11/3 | 65\*\*\*\*\*\*\*\*\*\*\*\*\*23 | 嗨:我在这里 | 2022/10/26 10:54 | 中通 | 75\*\*\*\*\*\*\*\*\*\*83 | 超48小时签收 |

图 7-11　某电商企业的异常物流统计

## （一）对异常物流数据分类

根据各订单显示的物流异常原因，对其按发货异常、揽收异常、派送异常和签收异常进行分类，如图 7-12 所示。

| | A | B | C | D | E | F | G | H |
|---|---|---|---|---|---|---|---|---|
| 1 | 统计时间 | 订单编号 | 买原会员名称 | 订单创建时间 | 物流公司 | 运单号 | 异常物流原因 | 异常物流分类 |
| 2 | 2022/11/3 | 55***********53 | 小猪配齐 | 2022/10/31 12:45 | — | — | 超48小时未发货 | 发货异常 |
| 3 | 2022/11/3 | 54***********45 | (0 c0)ajoin. | 2022/10/27 18:42 | 中通 | 23***********21 | 超72小时揽收 | 揽收异常 |
| 4 | 2022/11/3 | 61***********38 | 天黑闭眼 | 2022/10/20 16:35 | 中通 | 75***********81 | 物流停滞超48小时 | 派送异常 |
| 5 | 2022/11/3 | 48***********08 | 购物狂ing | 2022/10/21 19:47 | 顺丰 | 78***********47 | 物流停滞超48小时 | 派送异常 |
| 6 | 2022/11/3 | 64***********54 | 唱视gzB | 2022/10/22 10:32 | 中通 | 23***********64 | 物流停滞超48小时 | 派送异常 |
| 7 | 2022/11/3 | 57***********31 | hei__babylore | 2022/10/22 21:08 | 中通 | 78***********12 | 超24小时揽收 | 揽收异常 |
| 8 | 2022/11/3 | 55***********87 | 林赚钱妹的眼泪 | 2022/10/31 22:23 | — | — | 超48小时未发货 | 发货异常 |
| 9 | 2022/11/3 | 65***********46 | 名字不方便告诉 | 2022/10/31 20:53 | — | — | 超48小时未发货 | 发货异常 |
| 10 | 2022/11/3 | 04***********41 | 007的速度 | 2022/11/1 10:45 | — | — | 超48小时未发货 | 发货异常 |
| 11 | 2022/11/3 | 65***********23 | 嗨:我在这里 | 2022/10/26 10:54 | 中通 | 75***********83 | 超48小时签收 | 签收异常 |

图7-12 异常物流数据分类

### （二）对异常物流分类统计

使用数据透视表，统计出各类异常物流的订单数，并以百分比展示，如图7-13所示。

### （三）统计结果可视化

为了更直观地展示数据分析结果，可以插入三维饼状图，形成异常物流分析图，如图7-14所示。

| 行标签 | 计数项:异常物流分类 |
|---|---|
| 发货异常 | 40.00% |
| 揽收异常 | 20.00% |
| 派送异常 | 30.00% |
| 签收异常 | 10.00% |
| 总计 | 100.00% |

图7-13 各类异常物流订单数占比统计

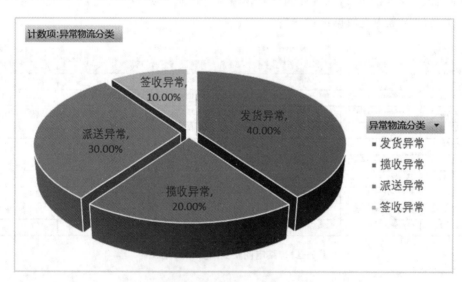

图7-14 异常物流分析饼状图

### （四）数据分析

根据图7-14可以看出，物流异常主要是因为发货异常，然后依次是派送异常、揽收异常和签收异常。发送异常属于企业内部原因，可以首先确认清楚是因为出货量大造成的发货延缓还是因为库存不足造成的暂时无法发货，然后及早与客户联系沟通，说明原因，同时找出解决方案，例如，可以通过优化发货环节或是采用专业的ERP管理软件，来提高发货效率；针对库存不足的问题，可以通过精确采购需求预测，将此类问题出现的概率降到最低。派送异常和揽收异常，主要原因来自物流公司，企业可以通过电话与物流公司进行联系，询问原因并进行催促，如有必要，可以考虑更换合作物流公司。最后是签收异常，可以通过电话与客户进行沟通，询问原因或是提醒客户注意查收。

扫一扫二维码，在线观看教材配套的微课"物流数据分析"。

拓展学习

## 人工智能在物流管理中的应用

人工智能（AI）在物流管理中的应用日益广泛，极大地提高了物流行业的运营效率，降低了成本，并优化了客户体验。以下是人工智能在物流管理中的几个关键应用领域。

一、物流预测与分析

人工智能技术通过对大量历史数据的分析，能够精准预测未来的物流需求。这种预测能力帮助企业提前调整产能、优化资源配置，从而有效应对市场需求的波动。同时，基于预测分析的物流规划能够减少库存积压，提高资金周转率。

二、物流路线规划与优化

AI通过复杂的算法和实时数据分析，能够制定出最高效、成本最低的物流路线。这不仅减少了运输时间，还显著降低了运输成本。结合GIS（地理信息系统）和实时交通数据，AI还能动态调整路线，以应对交通拥堵、天气变化等不确定因素。

三、物流自动化系统

人工智能驱动的自动化系统，如自主导航车辆、自动化仓储系统和机械臂等，极大地提升了物流作业的自动化水平。这些系统能够24小时不间断工作，减少了对人工的依赖，降低了人为错误，提高了作业效率和精确度。例如，自主移动机器人（AMR）能够在复杂环境中自主导航，实现高效的搬运和拣货作业。

### 四、货物识别与跟踪

计算机视觉技术在物流管理中的应用，使得货物识别与跟踪变得更加高效和准确。通过摄像头和图像处理技术，系统能够自动识别货物的种类、数量、位置等信息，实现全程跟踪。这不仅提高了货物管理的效率，还降低了货物丢失和损坏的风险。

### 五、物流监控与安全管理

AI技术还用于实时监控物流过程中的各种信息，如货物位置、运输状态等。通过智能监控系统，企业能够及时了解物流状况，发现问题并迅速采取措施。此外，人脸识别、行为分析等技术也被用于提升物流场所的安全管理水平，确保人员和货物的安全。

### 六、智能客服与语音助手

自然语言处理技术的应用，使得智能客服和语音助手在物流行业中得到广泛应用。这些系统能够与客户进行自然语言交互，解答疑问、处理投诉、提供订单信息等，提高了客户服务的效率和满意度。

然而，人工智能在物流管理中的应用也面临一些挑战，如数据质量、算法复杂度、隐私安全等问题。未来，随着技术的不断进步和成本的降低，人工智能在物流管理中的应用将更加广泛和深入，推动物流行业向智能化、自动化方向发展。

## 职业视窗

快递业是现代服务业的重要组成部分，也是推动流通方式转型、促进消费升级的现代化先导性产业，在稳增长、促改革、调结构、惠民生、防风险等方面发挥着重要作用。我国快递业历经十年持续快速发展，规模增速依然高位运行，新业态、新动能不断呈现。随着服务网络不断延伸、业务规模不断扩大，快递业也面临一些现实问题，例如，快递安全形势较严峻，危害公共安全和用户信息安全的情况时有发生。

《快递暂行条例》立足实际情况，聚焦快递业安全发展的老问题和新挑战，对用户的电子数据信息安全进行了专门规定，立法过程中充分研究了企业使用电子运单等形式保障信息安全的做法，对企业违规行为规定了严格的法律责任。《快递暂行条例》的出台，是为持续推动快递业健康发展，保障快递安全，保护用户合法权益，促成快递业治理体系和治理能力现代化。《快递暂行条例》第三十四条作出如下规定。

第三十四条　经营快递业务的企业应当建立快递运单及电子数据管理制度，妥善保管用户信息等电子数据，定期销毁快递运单，采取有效技术手段保证用户信息安全。具体办法由国务院邮政管理部门会同国务院有关部门制定。

经营快递业务的企业及其从业人员不得出售、泄露或者非法提供快递服务过程中知悉的用户信息。发生或者可能发生用户信息泄露的，经营快递业务的企业应当立即采取补救措施，并向所在地邮政管理部门报告。

## 温故知新

### 一、单项选择题

1. 采购的5R原则中，适量原则的意义是（　　）。
   A. 采购物资的数量应适当
   B. 采购物资的价格不高于同类物资的价格
   C. 采购的物资质量应符合相关要求
   D. 企业应选择地理位置距离合适的物资供应商

2. 采购谈判中最关键的议题是（　　）。
   A. 品种与规格　　　　　　B. 技术标准与质量保证
   C. 包装要求与售后服务　　D. 价格

3. 以下哪项不属于采购谈判技巧？（　　）
   A. 报价技巧　　　　　　　B. 还价技巧
   C. 情感控制技巧　　　　　D. 让步技巧

4. 以下哪种物流模式是企业自己建立的物流体系？（　　）
   A. 第三方物流　　　　　　B. 物流联盟
   C. 物流一体化　　　　　　D. 自营物流

5. 哪种物流模式将多个物流服务提供商组成联盟，共同为客户提供物流服务？（　　）
   A. 自营物流　　　　　　　B. 第三方物流
   C. 物流联盟　　　　　　　D. 物流一体化

### 二、多项选择题

1. 采购的5R原则中，以下哪些因素会影响采购的时间？（　　）
   A. 企业的生产计划　　　　B. 供应商提供的配套服务
   C. 物料需求计划　　　　　D. 采购物资的价格

2. 下列哪些属于第三方物流的服务内容？（　　）
   A. 运输服务　　　　　　　B. 仓储服务
   C. 订单处理与管理　　　　D. 生产加工服务

3. 零库存的形式包括以下哪些？（　　）
   A. 委托保管方式　　　　　B. 协作分包方式
   C. 轮动方式　　　　　　　D. 传统仓储方式

4.关于库存分类,以下说法正确的是?(　　)
A.周转库存是为了防止不确定因素的发生而设置的
B.安全库存与库存安全系数无关
C.调节库存是用于调节需求与供应的不均衡
D.在途库存的大小取决于平均消耗速度

5.关于库存功能,以下说法正确的是?(　　)
A.区域专业化生产可以降低制造成本
B.设置产成品库存会降低作业效率
C.没有库存就无法保持生产活动的连续性和稳定性
D.安全库存能够保证经济批量订货

### 三、判断题

1.企业采购的数量应尽量多,以备不时之需。(　　)
2.采购谈判技巧中,还价技巧是指采购方一定要争取到自己理想的价格。(　　)
3.物流联盟是由多个物流服务商组成的联盟,可以为客户提供更全面、更高效的物流服务。(　　)
4.零库存的概念可以简单理解为库存为零。(　　)
5.轮动方式是指将物料委托给第三方保管,企业无须再保有库存,从而实现零库存。(　　)

## 学以致用

小张入职一家售卖护肤品的电商企业,并在运营过程中发现了很多问题,尤其是该企业的店铺很长时间未能盈利。小张在接手管理之后,先是对店铺运营策略进行调整,优化的内容包括产品关键词、产品图片、营销活动等。在运营一段时间后,小张发现即使销售目标正常完成,店铺仍没有利润。于是,他通过对店铺的采购、物流、库存等信息分析,发现采购价格远比竞争对手高,物流运费模板设置全国包邮,仓库单一产品积压严重。经过深入分析对比,小张对店铺的采购、物流、库存等进行了优化,最终使店铺成功实现盈利。

请你结合上述案例,选择一家熟悉的店铺开展采购数据分析、物流数据分析、库存数据分析等方面的技能训练。

**任务一:采购数据分析**

1.采购需求计划分析

通过实际销售的数据，对未来的需求预测进行评估，从而完成采购需求计划分析。

2. 采购成本数据分析

通过对占有比重较大的产品的采购成本进行分析，得出科学的依据，以制定或采取措施对采购成本进行有效的控制。

3. 采购绩效数据分析

通过了解采购过程中的供应商表现、采购周期、订单履行、质量合格以及采购策略等方面的绩效情况，为采购决策和优化提供依据。

### 任务二：物流数据分析

1. 订单时效分析

主要分析指标包括平均发货—揽收时长、平均揽收—签收时长、揽收包裹数和签收成功率。

2. 异常物流的分析

企业可以找到造成物流异常的原因，从而有针对性地进行优化，将出现此类问题的概率降到最低。

### 任务三：库存数据分析

1. 库存结构分析

通过分析库存产品的占比情况，了解产品结构是否符合市场需求，从而及时调整销售策略。

2. 库存数量分析

通过对库存数量进行分析，判断下次入库数量，既要保证产品供应充足，满足日常销售所需，又不能有太多积压，产生较多仓储成本。

3. 库存健康度分析

通过对实际库存情况进行分析，判断库存是否处于健康水平，是否存在经济损失的风险。

# 模块八　数据化运营报告编制和应用

## 学习目标

### ◇ 知识目标

1. 理解数据化运营报告的核心价值，洞悉其在推动企业数字化转型过程中的不可替代作用。
2. 掌握数据化运营报告的编制流程，深入理解各阶段的关键步骤与潜在挑战，确保报告编制的严谨性与高效性。
3. 掌握数据化运营报告在新零售领域的核心应用场景，包括消费者行为分析、供应链管理、产品优化等，实现数据驱动的精准运营。
4. 了解数据化运营报告在异常数据诊断中的应用，掌握通过数据分析快速识别问题根源的方法。

### ◇ 能力目标

1. 能够熟练运用数据可视化工具，将复杂数据转化为直观、易理解的图表，有效提升数据化运营报告的信息传达效率与吸引力。
2. 能够编制高质量的数据化运营报告，确保内容准确无误，结构逻辑清晰，视觉设计美观，且能够直接指导业务实践，提升运营效率。
3. 能够灵活运用数据化运营报告指导业务运营，在新零售领域展现卓越的数据应用能力。
4. 能够迅速响应数据波动，精准定位问题，并提出切实可行的运营优化与改进策略，助力企业持续健康发展。

**素质目标：**

1. 具备出色的数据素养、逻辑思维与判断能力，面对复杂问题时能够迅速找到核心矛盾点并提出解决方案。
2. 具备良好的沟通与表达能力，能够清晰、准确地传达数据化运营报告的核心观点与诊断结果。

3.树立终身学习与持续改进的态度,保持对新技术、新方法的高度敏感,不断提升个人在数据化运营领域的专业素养与创新能力。

## 学习导图

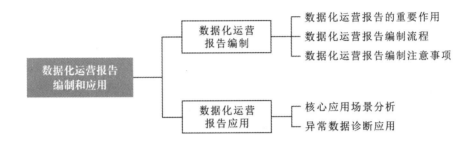

## 单元一　数据化运营报告编制

### 案例导入

某知名电商平台为提升用户体验、优化产品推荐算法及库存管理,决定实施全面的数据化运营策略。为此,平台组建了一支跨部门的数据团队,负责编制并定期发布数据化运营报告。

团队首先整合了来自用户行为、交易记录、产品信息、物流追踪等多个数据源的海量数据,利用大数据处理工具对数据进行清洗、去重、标准化处理,确保数据质量。然后,团队运用统计模型、机器学习算法等工具,对处理后的数据进行深度挖掘,识别用户偏好、购买趋势、库存周转效率等关键指标。基于分析结果,团队编制了详尽的数据化运营报告,包括用户画像分析、产品热销排行、库存预警系统、营销策略效果评估等多个章节。报告采用图表结合文字的形式,直观展示数据洞察。报告经过多轮内部审核,确保数据的准确性和结论的合理性后,通过企业内网及管理层会议形式发布。

该知名电商平台通过编制并定期发布数据化运营报告,调整了产品推荐算法,实现了个性化推送,用户满意度显著提升,同时能够更精准地制定促销策略,提高营销活动的投资回报率,有效降低了库存积压和缺货风险。

[案例思考]
请你通过阅读案例内容,分析并回答以下问题。

1. 在数据化运营报告编制的过程中，如何确保数据的安全性和隐私保护？
2. 如何避免数据分析中的"数据陷阱"，确保结论的准确性和可靠性？
3. 面对数据量的快速增长，如何提升数据处理和分析的效率？
4. 数据化运营报告应如何定期更新，以反映市场变化和业务发展的新趋势？

## 一、数据化运营报告的重要作用

在当今这个数据驱动的新零售时代，数据化运营不仅成为一种核心竞争力，更是一套集思维方式、技能工具与先进方法论于一体的综合性战略。它犹如一把锋利的手术刀，精准剖析网店运营的每一个细微环节，利用丰富的数据资源，指导并优化运营策略，以期快速突破发展瓶颈，实现精准施策与持续健康发展。而数据化运营报告，则是这一过程中不可或缺的"导航仪"与"指南针"，其重要性不言而喻。

### （一）决策支持：科学决策的基石

数据化运营报告首先为企业管理层搭建了一座通往科学决策的桥梁。通过系统收集、整理并分析各类运营数据，报告能够直观展示经营现状，揭示潜在趋势，使决策过程有据可依、有理可循。这种基于数据的决策模式，有效避免了主观臆断与经验主义的干扰，确保了决策的科学性与客观性，为企业的稳健前行提供了坚实保障。

### （二）目标跟踪：战略落地的护航者

在快速变化的市场环境中，明确的目标导向是企业发展的灯塔。数据化运营报告如同一面明镜，实时反馈业务目标与关键绩效指标（KPI）的达成情况，帮助组织动态调整策略，确保每一步行动都紧密围绕战略核心。这种精准的目标跟踪机制，不仅增强了组织的执行力与应变能力，还确保了企业发展始终沿着既定的航道前行。

### （三）问题诊断：精准施策的显微镜

面对运营过程中的复杂问题与挑战，数据化运营报告如同一位睿智的侦探，通过深入剖析绩效数据，精准定位运营瓶颈与问题根源。无论是供应链管理、营销策略还是客户服务，报告都能提供翔实的数据支持与洞察分析，为制定针对性的解决方案提供有力依据。这种基于数据的问题诊断方式，使得企业的改进措施更加精准有效，实现了问题的快速响应与高效解决。

### （四）透明度提升：内部协作的润滑剂

数据化运营报告还承担着提升组织内部透明度的重任。通过定期发布绩效报告，组织内部成员可以清晰地了解各自的职责、贡献与成果，增强了团队之间的信任与协作。这种透明的沟通机制，不仅促进了信息的无障碍流通，还激发了员工的积极性与创造力，为企业的持续发展注入了强劲动力。

### （五）持续改进：优化升级的动力源

数据化运营报告不仅是对过去业绩的总结与反思，更是对未来发展的规划与展望。通过对运营流程与策略的深入分析，报告能够揭示潜在的改进空间与增长点，为企业持续优化升级提供方向指引。这种持续改进的精神，使企业能够不断适应市场变化，保持竞争优势，实现持续健康发展。

### （六）优势构建：员工综合能力的试炼场

在竞争激烈的市场环境中，对绩效数据的深入分析不仅是企业战略制定的基石，更是提升员工综合能力的有效途径。数据化运营报告在输出考核目标的同时，应详细阐述每条考核目标的具体内容、目的及期望效果，以此作为衡量员工工作成果与综合能力的标尺。通过设定明确的目标与期望，企业能够激发员工的潜能与创造力，促进其全面发展与成长。这种基于数据的考核机制，不仅增强了员工的责任感与使命感，还为企业构建了强大的竞争优势，推动企业在激烈的市场竞争中脱颖而出。

## 二、数据化运营报告编制流程

在编制一份高质量的数据化运营报告时，遵循一套系统化、精细化的流程至关重要。以下是数据化运营报告编制流程，旨在确保报告内容精准、结构清晰、视觉美观且具备高度的实用性。

### （一）明确报告目的与受众

#### 1.确立报告核心目的

清晰界定报告旨在解决的业务问题、展现的数据价值或达成的战略目标。

#### 2.界定目标受众

根据报告用途，明确报告的主要阅读者，如管理层、投资者、团队成员或外部合作伙伴，以便定制化调整报告内容、语言风格及深度。

### （二）数据收集与处理

#### 1.数据源筛选

选择可靠、准确且全面的数据源，确保数据的时效性与代表性。

#### 2.数据清洗

对采集到的原始数据进行处理和整理，以消除数据中的错误、缺失、重复和不一致等问题，使数据变得更加准确、可靠和可用于分析，将来自不同渠道的数据进行整合，形成统一的数据集，并根据分析需求，对数据进行转换、格式化或标准化处理，为后续分析奠定基础。

3. 数据建模

数据建模是指将清理后的数据转化为可用于分析和决策的数学模型或统计模型，建立数据库，进行数据仓库与数据挖掘等分析处理，往往采用的技术包括聚类分析、逻辑回归等。

4. 数据分析

基于业务问题与目标，确定数据分析的关键维度与指标，通过数据对比、趋势分析、关联性分析等方法，揭示数据背后的规律和趋势，提炼出对业务决策具有指导意义的关键发现。

### （三）报告内容框架设计

1. 摘要与概述

简明扼要地总结报告的主要内容、核心观点与关键发现，便于读者快速了解报告精髓。

2. 主要发现与亮点

突出展示数据分析得出的重要结论、成功案例或创新点，吸引读者兴趣。

3. 详细数据分析

分层次、分模块地呈现数据分析过程与结果，包括但不限于数据图表、统计指标、对比分析等。

4. 问题与挑战

客观阐述当前运营中存在的问题、瓶颈及潜在风险，为后续改进提供依据。

5. 建议与行动方案

基于数据分析结果，提出切实可行的改进建议与行动方案，明确责任主体、时间节点与预期效果。

### (四) 报告可视化与排版

#### 1. 图表设计

运用直观、易懂的图表形式展示数据分析结果，如柱状图、折线图、饼图、散点图等，增强报告的可读性。

#### 2. 色彩搭配

采用符合品牌风格的色彩方案，确保报告整体视觉风格的统一与和谐。

#### 3. 排版布局

合理规划报告页面布局，确保信息层次清晰、重点突出，同时注重留白与对齐，提升阅读体验。

### (五) 报告审核与发布

#### 1. 内部审核

组织相关部门或专家对报告进行内部审核，确保数据的准确性、分析的合理性与建议的可行性。

#### 2. 修订完善

根据审核反馈，对报告进行必要的修订与完善，确保报告质量达到最优。

#### 3. 正式发布

通过适当的渠道与方式，如邮件、会议、企业内网等，将报告正式发布给目标受众，并跟进其阅读反馈与后续行动。

## 三、数据化运营报告编制注意事项

数据化运营报告作为连接数据分析与业务决策的重要桥梁，其编制过程不仅需要严谨的数据处理与分析能力，还需要具备良好的报告撰写技巧。以下将从明确目标与受众、精准收集与整理数据、深入分析并客观解读、构建清晰严密的结构、巧妙运用图表可视化、突出重点信息、保持简洁明了的表达以及提出切实可行的行动建议等角度，介绍高质量、高价值的数据化运营报告编制的注意事项。

### (一) 避免目标模糊或受众定位不准确

在编制报告前，首先要明确报告的目标是什么，是为了解决某个具体问题、评估业务绩效、还是预测未来趋势？同时，要清晰界定报告的主要受众，了解他们的背景、需求和关注点，以便定制化地调整报告内容、风格和深度，切实避免目标模糊或受众定位不准确，导致报告内容与需求脱节，降低报告的有效性和实用性。

### （二）避免使用来源不明或质量低劣的数据

在数据收集与整理阶段，要选择可靠的数据来源，确保数据的准确性和完整性。在收集过程中，注意数据的时效性和相关性。整理数据时，要进行必要的清洗、去重、转换和标准化处理，为后续分析打下坚实基础。避免使用来源不明或质量低劣的数据，以免影响分析结果的准确性和可信度。同时，注意保护数据隐私和安全，遵守相关法律法规。

### （三）避免过度解读或忽略重要信息

运用合适的统计方法和分析工具，对数据进行深入挖掘和细致分析。在分析过程中，要注重数据的对比、趋势、关联和异常等方面的分析，以揭示数据背后的规律和故事。解读数据时，要客观、公正地呈现分析结果，避免主观臆断和误导性解读。避免过度解读或忽略重要信息，导致分析结果偏离实际或遗漏要点。同时，要注意分析方法的科学性和合理性，避免使用不恰当的方法导致分析结果的失真。

### （四）避免结构混乱或逻辑不清

合理设计数据化运营报告结构，确保内容层次分明、逻辑清晰。在写作过程中，要注意段落之间的过渡和衔接，保持整篇报告的连贯性和一致性。避免结构混乱或逻辑不清，导致读者难以理解和把握报告内容。同时，要注意语言的准确性和规范性，避免出现错别字、语法错误等问题。

### （五）避免数据可视化图表过于复杂或冗余

利用图表、图形等可视化工具，将复杂的数据信息以直观、易懂的方式呈现出来。在选择图表类型时，要根据数据特点和表达需求进行合理选择。同时，要注意图表的清晰度和美观度，确保读者能够轻松理解图表所传达的信息。避免图表过于复杂或冗余，导致读者阅读困难或误解信息。同时，要确保图表中的数据准确无误，并与报告中的文字描述保持一致。

### （六）避免报告重点不突出或过于分散

在报告中突出展示关键数据和重要发现，通过加粗、标注、分段等方式进行强调。同时，在引言或结论部分简要概括报告的核心观点和主要结论，以便读者快速了解报告要点。避免重点不突出或过于分散，导致读者无法抓住报告的关键信息。同时，要注意保持报告的客观性和公正性，避免过分夸大或缩小某些问题的影响。

## （七）避免报告过于冗长或语言表述不清

在报告撰写的过程中，注重语言的简洁性和明了性。避免使用冗长、复杂的句子和词语，尽量用简短、精练的语言表达清晰的意思。同时，要注意段落和篇幅的控制，避免报告过于冗长或重复，避免语言啰唆或表达不清，导致读者阅读困难或误解信息。同时，要确保报告内容的完整性和准确性，避免因为追求简洁而遗漏重要信息。

## （八）避免提出空洞或无法实施的建议

基于数据分析和解读结果，提出具有针对性和可操作性的行动建议。建议要具体、明确、可行，并附上相应的实施计划和时间表。同时，要注意建议的可行性和有效性评估，确保建议能够真正解决问题并推动业务发展。避免提出空洞或无法实施的建议，导致报告失去实用性和指导意义。同时，要注意建议的针对性，确保建议能够针对具体问题并产生实际效果。

## 拓展学习

### 数据化运营报告提纲

一、摘要与概述

（一）报告背景

简述报告编制的背景、目的及重要性，说明报告所处的业务环境或项目背景。

（二）主要内容概述

用精练的语言概括报告的核心内容，包括但不限于分析的数据范围、采用的方法、关键发现以及总体结论。

（三）核心观点提炼

提炼出几个核心观点，这些观点应直接关联到业务目标，并体现数据分析的核心价值。

二、主要发现与亮点

（一）关键发现亮点

简要提及1~2个较具影响力的发现或亮点，以激发读者进一步阅读的兴趣。

（二）关键指标分析

列出并解释影响业务发展的几个关键指标的变化趋势及原因，如用户增长率、转化率、复购率等。

（三）成功案例展示

详细描述1个或多个通过数据驱动取得显著成效的案例，包括实施过程、关键动作、取得的成绩及经验总结。

（四）创新点剖析

介绍在数据分析过程中发现的新思路、新方法或新技术应用，以及对业务产生的积极影响。

## 三、详细数据分析

（一）用户行为分析

(1) 数据图表展示。例如，用户活跃度、访问路径、停留时间等图表。

(2) 统计分析。例如，用户画像构建、群体特征分析。

(3) 对比分析。例如，新老用户对比、不同渠道来源用户对比。

（二）产品表现分析

(1) 产品销量/使用量分析，结合时间维度展示趋势。

(2) 用户满意度/反馈数据分析，识别产品优缺点。

(3) 竞品对比分析，明确市场定位与差异化策略。

（三）运营效果评估

(1) 营销活动的投资回报率分析，评估投入产出比。

(2) 渠道效果分析，识别高效与低效渠道。

(3) 用户生命周期价值分析，优化用户运营策略。

## 四、问题与挑战

（一）现存问题

客观描述当前运营过程中遇到的具体问题，如用户增长放缓、转化率下降等。

（二）瓶颈分析

深入分析导致这些问题的根本原因，可能是资源限制、流程不畅、技术瓶颈等。

（三）潜在风险

预测未来可能面临的风险与挑战，如市场竞争加剧、技术变革影响等。

## 五、建议与行动方案

（一）改进建议

基于数据分析结果，提出针对性的改进建议，包括但不限于优化产品设计、调整运营策略、加强用户互动等。

（二）行动方案

(1) 责任主体。明确每项建议的责任部门或个人。

(2) 实施步骤。列出具体的行动步骤和优先级排序。

(3) 时间节点。设定合理的完成时间和里程碑。

（4）预期效果：预测实施后可能带来的正面效果，如提高转化率等。

（三）监控与评估

建立监控机制，定期评估行动方案的实施效果，并根据反馈进行适时调整。

## 职业视窗

在撰写数据化运营报告时，遵守职业道德是至关重要的，它不仅关乎报告的可信度与准确性，还直接影响到企业的声誉、决策质量以及利益相关者的权益。

一、诚实与真实性

在数据化运营报告中，需要确保所有使用的数据是真实可靠的，避免篡改、伪造或选择性使用数据以支持特定结论。对于数据来源、数据处理方法、假设条件等应有清晰、准确的说明，这是确保读者能够理解和评估报告的基础。

二、客观性与公正性

在分析和解读数据时，应保持客观中立，避免个人偏见或利益冲突影响结论的公正性。从多角度、多维度审视问题，不局限于单一视角或片面信息，确保分析的全面性和深度。

三、尊重隐私与合规性

严格遵守相关法律法规及企业内部的隐私政策，在收集、存储、处理和使用个人数据时，采取适当的措施保护个人隐私，并确保数据的使用和分析过程符合数据保护法规及行业规定。

四、责任感与担当

对数据化运营报告中的每一项数据、每一个结论都要秉持负责的态度，确保它们都是基于充分的证据和严谨的推理得出的。一旦发现报告中的错误或遗漏，应及时进行更正并通知相关方，避免误导。

五、持续学习与专业发展

保持对数据分析、数据处理及行业动态的敏感度，不断学习和掌握新知识、新技术，展现高度的专业性和敬业精神，不断提升自身的专业素养和职业道德水平。

六、保密与尊重知识产权

对于涉及商业秘密、敏感信息的数据，应严格保守秘密，未经允许不得泄露给第三方。在引用他人数据、观点或研究成果时，应注明出处并尊重他人的知识产权。

总之，在撰写数据化运营报告时，遵守职业道德是维护报告权威性、可信度和公正性的基石。通过诚实、客观、公正地分析数据，尊重隐私、合规使用数据,并承担起相应的责任与担当,我们可以为企业决策提供有力支持,同时赢得利益相关者的信任与尊重。

# 单元二 数据化运营报告应用

 **案例导入**

某知名电商平台(以下简称E平台)在快速发展的过程中,积累了海量的用户行为数据、交易数据以及供应链数据。为了进一步提升业务效率、优化用户体验并实现精准营销,E平台决定实施全面的数据化运营策略,并建立了数据化运营报告体系。

E平台通过整合用户的基本信息、浏览行为、购买记录等多维度数据,构建了详细的用户画像。基于这些画像,平台能够识别不同用户群体的需求和偏好,进行个性化产品推荐。例如,通过分析发现某类用户偏好高端电子产品,E平台便在该用户群体浏览页面时推送相关产品的优惠信息,有效提升了转化率。

在供应链管理方面,E平台利用大数据分析预测不同产品的未来销量,从而提前调整库存,减少缺货和积压现象。通过对比历史销售数据、季节性趋势以及市场反馈,平台能够准确判断产品的需求变化,实现供应链的高效运作。

E平台的数据化运营报告体系还提供了丰富的业务分析功能,如销售趋势分析、用户行为分析、产品热度排名等。这些分析结果不仅帮助管理层快速掌握业务状况,还为决策提供了科学依据。

在某段时间内,E平台的某类热销产品(以下简称A产品)的退货率突然飙升,远高于正常水平。这一异常现象引起了平台的高度重视。平台首先确认退货率数据是否准确无误,排除因数据录入错误或系统故障导致的虚假异常,然后将退货率拆解为不同维度的指标,如产品质量、物流速度、客服服务等,并分别分析这些指标的异常情况。通过对比历史数据和同行业标准,发现A产品的质量问题的投诉量显著增加。基于上述分析,提出假设——A产品的质量问题导致了退货率上升。随后,平台通过用户调研、样品抽检等方式对该假设进行了验证,发现部分批次产品确实存在质量问题。针对质量问题,E平台立即启动召回程序,并对供应商进行严厉问责,同时优化供应商管理机制,确保后续产品质量。

[案例思考]

请你通过阅读案例内容,分析并回答以下问题。

1. 企业可以在哪些应用场景中利用数据化运营报告来指导和优化运营策略？

2. 在面对复杂的业务数据时，如何快速定位并诊断出现异常数据的原因？

## 一、核心应用场景分析

数据化运营报告在新零售领域的应用场景丰富多样，主要涵盖了消费者行为分析、供应链管理、产品优化、营销策略制定以及运营绩效评估等多个方面，不仅是新零售模式的重要支撑，也是推动零售业转型升级的关键力量。

### （一）消费者行为分析

#### 1.用户画像构建

在数据化运营的浪潮中，用户画像构建成为精准营销的基石。通过全面收集并分析消费者的购买历史、浏览记录、搜索关键词等多元数据，我们能够绘制出细致入微的用户画像。这些画像不仅涵盖基本的年龄、性别、地域等维度，更深入挖掘消费者的兴趣偏好、消费习惯乃至潜在需求。比如，某电商平台利用大数据分析，成功为年轻职场女性群体构建了详尽的用户画像，进而推出定制化的美妆、时尚推荐服务，实现了销售额的大幅增长。

（1）购物行为分析。

购物行为分析是提升用户体验、促进销售转化的关键一环。我们深入剖析消费者的购物路径，关注其在不同环节的停留时间、点击率、转化率等核心指标，从而精准识别购物过程中的瓶颈与亮点。通过数据分析，企业能够迅速采取针对性措施并优化那些导致用户流失的"痛点"，同时强化转化效率高的环节。比如，一家零售商通过购物行为分析发现用户在支付环节的流失率较高，随即优化支付流程，简化步骤并加强安全提示，最终显著提升了整体转化率。

（2）忠诚度与复购分析。

在竞争激烈的市场环境中，会员的忠诚度与复购率是衡量品牌价值的重要指标。数据化运营报告通过对会员数据的深度挖掘，评估其忠诚度等级、复购频率及消费周期，为企业制定个性化的会员营销策略提供了科学依据。通过数据分析，企业能够精准识别高价值用户群体，实施差异化服务与奖励计划，有效增强用户黏性并提升整体消费价值。比如，一家餐饮连锁企业通过数据分析发现部分忠实会员偏好特定时段消费，于是推出限时专属优惠，不仅提高了这些会员的复购率，还带动了非高峰时段的客流量。

## (二)供应链管理

### 1. 库存优化

在供应链管理中,库存优化是提升资金流动性和运营效率的关键。通过大数据与先进分析技术的融合,企业能够以前所未有的精度预测市场需求变化,合理安排库存,减少库存积压和缺货情况,提高库存周转率,从而实现对库存水平的精细控制。比如,某零售连锁企业采用大数据分析技术,整合历史销售数据、季节性趋势、促销活动效果、社交媒体情绪分析及宏观经济指标等多维度信息,构建了销售预测模型。该模型能够提前数周至数月预测各门店、各品类的销量走势。基于预测结果,企业实施动态库存管理策略,适时调整补货量、优化库存分布(如增加热销品类的库存,减少滞销品类的库存等),以及实施季节性促销计划。此举显著降低了库存积压成本,减少了缺货造成的销售损失,库存周转率提升了20%,有效提升了整体运营效益。

### 2. 供应商评估

供应商管理是确保供应链稳定性和成本效益的重要环节。通过对供应商的历史供货质量、价格、交货期等数据进行分析,全面评估供应商表现,有助于筛选出最优合作伙伴,优化供应商结构,降低采购成本,构建更加稳固和高效的供应链网络。比如,一家行业巨头定期编制以供应商绩效管理为核心内容的数据化运营报告,收集并分析供应商的历史供货数据,包括产品质量合格率、交货准时率、价格竞争力、售后服务响应速度等关键指标。通过构建综合评分体系,企业能够客观评价供应商的整体表现,并据此实施分级管理策略。对于表现优异的供应商,企业给予更多订单倾斜、缩短付款周期等激励措施;而对表现不佳的供应商,则要求其进行整改或逐步淘汰。这一举措不仅降低了约5%的采购成本,还显著提高了供应链的可靠性和灵活性,确保了生产的连续性和产品的质量稳定。

### 3. 物流效率提升

物流作为连接生产与消费的桥梁,其效率直接影响到客户体验和运营成本。利用物流数据和订单信息,企业可以精准规划配送路线、优化仓储布局,实现物流流程的高效化和智能化。比如,一家电商平台编制有关智能物流的数据化运营报告,涉及订单处理、路线规划、车辆调度、仓储管理等多个功能模块。通过定期分析订单数据、交通状况、仓库库存等信息,规划出最优配送路径,减少运输距离和时间。同时,还利用物联网技术监控仓库内的货物位置和库存状态,自动触发补货指令,确保库存水平始终保持在合理范围内。此外,通过数据分析优化仓储布局,提升货物拣选和打包效率,进一步缩短了订单处理时间。在这些措施的共同作用下,物流效率提升了30%,客户投诉率降低了25%,显著增强了客户满意度和市场竞争力。

## (三) 产品优化

### 1. 产品选品与推荐

在数据驱动的选品与推荐体系中,企业利用大数据分析技术深入挖掘消费者行为偏好、市场趋势及历史销售数据,实现精准选品与个性化产品推荐,从而有效提升产品曝光率、销量及转化率。比如,某电商平台在秋季来临之际,计划上线一批新品服装。该平台首先收集过去几年秋季服装的销售数据,包括热销款式、颜色偏好、尺码分布等,同时结合社交媒体平台上关于秋季时尚趋势的讨论热度进行分析。基于数据分析结果,平台筛选出符合当前市场需求的服装款式,如注重保暖性能的同时融入流行元素的羽绒服,以及符合年轻消费者审美的多彩卫衣。利用用户画像技术,根据用户的浏览历史、购买记录及偏好标签,为每一位用户推送定制化的产品推荐列表。新品上线后,通过A/B测试对比传统推荐方式与个性化推荐方式的销售数据,结果显示个性化推荐策略使新品销量提升30%,转化率提高25%。

### 2. 产品定价策略

通过价格敏感性分析,企业能够精准把握消费者对价格的反应程度,制定既能吸引客户购买又能保证利润最大化的定价策略。比如,一家高端电子产品零售商计划推出新款智能手表,首先利用历史销售数据,分析不同价格区间内智能手表的销售量、客户满意度及利润率变化,识别出价格弹性较高的区间,然后结合成本分析、竞争对手定价情况及市场需求,将智能手表定价于价格弹性较低但利润贡献度较高的区间,同时推出限时折扣活动,吸引价格敏感型消费者。根据市场反馈和销售数据,灵活调整价格策略,如节假日期间适度降价促销,非促销期则维持原价以维护品牌形象。实施新定价策略后,智能手表销量稳步增长,平均单价虽略有下降,但总利润因销量提升而显著增加,实现了利润最大化目标。

### 3. 产品评价管理

通过全面收集并分析产品评价数据,企业能够及时了解消费者反馈,发现产品设计与品质中的不足,进而采取针对性措施进行优化,提升产品满意度和品牌形象。比如,一家家居用品品牌发现其新推出的智能床垫在市场上的评价参差不齐,因此利用电商平台及社交媒体平台上的用户评价,收集关于智能床垫的详细反馈,包括舒适度、功能实用性、外观设计等方面。通过情感分析技术,识别出评价中的负面情感词语及具体问题点,如部分用户反映床垫边缘支撑力不足、智能功能操作复杂等。针对识别出的问题,品牌迅速响应,对床垫边缘结构进行加固设计,并优化智能控制界面,使其更加方便使用。同时,加强售后服务,对已购买用户进行回访,提供解决方案或补偿措施。经过实施一系列优化措施后,智能床垫的评价逐渐转好,负面评价比例显著下降,正面评价中提及产品改进点的用户增多,品牌形象和客户忠诚度得到提升。

## (四)营销策略制定

### 1. 精准营销

在现代营销领域,精准营销已成为提升市场竞争力的重要手段。通过深度挖掘用户画像数据(如年龄、性别、职业、兴趣偏好等)与购物行为分析(如浏览记录、购买历史、搜索关键词等),企业能够精准识别目标客群,并据此制定高度个性化的营销策略。这种策略不仅限于传统的邮件营销和短信营销,还广泛应用于社交媒体平台定向广告、个性化推荐系统以及内容营销等多个维度,确保营销信息准确触达潜在消费者,显著提升营销效率与转化率。比如,某电商平台通过分析用户历史购买数据和浏览行为,发现一部分用户对高端护肤品表现出浓厚兴趣但转化率较低。基于此,平台设计了一套个性化的营销策略:首先,通过邮件向这部分用户发送专属优惠券,并附上个性化推荐的高端护肤品清单;其次,在社交媒体平台上利用AI算法精准推送相关产品的广告,配合KOL(关键意见领袖)的口碑营销,强化品牌形象与产品价值;最后,平台还优化了站内搜索算法,确保用户在搜索类似产品时,能优先看到这些推荐产品。经过一个月的实施,该品类的转化率提升了30%,用户满意度和复购率也有显著提升。

### 2. 营销活动评估

营销活动评估是确保营销投入有效性的关键环节。通过对营销活动各阶段的量化指标(如曝光量、点击率、转化率、ROI等)进行全面分析,企业可以清晰了解活动的表现,快速识别成功因素与有待改进之处,为未来的营销策略调整提供科学依据。这种数据驱动的方法有助于避免盲目投入,确保营销资源的高效利用。比如,一家快时尚品牌为了推广秋季新品,策划了一场线上线下结合的营销活动。活动结束后,品牌团队利用数据分析工具对活动效果进行了全面评估。结果显示,虽然线上广告获得了高曝光量和高点击率,但转化率却未达预期;而线下门店的限时折扣活动则表现出色,转化率远高于线上。基于这一发现,品牌决定在后续营销中增加线下活动的投入,同时优化线上广告的创意与落地页设计,以吸引更多点击行为转化为实际购买行为。通过不断地迭代优化,品牌逐渐形成了线上线下协同的精准营销策略,有效提升了整体营销效果。

### 3. 渠道优化

渠道优化是企业实现销售增长与成本控制的重要策略。通过深入分析各销售渠道的销售业绩、用户行为模式及成本结构,企业能够精准识别高效渠道与低效渠道,从而调整渠道布局,优化资源配置,实现销售效率与盈利能力的双重提升。比如,一家电子产品零售商面对多元化的销售渠道(如自有电商平台、第三方电商平台、线下门店、社交媒体平台等),决定实施渠道优化策略。通过数据分析,团队发现自有电商平台的用户黏性高、转化率高,但流量获取成本也相对较高;而第三方电商平台虽然带来大量流量,但佣金及推广费用较高导致利润率较低;线下门店则因疫情影响,客流量大幅下降。基于这些数据,零售商决定加大对自有电商平台的投入,提升用户体验与品牌忠诚度；同时，优化第三方电商平台的产品选择与价格策略，提高盈利能力；对于线下门店，则采取"小而精"的策略，转型为体验店与服务中心，增强品牌体验与售后服务。这一系列调整显著提升了整体销售效率与盈利能力，帮助企业在激烈的市场竞争中保持领先地位。

### （五）运营绩效评估

#### 1. 销售业绩监控

将数据化运营报告拓展为一套集成化的业务健康度监控系统，不仅局限于实时监控销售业绩（如销售额、订单量等）、毛利率等直接财务指标，还深度融入库存周转率、现金流状况、客户满意度等综合性指标。这一系统利用实时数据分析技术，自动绘制多维度KPI仪表盘，直观展示业务运营状态，帮助管理层快速识别趋势与问题区域。比如，某电商平台在年货节期间，通过数据化运营报告系统，实时监控到销售额虽有显著增长，但特定品类库存周转率急剧下降，预示着供应链紧张风险。系统同时展示了这些品类与竞品相比的价格敏感度及消费者评价，管理层据此及时调整采购策略，优化促销方案，并引入智能库存管理系统，最终在保证销售额稳步增长的同时，将库存周转率提升了20%，有效降低了仓储成本。

#### 2. 异常检测

通过数据分析识别业务运营中的异常情况，设定合理的阈值与波动范围，精准识别如销量骤降、库存积压、用户活跃度下降等异常情况。一旦发现异常，立即触发预警通知，并提供初步的原因分析与影响评估，帮助团队快速定位问题并制定应急措施。比如，一家快时尚零售商面临销售淡季，通过数据化运营报告提前发现某地区门店的客流量与销售额双双下降，同时发现该地区消费者反馈中对新品上新速度的不满显著增加，并建议运用提升库存周转率、加速新品引进周期的应对策略。该团队迅速响应，通过线上线下联合营销活动促清旧款清仓，同时加快新品发布节奏，有效提升了该地区的销售业绩与客户满意度。

#### 3. 持续改进

建立基于数据的运营策略评估与优化闭环，将每一次运营活动的绩效评估结果作为下次策略制定的依据。利用A/B测试、归因分析等方法，科学评估不同策略的效果，精准量化各项改进措施对业务增长的具体贡献。一家在线教育平台为提高用户留存率，尝试推出了多种课程推广策略。通过数据化运营报告，该平台不仅监测到各策略下的用户参与率、转化率及课程完成率，还结合用户画像与行为轨迹数据，深入分析了用户偏好与动机。经过多轮A/B测试，该平台发现基于学习成就感的奖励机制对提升长期留存效果最为显著。随后，平台进一步优化了奖励规则与推送时机，使得用户留存率提高了15%，实现了运营效率与市场竞争力的双重提升。

## 二、异常数据诊断应用

数据化运营报告在异常数据诊断中扮演着至关重要的角色。它通过对海量数据的收集、整理、分析和解读,为企业提供了强有力的决策支持,尤其是在处理异常数据时,其应用价值更为凸显。数据化运营报告有助于企业快速识别、分析和解决运营过程中出现的问题,从而保障业务的稳定性和持续发展。

### (一)异常数据诊断分析过程

数据化运营报告在异常数据诊断中发挥着不可替代的作用。通过提供准确的数据验证、深入的数据剖析、有效的预警预测、有价值的决策支持和持续优化与迭代的能力,它为企业应对复杂多变的市场环境提供了强大的支持。以下是数据化运营报告在异常数据诊断中的分析应用过程。

1. 数据准确性的初步验证

在异常数据诊断的初步阶段,数据化运营报告首先用于验证数据的准确性。通过对比历史数据、行业标准或预设的阈值,报告可以快速识别出那些明显偏离正常范围的异常值。例如,当某App的日活用户数突然下降15%时,数据化运营报告会立即显示这一异常,并促使数据分析师进一步验证数据的准确性,排除因数据同步延迟、字段错误或系统bug等导致的假异常。

2. 异常数据的深入剖析

一旦确认异常数据的真实性,数据化运营报告将进行深入剖析阶段。这一过程中,报告会利用多维分析、关联分析、时间序列分析等多种数据分析方法,对异常数据进行全方位的解读。例如,通过对比不同时间段、不同渠道、不同用户群体的数据表现,报告可以揭示出异常数据背后的深层次原因,如市场趋势的变化、用户行为的调整、营销策略的失效等。

3. 异常数据的预警与预测

数据化运营报告不仅关注已发生的异常数据,还具备预警与预测的功能。通过对历史数据的挖掘和建模,报告可以预测未来可能出现的异常情况,并提前制定应对措施。这种预测能力有助于企业在风险来临之前做好准备,减少损失并抓住机遇。同时,报告还会对当前的运营状况进行持续监控,一旦发现潜在的风险点或异常趋势,会立即发出预警信号,提醒相关人员及时介入处理。

4. 提供决策支持与优化建议

基于对异常数据的深入剖析和预测结果,数据化运营报告会为企业提供有价值的决策支持与优化建议。这些建议可能涉及产品改进、营销策略调整、供应链优化等多个方面。通过采纳这些建议,企业可以更有效地应对异常数据带来的挑战,提升整体运营效率和竞争力。

### 5. 持续优化与迭代

数据化运营报告的应用不是一次性的,而是一个持续优化与迭代的过程。随着企业业务的不断发展和市场环境的不断变化,新的异常数据会不断涌现。因此,企业需要定期对数据化运营报告进行评估和更新,确保其能够持续为企业提供准确、全面、有价值的信息支持。同时,企业还需要不断学习和探索新的数据分析方法和工具,以提升数据化运营报告的质量和效率。

## (二)异常数据的识别

通过数据运营报告,企业能够实现对核心业务指标的持续且精准地追踪。一旦这些关键指标展现出非正常的波动迹象,系统会即时触发警报,通知相关人员迅速介入,同时依托预设的阈值监控与先进的统计模型分析,构建高效的告警机制,确保任何数据异常都能被即时捕捉并响应。借助先进的数据可视化技术,业务数据被巧妙地转化为直观易懂的图表、仪表盘等形式,使得数据中的异常点一目了然,极大地加速了数据分析师的问题识别与诊断进程。在这一过程中,常见的异常数据类型包括但不限于以下几方面。

### 1. 市场数据异常

市场数据异常体现为销售趋势的非理性波动、市场份额的骤然变动或消费者偏好的急剧偏移。针对此类异常,深入分析竞争对手策略、行业风向及宏观经济环境变得尤为重要,以便企业能够灵活调整市场策略,紧跟市场脉搏。

### 2. 产品数据异常

产品数据异常具体表现为产品销售量的异常下滑或退货率的异常攀升。应对此类问题,需要聚焦产品质量把控、价格策略调整及消费者反馈收集,通过综合分析优化产品组合,强化市场竞争力。

### 3. 流量数据异常

流量数据异常具体表现为网站或应用程序的流量异常,如访问量锐减或跳出率激增,往往预示着用户体验或技术层面的问题。深入分析用户行为路径、转化效率等,是识别并修复潜在问题的关键步骤,旨在提升用户体验,促进转化率的提升。

### 4. 客户数据异常

客户数据(包括用户评价、满意度调查结果等在内的客户反馈数据)若出现异常,将直接关联到品牌形象与客户忠诚度。因此,需要高度关注客户反馈,及时评估服务质量,采取有效措施解决客户不满等问题,维护品牌形象。

### 5.供应链数据异常

供应链数据异常如配送延误、货物损坏率上升或库存管理混乱等，这些异常往往影响到供应链的整体效能与客户满意度。针对这些问题，需要从供应链效率提升、配送网络优化等角度入手，实施针对性的改进措施，确保物流顺畅，提升客户满意度与运营效率。

## （三）异常数据分析与应对策略

在数据驱动的运营环境中，一旦异常数据被精准识别，制定并实施针对性的应对策略便成为提升业务效能的关键。这些策略不仅需要具备明确的指向性，还应量化可测，以便灵活调整并评估其成效。以下是部分常见的异常数据分析与应对策略。

### 1.访客数异常

访客数可根据店铺所在行业的平均水平进行判断，也可对比店铺不同时期的访客数变化。若访客数持续走低，导致异常的原因包括以下几点。

（1）所在行业进入淡季，如经营羽绒服的店铺在夏季访客数季节性下跌。

（2）产品主图吸引力不够，需要及时优化或更换主图。

（3）竞争对手开展了促销打折活动，对店铺造成了冲击，须开展相应的推广活动。

### 2.浏览量异常

浏览量是指店铺每个页面被查看的次数，如果访客数增加，浏览量增长不明显或呈现下降趋势，这一现象背后可能潜藏着诸多异常原因，其中包括但不限于以下内容。

（1）产品关键词与产品的属性吻合度不够，需要优化关键词。

（2）店铺中缺少关联销售活动。

（3）产品卖点不够突出。

（4）店铺装修不够美观，类目划分不够清晰。

### 3.跳失率异常

跳失率需要根据店铺的规模及经营产品的类型进行判断，如淘宝网中皇冠级别的店铺，店铺首页跳失率达到60%为异常，而新店铺跳失率70%较为正常；以产品类型进行判断，如女装类目的跳失率超过30%说明存在异常。其中可能导致异常的原因包括以下几点。

（1）产品价格设置过高，导致店铺有流量引入，但跳失率高，需要对产品价格进行调整。

（2）产品详情页粗糙，产品卖点展现不够全面，没有凸显产品优势，吸引力不足。

（3）主图整体展现效果不好，如图片太大，加载速度慢。

（4）客服回复不及时或回复速度慢，需要对客服进行优化。

### 4. 支付转化率异常

转化率对于电子商务日常运营至关重要，转化率每天都会上下波动，若转化率持续下降，则需要考虑导致异常的原因。具体原因有以下几点。

（1）产品处于销售的淡季，季节性因素。

（2）标题与产品属性不匹配，这是引发跳失率高的重要原因，也可能导致店铺转化率低，需要对标题进行优化。

（3）产品价格上升，如推广产品的前期，可以通过低价实现动销引流，而后期为了盈利，会选择提价，转化率随之转低。若影响较大，需要恢复原来的价格，并加大付费流量，推广引流。

（4）同行竞争，如果是标品，分析价格差异；如果是非标品，完善细节，丰富款式，提升价格优势。

### 5. 客单价异常

客单价是影响店铺盈利的因素之一，在流量相同的前提下，客单价越高，销售额就越高。若客单价出现持续下降，这一现象背后可能潜藏着诸多异常原因，其中包括但不限于以下几点。

（1）店铺活动结束，属于周期性下降，无须过多干预。

（2）活动期优惠券设置不够合理，设置第一阶梯的优惠门槛时需要考虑店铺的实际情况，不可设置过高。

（3）客服因素，在询单转化过程中，客服没有推荐其他相关产品或推荐成功的产品价位相对较低。

### 6. 退款金额异常

当店铺退款金额超过店铺营业额的10%则为异常，需要特别留意，分析退款原因。具体原因有以下几点。

（1）产品质量问题。此类产品须停止出售，待质量问题解决后继续出售。

（2）服务问题。如发错产品，发错尺码，可免费更换或补偿产品差价。

### 7. 支付老客户数异常

支付老客户数可以反映出店铺整体的服务、产品质量以及粉丝的维护。若是支付老客户数持续下降，导致异常的原因包括如下几点。

（1）店铺长时间没有上新，对老客户吸引力度不够，对此，需要保持店铺产品的持续上新率。

（2）对收到产品的老客户关怀程度不够，没有刺激老客户购买的后续活动。需要加强老客户关怀，告知店铺活动预告。

## 拓展学习

### 数据可视化工具

数据可视化工具是现代信息化时代的重要组成部分，它们帮助人们更加直观地理解和分析数据。在大数据时代，数据可视化工具的应用范围越来越广泛，从商业决策到科学研究，从教育教学到政府管理，都离不开数据可视化工具的支持。这里将介绍几种常见的数据可视化工具，帮助读者更好地了解和选择适合自己需求的工具。

首先，Tableau是一款功能强大的数据可视化工具。它提供了丰富的图表类型和交互式功能，可以帮助用户轻松创建各种复杂的可视化图表。Tableau支持多种数据源的连接，可以将数据从不同的来源整合在一起进行分析和展示。此外，Tableau还具有强大的数据处理和计算能力，可以进行数据清洗、转换和计算，为用户提供更深入的数据洞察力。

另一个值得关注的数据可视化工具是Power BI。作为微软旗下的产品，Power BI具有与其他微软产品无缝集成的能力，可以与Excel、SQL Server等常用软件进行数据交互。Power BI提供了丰富的图表库和自定义选项，用户可以根据自己的需求创建独特的可视化效果。此外，Power BI还支持实时数据更新和在线共享，方便团队协作和业务决策。

除了上述两款工具，还有一些开源的数据可视化工具，如D3.js和Plotly。D3.js是一款基于JavaScript的数据可视化库，它提供了丰富的API和强大的定制化能力，可以创建各种复杂的可视化效果。Plotly则是一款Python的数据可视化工具，它提供了交互式的图表和可视化组件，适用于数据科学和机器学习领域。

在这些主流的数据可视化工具之外，还有一些行业特定的工具，如Tableau Public和Google Data Studio。Tableau Public是Tableau公司推出的免费版本，用户可以将创建的可视化图表公开分享和嵌入网页中。Google Data Studio则是谷歌推出的一款在线数据可视化工具，用户可以通过连接Google Analytics等数据源来创建和分享可视化报表。

除了以上提到的Tableau、Power BI、D3.js、Plotly、Tableau Public和Google Data Studio之外，还有一些其他常用的数据可视化工具，如QlikView、Excel、Grafana、Matplotlib、SAP Lumira等。

QlikView：QlikView是一款强大的商业智能工具，提供了直观的数据可视化和探索功能。它支持实时数据分析和交互式仪表板的创建，使用户能够快速发现数据中的模式和趋势。

Excel：作为最常用的电子表格软件，Excel也是一个强大的数据可视化工具。它提供了多种图表类型和数据分析函数，用户可以轻松创建简单的数据可视化图表，并进行基本的数据分析和计算。

Grafana：Grafana是一款开源的数据可视化和监控工具，主要用于展示和分析时序数据。它支持多种数据源的连接，并提供了丰富的图表库和仪表板模板，适用于大规模的数据监控和分析。

Matplotlib：Matplotlib是Python中常用的数据可视化库，它提供了广泛的图表类型和定制化选项。Matplotlib可以用于静态图表的创建，也可以与其他Python库（如NumPy和Pandas等）结合使用进行数据分析和可视化。

SAP Lumira：SAP Lumira是一款专业的企业级数据可视化工具，它提供了丰富的图表和交互式功能。SAP Lumira支持多种数据源的连接和数据预处理，用户可以通过简单的拖放操作创建复杂的可视化效果。

无论选择哪种数据可视化工具，都应该根据具体的需求和技术背景进行选择。每个工具都有其特点和适用场景，关键是找到最适合自己需求的工具，并掌握其基本操作和功能，以充分发挥数据可视化的效果。

总结起来，数据可视化工具在现代信息化社会中发挥着重要的作用。无论是商业决策、科学研究还是教育教学，数据可视化工具都可以帮助人们更好地理解和分析数据。通过选择合适的数据可视化工具，用户可以轻松创建各种复杂的可视化效果，并从中获得深入的数据洞察力。

 **职业视窗**

在数据化运营报告应用和异常数据诊断的领域中，从业人员不仅需要掌握扎实的专业技能，还应具备良好的职业素养，以确保工作的准确性、效率性和合规性。

一、数据分析与解读能力

精通数据分析工具（如Excel、SQL、Python等）和统计方法，能够快速准确地从海量数据中提取有价值的信息，能够深入理解业务背景，将数据分析结果转化为可操作的商业洞察，为决策提供有力支持。

二、严谨的科学态度

在分析过程中遵循科学方法，避免主观臆断和偏见，确保分析结果的客观性和公正性，并对数据保持高度的敏感性和谨慎性，确保数据的准确性、完整性和时效性。

三、良好的沟通能力

能够清晰、简洁地向非技术背景的团队成员或管理层报告分析结果，用数据讲故事，使复杂的数据变得易于理解。善于倾听、理解并满足他人对数据的需求，有效沟通数据背后的意义和价值。

四、问题解决与创新能力

面对异常数据时，能够迅速定位问题根源，提出解决方案并跟踪实施效果。勇于挑战传统思维，不断探索新的分析方法和技术，以提高数据分析和诊断的效率及准确性。

## 五、合规意识与隐私保护

严格遵守数据保护和隐私相关的法律法规，确保数据处理和使用的合法性和合规性。在处理敏感数据时，采取适当的安全措施，防止数据泄露和滥用。

## 六、批判性思维与判断力

在面对复杂问题时，能够综合运用多种分析方法和工具，作出合理、准确的判断，能够对数据结果进行批判性思考，评估其可靠性、相关性和有效性，避免被误导或误导他人。

## 温故知新

### 一、单项选择题

1. 以下不属于数据化运营报告编制流程的是（　　）。
   A. 明确报告目标与受众　　　　B. 市场调研
   C. 报告可视化与排版　　　　　D. 报告审核与发布

2. 在编制高质量、高价值的数据化运营报告过程中，以下哪一项不是关键的注意事项？（　　）
   A. 明确目标与受众，确保报告内容针对性强
   B. 精准收集与整理数据，保证数据源的准确性和完整性
   C. 深入分析并客观解读数据，揭示数据背后的业务含义
   D. 强调报告形式的奢华与复杂，以展现专业性和权威性

3. 若客单价出现持续下降，这一现象背后可能潜藏着诸多异常原因，其中包括但不限于（　　）。
   A. 店铺活动结束，属于周期性下降
   B. 活动期优惠券设置不够合理
   C. 客服因素，在询单转化过程中，客服没有推荐其他相关产品或推荐成功的产品价位相对较低
   D. 以上全部都是

### 二、多项选择题

1. 数据化运营报告的重要作用包括（　　）。
   A. 决策支持　　　　　　　　　B. 目标跟踪
   C. 问题诊断　　　　　　　　　D. 人员激励

2.数据化运营报告的框架包括（　　）。
A.摘要与概述　　　　　　　　　B.主要发现与亮点
C.问题与挑战　　　　　　　　　D.建议与行动方案
3.数据化运营报告在新零售领域的应用场景丰富多样，涵盖以下哪些方面？（　　）
A.消费者行为分析　　　　　　　B.供应链管理
C.产品优化　　　　　　　　　　D.营销策略制定

### 三、判断题

1.数据化运营报告是数据化运营过程中的"导航仪"与"指南针"。（　　）
2.编制一份高质量的数据化运营报告时，遵循一套系统化、精细化的流程至关重要。（　　）
3.在数据化运营报告中突出展示关键数据和重要发现时，可以通过加粗、标注、分段等方式进行强调。（　　）
4.数据化运营报告在新零售领域的应用场景非常有限。（　　）
5.若发现店铺的访客数异常，可以采取的改进措施包括及时优化或更换产品主图。（　　）

## 学以致用

　　小李加盟了一家专注于服装销售的电子商务企业，上任之初便敏锐地洞察到企业在运营层面的诸多挑战，核心难题在于店铺长期未能突破盈利瓶颈。面对这一现状，小李展现出了卓越的解决能力与前瞻视角，首先着手对店铺的整体运营策略进行系统性革新。

　　他聚焦于核心要素，精准调整产品描述的关键词，以提升搜索排名与曝光度；精心优化产品图片，增强视觉吸引力，激发客户的购买欲望；同时，策划并实施了一系列创新营销活动，旨在提升用户参与度与购买转化率。这一系列操作初显成效，店铺销售目标逐步达成，但盈利难题依然未解。

　　不甘于现状的小李，随即转入更为深入的数据化诊断阶段。通过精细化分析店铺运营数据，他发现了隐藏的问题所在：访客数量虽达标，但存在质量不高的隐忧；浏览量虽有增加，转化率却不尽如人意；跳失率异常偏高，预示着客户在浏览店铺网页后迅速流失。这些关键指标的异常，直指店铺运营中深层次的不足。

　　针对上述问题，小李凭借其对市场趋势的深刻理解与对数据的高度敏感，对店铺运营策略进行了更加精准的调优。他实施了更贴合消费者需求的产品定位，强化了客户体验与服务质量，并引入了更加高效的推广渠道与转化策略。经过一番不懈努力，店铺的经营状况实现了质的飞跃，不仅完成了销售目标，更成功跨越了盈利门槛，步入稳健发展的快车道。

请你结合上述案例,选择一家熟悉的店铺,为其制定数据化运营报告,并依托报告开展运营策略优化、异常数据诊断等方面的技能训练。

### 任务一:数据化运营报告编制

1.请按照数据化运营报告的框架,撰写一份内容精准、结构清晰、视觉美观且具备高度的实用性的数据化运营报告。

2.请说明在数据化运营报告编制过程中,如何确保数据分析结果的准确性和可靠性。

3.请分析你在数据化运营报告编制过程中遇到的问题和挑战,并结合实际情况总结需要特别注意的事项。

### 任务二:数据化运营报告应用

1.数据化运营报告在新零售领域的应用场景丰富多样,请结合该店铺的实际情况,讨论和分析是否可以应用于消费者行为分析、供应链管理、产品优化、营销策略制定、运营绩效评估等方面。

2.请结合数据化运营报告,识别该店铺在市场、产品、流量、客户和供应链等方面存在的数据异常,并提出有针对性的应对策略和改进建议。

# 参考文献

[1] 北京博导前程信息技术股份有限公司.电子商务数据分析基础[M].北京：高等教育出版社，2019.

[2] 北京博导前程信息技术股份有限公司.电子商务数据分析概论[M].北京：高等教育出版社，2019.

[3] 北京博导前程信息技术股份有限公司.电子商务数据分析导论[M].北京：高等教育出版社，2020.

[4] 北京鸿科经纬科技有限公司.网店运营基础[M].北京：高等教育出版社，2020.

[5] 北京鸿科经纬科技有限公司.网店运营[M].北京：高等教育出版社，2020.

[6] 卢彰诚.网店数据化运营与管理[M].北京：清华大学出版社，2023.

[7] 卢彰诚.电子商务综合实践教程[M].北京：中国人民大学出版社，2021.

[8] 卢彰诚.电子商务专业毕业设计指导[M].北京：清华大学出版社，2013.

[9] 邱丽萍，谭玲，卢彰诚.跨境电子商务基础[M].北京：北京理工大学出版社，2023.

[10] 卢彰诚.产教深度融合的电子商务专业群人才培养体系创新研究与实践[M].延吉：延边大学出版社，2019.

[11] 北京博导前程信息技术股份有限公司，上海宝尊电子商务有限公司，网易考拉战略研究院，等.电子商务数据分析职业技能等级标准[S].2019.

[12] 北京鸿科经纬科技有限公司.网店运营推广职业技能等级标准[S].2019.

[13] 人力资源社会保障部教材办公室.电子商务师（基础知识）[M].北京：中国劳动社会保障出版社，2020.

[14] 邹益民，旷彦昌.跨境电商数据运营与管理：微课版[M].北京：人民邮电出版社，2021.

[15] 邹益民，隋东旭.电子商务数据运营与管理[M].2版.北京：人民邮电出版社，2022

[16] 邵贵平.电子商务数据分析与应用[M].北京：人民邮电出版社，2022.

[17] 高嗣龙.淘宝天猫店数据化运营与实操[M].北京：电子工业出版社，2019.

[18] 恒盛杰电商资讯.网店数据化管理与运营[M].北京：机械工业出版社，2015.

[19] 王坚.在线：数据改变商业本质，技术重塑经济未来[M].北京：中信出版社，2018.

[20] 曾鸣.智能商业[M].北京：中信出版社，2018.

[21] 商玮，段建，宋红昌.网店数据化运营（选品、引流、优化、核算）[M].北京：人民邮电出版社，2018.

[22] 教育部教育管理信息中心.新电商数据分析[M].北京：人民邮电出版社，2020.

[23] 张建锋，肖利华.新零售之旅:数智化转型与行业实践[M].北京：电子工业出版社，2022.